家庭幸福的艺术

与家人建立亲密关系的7个法则

张斐斐 著

上海远东出版社

图书在版编目(CIP)数据

家庭幸福的艺术 / 张斐斐著. — 上海：上海远东出版社, 2019
 ISBN 978 - 7 - 5476 - 1510 - 2

Ⅰ. ①家… Ⅱ. ①张… Ⅲ. ①家庭关系—通俗读物 Ⅳ. ①C913.11 - 49

中国版本图书馆 CIP 数据核字(2019)第 132198 号

策划编辑 曹 建 杨晓方
责任编辑 曹 茜
特约编辑 袁春玉 王 杰
封面设计 李 廉

家庭幸福的艺术
与家人建立亲密关系的7个法则

张斐斐 著

出 版	上海遠東出版社
	(200235 中国上海市钦州南路81号)
发 行	上海人民出版社发行中心
印 刷	上海信老印刷厂
开 本	890×1240 1/32
印 张	9.75
字 数	234,000
版 次	2019年8月第1版
印 次	2019年8月第1次印刷
ISBN 978 - 7 - 5476 - 1510 - 2/G·964	
定 价	58.00元

前　言

恬恬四岁的时候，我们带着她去马来西亚兰卡威岛度假。那天我吃坏了肚子，晚上在洗手间呕吐，特别难受，眼泪都出来了。这时恬恬悄悄走到我身后，轻轻拍我的背。她温柔的小手仿佛有某种魔力，而当一股暖流将要涌遍我全身的时候，她说话了："妈妈你声音太大，我可以关上洗手间的门吗？"

暖流冻结了。原来她拍我的背，只是提醒我听她说这句话。原来我吐得要死要活的时候，她只是觉得我吵到了她。顿时，愤怒压过胃部的不适，我扭过头，一脸严肃地问："当妈妈吐得这么难受的时候，你就只有这个问题吗？"她想了想，说："我没有问题了，妈妈。你不想我关门，我知道了。"说完，转身跑走了。

我以为她会说的话，她一句也没说。

这时，她在旅行中所有惹毛我的记忆都冲到了脑子里——她敲击餐具的声音毁了我们的烛光晚餐，那是一家日本餐厅，客人们侧目惊异的眼神让我至今难忘。她在爵士乐队演奏的时候，径直走到大贝斯跟前，像被那个比大提琴还大的玩意儿收了魂。我和她的父亲神色镇定地颔首微笑着，以此撇清我们和演奏破坏者的关系——抱歉，我们也不清楚这个好奇的小姑娘是从哪儿钻出来的。她总是在我说只能看两集动画片时，想尽办法要看第四集。没错，她已经成功地看完了第三集。她总是很晚不睡，搞得我筋疲力尽。她总是到了饭点不好好吃饭，等我快要睡着时，凑到我耳边执着地呼唤："妈妈，妈妈？妈妈，你睡着了吗？我饿——"是轻柔的气声，声带都无需震动，却有穿透灵魂的力量。我躺在床上，深深地吸气，缓缓地呼气，心中默诵："忍住，忍住，忍住——"

这也忍住，那也忍住，今天就是不忍了！我双手握拳冲到房间，声泪俱下地冲她喊："为什么？为什么？为什么！"我想问：为什么你不能乖一点让妈妈省心？为什么我们这样斯斯文文的人会生出你这样一个熊孩子？为什么你在妈妈生病的时候在意的不是妈妈的身体，而是妈妈吵到了你！

结果，她像小狗一样歪着脑袋，疑惑地问："妈妈，你问的为什么，到底是什么问题的为什么呀？你是不是想知道，为什么你看了那么多教你'爱'的书，最后还是得像其他妈妈那样朝我吼啊？"

这下轮到我像大狗一样歪着脑袋，露出疑惑的神情了：咦，好像有道理哦。

我被她的话噎住，满脸的鼻涕眼泪。是啊，这才是最要命的问题。

从建立起自己的家庭开始，我一心想当一位体贴的好妻子，一位温柔的好妈妈。我认真地看了几十本关于爱的书，每本书上都有我怀着感激之情画下的红线，旁边还有批注。看到那些句子的时候，我真是谢天谢地。我觉得自己太幸运了，我终于明白了这么重要的道理，我的生活终于要发生改变了！

可现实总是把我打回原形。遇到冲突时，我还是气急败坏、杀气腾腾。那些用粉色、黄色、绿色荧光笔郑重标记出的一条条道理，早被我吓得飘到了太阳系之外。

到底是哪里出了问题？

难道阅读不是一个学习亲密关系的好方法？难道原生家庭不完

美,就没有办法拥有属于自己美好的亲密关系?难道温柔体贴是天生的,无法通过后天努力习得?难道真的没有一本书能够给人关键一击,让人幡然醒悟自己的问题到底在哪里?

当然不是。这样的想法不仅悲观,也有违事实。

我们知道,知和行之间有一道鸿沟,如果不能"行"就算不得真正的"知"。那么,有没有一种"知",能立即影响到你的行?有没有一种"知"能真正转化你的行为,并因此区别于其他似是而非的道理?现在,我可以肯定地告诉你,这样的"知"是存在的。

当一本书真正触及到问题的本质,当它真正表达出能够"触发扳机"的理念时,你完全可以通过阅读改变自己的行为。

我写这本书,就是为了解析亲密关系的关键点——那些能"触发扳机"的理念。

当你明白它们的时候,你忽然知道该怎么做,你像读懂了密码一般,明白了冲突背后的问题。你不再被恼人的表面现象打扰,你听见了刺耳的话语背后隐藏的信息。因此,你不再像以前一样行事,你的精神有了驯服混乱冲动的能力。

这一切改变,皆因为你看见、听见了不同的东西。

当他下班后板着脸回家,对你的话意兴阑珊,你不再像以前一样和他赌气。以前你只能看见他的一张不高兴的脸,现在你能看见他度过了艰难的一天。你能坐到他身边,摸着他的背说:"听说手是很有治愈效果的哟,让我摸摸你的背,帮你治愈一下吧。"那时,他转过脸来看你的表情就会柔和下来,并且眼睛里含着惊奇的笑意了。

你和你爱的人,不再出现持续对抗的状态,你完全从之前的权力之争中解脱出来。既然我全部的爱都准备给你,那争什么呢?你总能第一时间看见对方的难处和焦虑,所以你想做的,只是关心和帮助。

在这样的情况下,你们的关系怎么可能不亲密呢?

失控,后悔,告诫,却又重蹈覆辙——这本书就是将你从这样的轮回中解脱出来。

当你读完这本书,你的伴侣或者孩子再次放下引诱你愤怒的钓钩时,你能够在心里说:"嘿,我知道你想激怒我,我不会让你心里的小恶魔得逞哦。让我帮你把钓竿收好,一起看看藏在那里的是什么问题。"

当你读完这本书,你能走到冷落多年的爱人身边,握着她的手说:"这么多年我没能好好爱你,实在抱歉了。从今天起,我要重新爱你。"如果这些表达爱的话一时说不出口,你也可以从端杯热牛奶送过去开始,你内心涌动的温暖一样会流到她的心里。

你也能够蹲下来,拉着孩子的手,认真地看着他的眼睛说:"宝贝,之前我不是一个好妈妈,因为我不知道怎么爱,让你受委屈了。从今天起,我要重新当妈妈,我想好好爱你。"然后,你们拥抱在一起。永远不要忘记,孩子是多么喜欢拥抱。

当你读完这本书,即使在情急之下,你也能不再凭自己的冲动和习惯行事。你知道了什么是爱以及应该如何表达。那个时候,你不仅成为了更好的父母、更好的伴侣,你也成为了更完整的自己。你开始真正的不后悔过去,不惧怕将来。

因为你明白,旅行的前后多余,都是为了刚强内心,为了遇见亲密。

坦白来讲,我和我先生是一见钟情,那是真正意义上的美梦成真。以致那几天我以为自己是在做梦,那种极大的快乐使我坐立难安。

当某种情绪过于浓烈的时候,它仿佛变成了有体积有重量的物质。当时的快乐就是这样。它沉甸甸的，是金子的分量，也是金子的颜色。它在我的身体里膨胀，我想要大声喊，还想快速跑。总之，那是一种近乎失常的状况。

我反复在心里惊叹"我何德何能"。情到深处，还会突然两眼放光，惊叹出声来——我何德何能，会被天上掉下的馅饼砸中？！

你可能会问："你这么激动，你先生呢？"

这么说吧，我永远不会忘记他说过的一句话。具体的时间和地点我已经想不起，只记得他突然握住我的手，脸上充满了欢乐与惊奇，冒出一句："斐斐，我感觉自己中了一千万！"

我认真地点点头，并作出必要补充："美金。"

"对，美金！"

后来我发现，那个馅饼的馅儿，可能有毒。我先生发现，那一千万美金，也只有顶上和底部的几张是真钞。

我就觉得奇怪了。我们俩都有良好的教育背景，从事着体面的工作，在朋友和同事眼里，我们温和友善、人畜无害。我们这样两个人，又是馅饼和美金持有者，应该非常甜蜜、非常亲密才对。可为什么我们的家时不时激流暗涌，电闪雷鸣，波涛怒吼，小船要翻？

到底是哪里出了问题？

非常幸运的是，虽然在痛苦中几经挣扎，但是我们没有选择粉饰太平，也没有得过且过。"拥有真正幸福的家庭"是我的动力。当我看见身边的亲朋好友，同样在亲密关系中挣扎的时候，我的动力变得更加强大。更幸运的是，我找到了亲密关系的关键点，即那些能"触动扳机"并让事情发生改变的理念。

现在，我正式邀请你，和我一起步入幸福家庭的新世界。我花了十年探索这个主题，无数次试错，终于找到了让家人关系更亲密的办法，现在我把它分享给你。

这个新世界不是再也没有冲突、困难、意外，而是当这些冲突、困难、意外出现的时候，你总能找到好办法解决它们。你们不再因为任何问题互相伤害，你们的关系真正堪称"亲密"。

你的心将变得安定。因为你真正明白了，在亲密关系中，曾经发生的不是关键，将要发生的也不必担心，真正重要的是——你如何解决现在来到你面前的问题。

而对于这个"如何"，你有把握。

目 录

前 言 / 1

1 / 让你的爱确定而恒久

我们需要重新定义"爱" / 3
喜欢与爱的区别 / 5
当新鲜感与激情过去之后 / 9
抛开对伴侣不切实际的想象 / 11
夜空中最亮的星——永恒之爱 / 15
给家人被爱的安全感 / 21

2 / 战胜你的自我中心与自以为是

为什么一直说着这样的话，我们自己竟然不知道？ / 29
时时察觉自己的自我中心 / 32
嫉妒源自内心爱的贫乏 / 37
"自以为是"是需要攻破的堡垒 / 43
"如何"去爱才是关键 / 48

3 / 拥抱麻烦

打破幻想，接受真实 / 53

家，以爱为目的 / 59

爱的标志 / 64

"Trouble me"（麻烦我吧）的威力 / 67

个人主义的影响 / 70

保持谦卑 / 72

不用自己的爱来交换什么 / 75

4 / 消解爱中的怨恨

怨恨是心灵的自我毒化 / 79

看见自己内心的怨恨 / 84

自惭形秽源于自我价值的攀比 / 94

爱能击溃你的自惭形秽 / 99

自惭形秽是如何在孩子心中产生的 / 106

斩断羞辱的轮回 / 110

5 / 没有宽恕就没有未来

宽恕是一门必修课 / 119

战胜自己的焦虑 / 126

信任是宽恕的前提 / 129

让亲密从信任的泥土里发芽 / 145

忠实于自己，就是忠实于生命 / 151

"回身倾顾"是爱的姿态 / 163

藏在爱中的魔鬼 / 171

不要在爱中引入竞争机制 / 181

6 / 彼此说些有益的话

"魔法"和"巫术" / 187

好好说话，在爱中是一种艺术 / 193

"正常就好，何必快乐"——真的是这样吗？/ 204

源代码，不幸的种子 / 208

去理解，而不是去评判 / 220

什么是正确的话语模式？ / 228

放下"合我意"，在爱中找到正确的位置 / 237

被误解的词：敏感 / 248

记住话语里的阳光 / 253

爱能陶冶彼此成为更好的人 / 261

7 / 重建你与自己的关系

爱自己是终身浪漫的开始 / 277

战胜你的自卑感 / 282

是保护，还是超越？ / 289

你值得快乐 / 291

后　记 / 297

1

家庭幸福的艺术

让你的爱确定而恒久

我们知道，有一种花，我们将之称作是永恒之花，但很奇怪，也有一种所谓的永恒之花，它就像各种易败的花，只在一年中的某个特定时节开放：如果把后者称作永恒之花，那么会是怎样一个错误啊。

——索伦·克尔凯郭尔

我们需要重新定义"爱"

丽萨和张伟度过了第六个结婚纪念日,他们真的不确定还爱不爱对方。

好像还有一丝爱吧,更多的是平淡和无所谓,还有时不时的厌憎。当初怦然心动的激情,是好久不见了。他们没有离婚的打算,离婚代价太大,也怕麻烦,而且还要考虑孩子。其实,他们也是对婚姻丧失了信心。再换一个又能怎么样呢?还不是所有的麻烦重来一次。

艾米对我说,她对孩子的爱真是捉摸不定。

艾米是一个微信公众号的编辑,儿子三岁多了。她说她最爱儿子的时候,是他睡着的时候。艾米看着夜色笼罩下的那张小脸,常常陷入沉思:这个可爱的小人儿现在到哪儿去了呢?他在梦里又去什么样的野兽王国冒险了呢?儿子睡着的时候,身上像有一层宝光,眼睛轻轻闭着,像女孩子一样秀气,呼吸一起一伏。此时的艾米,感受到一种平静的、松弛的快乐。

可就在一个小时前,也就是晚上十一点的时候,艾米完全是另一种状态。

讲完第五本绘本后,艾米终于把儿子哄睡了。她打开电脑正准备看稿,就听到此时最能让她心惊的两个字"妈妈"。她刚把头扭过去,就听到"噼、啪"的枪声。儿子光着脚,披着床单,戴着泳镜,拿着冲锋枪向自己射击。艾米终于崩溃了,瞪着眼睛喊:"你开枪打死我吧!拜托你开枪打死我吧!"

艾米推开儿子，冲进洗手间开始哭。看着镜子里那个被气得七窍生烟的自己，恨不得从没结过婚从没生过他！

丽萨和张伟、艾米和儿子的关系有一个共同的问题，他们的爱会随着时间、事情或者情绪改变。他们对自己的爱做不了主。艾米对我说，她很想好好爱儿子，但他有时候太调皮，让人忍不住动怒。

首先，我们必须明确，这种被动的且容易被时间、外界因素、情绪冲动影响的爱，并不是我们以为的那种又美又好的爱。

真正的爱，最大的特性是"确定性"与"恒久性"。

这爱不会随着时间的流逝而变淡，不会因为外界因素的变化而有任何改变。并且，它能够驯服你冲动混乱的情绪。只有这种爱，能帮助我们建立良好的亲密关系，我们称它为"永恒之爱"。

在认识"永恒之爱"前，我们先来仔细观察一下人们习以为常的"爱"。

喜欢与爱的区别

斯通纳第一次见到伊迪丝时，完全被她出众的美貌与温柔收服了。①

那是在院长为新同事举办的欢迎会上。越过六七个晃动的人影，在铺着黄色锦缎的餐桌尽头，斯通纳看见一位身穿蓝色丝绸长裙的女子，高挑、漂亮、优雅，正拿着茶壶往镶着金边的瓷杯里倒茶。

手臂柔美的曲线，纤细的手指，脖颈间弯曲的弧度，长裙的蓝和皮肤的白，这一切，让斯通纳的眼睛失去控制，他无法移动它们再看向别处。他看着她微笑着和旁边的人说话，轻柔的声音穿过客厅里的嗡嗡声，流进他的耳朵，这让斯通纳很舒服。

忽然，她抬起头碰到了他的目光，那双大眼睛里仿佛闪烁着某种光。他惊慌失措地退回休息室，找了把靠墙的椅子坐下来，失神地看着脚下那块地毯。他再也没有朝她那边看过，但总能感觉到，她凝视的目光温暖地刷过自己的脸庞。

斯通纳请求朋友介绍他们认识，他记得当时了解到一些情况。她叫伊迪丝，跟父母住在圣路易斯，父亲是一家小银行的行长，母亲是一个望族的女儿。她现在住在姨妈家，喜欢看歌剧、参观博物馆，会弹钢琴、画画。

富裕的家境，优雅的艺术爱好，还有轻声细语的温柔，这一切让

---

① 本故事源自美国作家约翰·威廉斯的长篇小说《斯通纳》。

伊迪丝闪闪发光，像远在天边的星辰。

斯通纳向伊迪丝坦言："我从未认识过像你这样的人，我说话笨嘴拙舌的。如果我让你难堪了，你可一定要原谅我。"

那个时候，他觉得自己多么幸运，伊迪丝竟然同意了他的订婚请求。

在订婚晚宴结束的时候，伊迪丝望着斯通纳，郑重地说："我会努力做你的好妻子，威廉，我会尽力。"

起初，一切都很美好。

蜜月旅行的时候，他们来到另一座城市，走过寒冷的街道去参观美术馆，那里温暖又静谧。陈列室高高立起的仄暗墙壁上，挂着明亮又绚丽的色彩。伊迪丝挽着斯通纳的手臂，她高挑又优雅。这样的女子走在自己身边，让斯通纳心里涌起无声的激情和爱意，温暖又充满形式上的愉悦感。

然而，不出一个月，斯通纳就知道自己的婚姻失败了。不到一年，他已经不抱改善的希望。后来，他学会了沉默，不再固执地去爱。

为什么？

因为斯通纳发现，伊迪丝根本不是他以为的那样。

她的温柔只适于远观。她的美好，极其表面、易碎。那些绘画、弹琴的技能，只停留在了技能层面，从未接通她的情绪和心灵，因而也从未给过她慰藉，舒展她的性情。

她孤僻、刻薄、固执、抑郁。

伊迪丝真的曾想要尽力做他的好妻子，但她不知道该怎么做。关于爱，关于自我，她有太多不知道的事。

她不知道，首先不能对自己撒谎，"看起来的好"不能成为生活的主题。她也不知道，如果想要爱，就得想办法把沉积在心底里的怨恨、傲慢、无能意识清理出来，而不是任由它们做主。

斯通纳曾试着去缓和两人的感情气氛。但问题是长在根上的，如果没有因爱而生的勇气和胆识，是没有办法真正走进另一个受伤的灵魂的。

于是，他选择了那条退路——决定不再去爱。

这一决定，这一看起来别无选择的决定，让他大半生生活在痛苦和失望中。

我们一起来看看斯通纳的爱是什么样子。

斯通纳因为伊迪丝的温柔和美貌爱上了她。当他看着她那双大大的淡蓝色的眼睛时，他感觉自己整个身体都被它们吸了进去。这是爱情独有的神秘又极致的体验。

一见钟情的美妙，深深地被美和温柔吸引。这不是爱的内核。

看见美，被温柔包围，见识到才华，这些都会令人沉醉在一种愉悦的磁场里。这当然是一种非常美好的感受，人人都迷恋这种感受。不过，这种迷恋不是爱，我们称它为"喜欢"更恰当。

我喜欢你，可以有各种各样的原因。你明亮的眼睛和孩子般的笑容，你帅气的投篮动作和手臂肌肉的线条，你在我遇到困难时总是第一个赶来帮忙，或者，就如那首甜蜜轻快的法语歌 *Ça Ira* 里唱的：我喜欢你引用最美的不朽著作时，那种自信的神态。

总之，我喜欢你，因为跟你在一起我感觉到美好、甜蜜、快乐，还有心的跳动。

喜欢，是自己得到的欢乐和益处。而爱，是决定和承诺，是一种知难而上的作为。爱与喜欢的区别意义就在这里：爱不以追求自己的益处为目的。

有个小故事能简单地说清楚喜欢和爱的区别。

米娅在印度的阿格拉做公益活动时,对一位当地的青年萌发了好感。不过,青年看她的眼神却冷如冰山。

在米娅准备回国的那天,青年骑着摩托载着她在阿格拉城里转悠。日落时分,他把摩托停在了泰姬陵边,告诉她,他喜欢她。这几个月来,他那么冷淡地对她,是因为害怕。怕她被她的同事们误解,也怕她被他的街头朋友们看轻。

"毕竟你那么好。"他说出这句话时,低头看着脚边的青草。

最后,他把手伸出来,郑重而有力地和米娅握手告别,一字一句地说,希望将来还能有缘相遇。

米娅每次回忆起那个黄昏,都会有这样的感慨:他可以拥抱我的,可他选择了握手。

青年喜欢米娅,他第一眼看见她时就觉得她很特别,她穿沙丽真美,她那么好。喜欢,让青年偷偷地来到米娅的楼下,去多看她一眼,去和她在一起。可是爱,让他克制住自己的情感,与她握手,让她离开。

让她离开,已经是很艰难的事,不过,与两个人真正亲密地在一起,共同面对半个多世纪的冲突与难题相比,却是相对容易的事。

当新鲜感与激情过去之后

心"怦怦"跳,肾上腺素激增,多巴胺急速分泌,每一分每一秒都想和她在一起,这是大自然为了推动它的物种们繁衍生息所使用的美妙计策。这也是人类作为一个物种,六百多万年延续下来刻在基因里的本能。如果我们以为大自然的努力以及我们本能的冲动就是爱,那它显然不是爱的全部。情欲之爱是大自然的功劳,另有一种真正的爱,才是属于我们人类自己的努力范畴,它也是人性之光的见证。

不过,人们常常误把情欲之爱等同于爱。情欲之爱是一种被动的应激反应,不需要学习,这让人们误以为爱不需要学习。以为自己天然会爱、懂爱,这是多么大的误解。这导致亲密关系常常出现这样的情况——一旦遇到问题,就想从对方身上找原因:都是你不好,我才没办法好好爱你;如果你足够好,我肯定知道要怎么爱你。

人们总是太过自信自己的爱。我们从小付出那么多时间和精力去学习文化、知识、技能,却从未认真学习过什么是爱,以及如何去爱。

如果从不追问爱的真意,不自省自察去学习爱,怎么敢说自己懂爱?怎么能建立起良好的亲密关系呢?

太多人和斯通纳、伊迪丝一样,情欲和喜欢使他们爱上彼此,然而,他们并不清楚爱到底是什么。亲密关系只依靠喜欢和本能撑着,自然是没有办法走过半生的路程的。

大自然的手总会有撤去的那一天。新鲜感、表面的美好以及激情总会过去。缺点、弱点以及某种陋习，总会暴露。当双方性情上的缺陷变成利刃，最初的甜蜜被伤害替代，你能指望"喜欢"去做些什么呢？这个时候"喜欢"已经变成"不喜欢"了。你能指望情欲之爱去做些什么呢？它早已溜之大吉，甚至另寻门户了。

无论当时如何强烈地被吸引，无论感受到何种美丽的眩晕，无论两人立下什么样的海誓山盟，喜欢和情欲本身都是没有安全保障的。这也是为什么，许多伴侣在婚后几年，甚至更短的时间里，由当初的浓情蜜意变为相对默然（如果还没有互相厌烦的话）。

正因为情欲和喜欢会消逝不见，我们在爱中便没有了安全感。安全感的缺失，激发出强烈的占有欲和控制欲。

为了确定我先生还爱着我，我总是忍不住看他的手机。我想用一百只眼睛罩着他，以确保他依然爱我。他曾愤怒地把手机摔了，我当时一边哭一边喊："你不能这样对我，我这样做都是因为太爱你！太担心失去你！"

那段时期，我做过很多次主题相似的噩梦——他爱上了别的女人。我气急败坏地醒来，差点把他踹到床下，他迷迷糊糊地睁开眼，头上冒出两个词——"无妄之灾"以及"不白之冤"。

当安全感不在，就算你们之间没什么问题，你也会凭空制造出许多问题。

抛开对伴侣不切实际的想象

有些时候，我们深深地喜欢对方，还有一个原因——对伴侣不切实际的想象。

在恋爱期、蜜月期，我们对伴侣的了解是十分有限的。在大自然特别为恋人们准备的粉红色背景里，我们对对方进行了神秘又美好的补白。

不仅如此，他在赶赴你的约会之前，除精心地打理好自己的形象外，还会有意无意地往自己身上撒一层金粉。这一小撮金粉，使他在你面前更有风度，更有教养，甚至更有耐心。

撒金粉这件事也是可以理解的。因为他喜欢你，也就非常渴望你也能喜欢他。遗憾的是，每个人的金粉就那么一点，过不了多久就用完了。值得注意的是，金粉不是万能的。比如它无法使一个人更幽默，如果碰巧你的伴侣是个幽默的人，我们真应该为你的运气庆祝一下。

因此，我们在享受大自然带来的本能、对方的各种魅力以及金粉带给我们的美妙体验之外，还是要做到心中有数：这是我们在演的一场电影，一场浪漫美妙的爱情电影，但电影总会结束。

好吧，我还是把话说得直截了当些：无论如何，事实上，我们在爱一个普通的陌生人。这个人既普通，又陌生。这个人和世界上其他所有人一样，有着人性的脆弱。也和其他所有人一样，有着一颗千疮百孔的心灵。

"喂喂,等等,"你说,"你怎么能确定他的心灵上有洞呢?"

那么,你可以想象出一个从小到大从没有经历过任何擦碰的人吗?就拿你自己来说,何止是擦碰,你也摔过跤,有过擦伤、划伤、割伤,甚至可能更严重的伤,是不是?

同样的,在长大成人的过程中,人的心灵也一定经历过许多的撞击、擦伤和刺痛。有些好了,有些没有。心灵的创伤,是无法用肉眼直接看见的,而且,人们更习惯于把它隐藏起来。如此一来,这些伤痛就没有太多机会被好好照顾,也就没有机会好好康复。

那些没有好的伤痛,就是这个人特有的脆弱之处。而脆弱,为了保护自己,又往往会披上带刺的黑色斗篷。

以上这些,通常是我们在恋爱之初所不知道的。

现在来讲一些我们知道的。

你一定知道白雪公主的故事。

在白雪吃了毒苹果昏迷的时候,有一位刚健英俊的王子来到她身边,轻轻拂去她脸上的乌发,温柔地吻了她。

奇迹发生了,白雪苏醒了,她得救了。这得救的不仅是她的性命,更是她的人生。王子带着白雪逃离了继母的魔爪,逃离了原本乏善可陈、忧心忡忡的生活。

从此,他们幸福地生活在一起,直到永远。

很多故事是《白雪公主》的翻版。我们读着这样的故事长大,被这样的故事包围,以致忘记它们只是故事,不是真正的人生。我们幻想着,这样的剧情也可能在我们身上发生。我们很早就开始憧憬这样的爱情——现在的生活乏味无趣没关系,只要他出现,就能给我带来无比美好的改变。

为什么会有这样的想法?因为我们渴望自己的人生能被另一个人

拯救。

来看看普利策奖获得者、作家欧内斯特·贝克的说法：

> 恋人成了神的化身，人生才有意义。一切精神和道德的需求如今都集于一人……换句话说，爱的对象就是神。……毕竟，我们把恋人提升到神的高位，我们到底想从对方身上得到什么呢？得到救赎——少一点也不行。

为什么人那么渴望救赎呢？一个很大的原因是，太多人不知道而且不确定每天为什么而活。那么，该怎么办呢？除去信仰宗教之外，我们通常会做两件事：第一，捕捉光鲜人士的生活模式和价值观；第二，由神圣化了的人来拯救我们，让我们因为他的"全能"的爱，获得恒久的快乐和幸福。

那么，这么做的结果如何呢？

对于第一种做法，成功者的生活模式很可能会窒息属于你自己的声音。世俗的成功，从来都是诡谲多变的，它很可能会导致失望与空虚感的加剧。如果为了追求表面的成功而荒废了人生，那也是一种蹉跎岁月。

相对来说，第二种方法似乎更简便，也更有诱惑力——和一个美好的、有力量的人结合，因为那个人的出现而找到生命的乐趣和意义。我只能明确地说，这是一个美好又虚弱的幻想。随之而来的，是幻灭。

在《白雪公主》诞生一个半世纪之后，那是在 1981 年，年轻貌美的戴安娜从一个普通女孩变成了王妃。

婚礼庆典那天，戴安娜王妃和查尔斯王子站在白金汉宫的阳台上，面带微笑，朝仰望、祝福他们的人优雅挥手。多少人流下眼泪，感叹童话成真。

　　人们很容易在婚礼现场挥泪感动,何况是这样一场盛大的皇室婚礼,而且它还有一位像从童话故事里走出来的女主角。这完全满足了人们美好又虚弱的幻想。那些幸福激动的眼泪,是人们为自己流的。戴安娜王妃自己清楚,她不过是华丽的甜筒广告里,那个撒着糖霜的甜筒冰淇淋。

　　我们要警惕虚假的幸福感,没有哪一个人可以成为另一个人的救世主,不管你们的关系多么亲近,也不管这个人是不是美貌倾城,贵为王公。

夜空中最亮的星——永恒之爱

丹麦哲学家索伦·克尔凯郭尔说:"水手在海上远航,当需要辨别方向时,他决不会埋头盯着那波涛,因为它们时刻在变。他会抬头看着天上的星星,因为它们才是诚实可靠的永恒。"

你总有一天会成熟到明白,美貌、权势、名利,这些都是流变不居的,它们不是你一生的追求,你也不会轻易向它们折服。你明白了,唯有永恒之爱才是答案,因为它才是恒久和确定。

克尔凯郭尔的那句话,让我想起逃跑计划乐队的那首《夜空中最亮的星》:

"我祈祷,拥有一颗透明的心灵,和会流泪的眼睛,给我再去相信的勇气,越过谎言,去拥抱你。每当我找不到存在的意义,每当我迷失在黑夜里,夜空中最亮的星,请指引我靠近你。"

当这些词句婉转成行的时候,我感叹毛川写出了神来之笔。他在那一刻,越过表象,看见永恒。要看见那谎言背后是什么,要看见那刺痛人心、惹人愤怒的话的背后是什么。不要只盯着那些话不放,重要的是那些话背后的东西。

重要的是,你不会因为谎言和表象,放弃心中的爱。

永恒之爱,是夜空中最亮的星,它才是我们走出亲密关系各种问题的指引。

我们渴望亲密关系为我们带来幸福，那是因为我们瞥见了爱在镜子里的影像。最终能为我们带来幸福的，是真正不朽的爱，而不是爱的各种幻影。

来看看维克多·雨果《悲惨世界》中的一个小故事。[1]

我们先来认识一下米里埃主教。

怎么形容他呢？首先，他是一个快乐的人，雨果说他笑的样子像个小学生。他是一位七十五岁的老年人，个头不高，能看得出他年轻的时候相当英俊。和主教生活在一起的，是他身材瘦长的妹妹，以及一位又白又胖的女佣人马格卢瓦太太。

他们的生活怎么样呢？米里埃主教出身贵族，现在是一位高级圣职人员，我们可能会猜想，他大概穿金戴银，有私人厨师，有美酒佳肴，享主教年薪。不过，前面已经提到，他只有一位老女仆，所以说事实上，他们过着十分清贫的生活。他的年薪和各种俸禄，都条目清晰地捐给了慈善组织和穷人。

米里埃先生到迪涅这座小城任主教时，被安排住进了屋宇轩昂的主教府。那是一座石头建筑，美轮美奂。有套房、客厅、卧室，还有一座树木苍翠的花园，以及一条供人散步的古佛罗伦萨风格的拱廊。与主教府毗邻的是一家医院。医院是一座又矮又小的两层建筑，只有一个很小的花园。

米里埃主教到任三天后，参观了医院。参观结束后，他把医院院长请到了家里，要求和院长换房子。

第二天，主教就搬进了医院。

---

[1] 本故事源自法国作家维克多·雨果的长篇小说《悲惨世界》。

米里埃主教在这座有着两层楼的小院里，过着充实又愉快的生活。那个小花园，有三块地被马格卢瓦太太开垦成了菜地。在第四块地里，米里埃主教种上了花。

米里埃先生不仅心地善良，而且有审美需求。有审美需求实在太重要了，雨果特意强调了这一点。热爱美的人，用眼睛寻找美的人，内心丰富、细腻而有趣味，他们的生活才远离了浅薄、粗糙和乏味。因为美，是可以直接润泽人心的。并且，真正震撼人心的力量，一定有美参与其中。

接下来，故事的另一位主人公要出场了，他就是熬过了十九年牢狱生活的苦役犯——冉阿让。冉阿让犯了什么罪？盗窃罪。具体来说，他是为姐姐七个挨饿的小孩偷了一块面包。

冉阿让四十多岁，中等身材，健壮结实。从牢里出来后，他走了一天的路，身上的衣服破烂不堪，背着一个鼓鼓囊囊的军用包。经过迪涅这座小城时，他又累又饿。可没有一家旅店收留他，也没有一家饭馆肯留他吃饭。

因为他拿的是一张黄色通行证，证上写着：冉阿让，刑满释放犯，服了十九年苦役。破门盗窃，五年。四次企图越狱，十四年。此人十分危险。

天色暗了下来，那是十月份，晚上的风寒冷刺骨，天上无星无月。尽管冉阿让是个粗人，他也还是能推测出，恐怕是要下雨。他在街上溜达，发现一个矮棚子。他趴下来，爬进去。里面很暖和，还有一个麦秸秆搭的小床，这对他来说相当不错。他刚躺上去还没伸展腿脚，就听到凶恶的狗吠声。原来那是一个狗窝，这只狗主人显然也不乐意收留他。

冉阿让别无他法，准备就躺在教堂广场的石凳上过夜了。这个时候,一位老太太走过来,推了推他的胳膊,指了指广场对面主教府旁边的那座小楼,说:"去敲敲那扇门。"

于是,冉阿让就和米里埃主教相遇了。

我们已经知道,米里埃主教是个好主教,他当然把冉阿让留了下来。为了表示对这位客人没有偏见,尽管只有三人用餐,他还是吩咐马格卢瓦太太去拿出六套银餐具。这套餐具是他从前做贵族时留下的财产,他此前的财产还包括一对实心银烛台和一把大汤勺。

冉阿让听到主教的吩咐,立刻向前迈了几步,说:"听着,您不要这样,我坐过牢!您听见吗?我是从苦役牢里出来的!"说着,他激动地掏出自己的黄色通行证。

他接着说:"大家都把我赶了出来。您愿意接待我吗?您这里是旅馆吗?您愿意给我吃和住吗?您有马厩吗?"

"马格卢瓦太太,"主教说,"给里屋的床铺上白被单。"

被单铺好后,马格卢瓦太太利索地把六套银餐具摆放好,它们整齐地在白色桌布上闪闪发光。三套将会被用餐者愉快地使用,三套静静地在桌子对面优雅地摆阔。主教的摆阔,不同于我们通常的理解。因为他的生活十分清贫,为了不至于引起别人的同情,主教在每次请客人吃饭时,都会把全部六套银餐具拿出来。这确实是一种善良又优雅的摆阔。

时间来到了凌晨两点,大教堂的钟声把冉阿让吵醒了。他从洁白又舒服的床上醒过来,很难再睡着。他快二十年没睡过床了,有些睡不习惯了。

辗转难眠的时候,他想到自己干了十九年的苦役,才挣了一百多法郎,主教家的六套银餐具,少说也能卖两百多法郎。他看到老女仆把它们放到哪儿了,就在外面主教睡的房间的小壁橱里。

他经过了几个小时激烈的思想斗争，最后还是在天亮前下了手。他把银餐具装到自己的背包里，翻墙溜走了。

就像他越狱总是会被抓回来一样，这次命运还是没有放走他。

第二天，在主教用早餐的时候，几个宪兵揪着冉阿让的衣领，把他带回了主教家。

主教以他这个年纪可能有的最快速度迎了出去。没等外面的人开口，主教就看着冉阿让大声说："啊，是您啊，您怎么又回来了？正好，那对烛台我不是也送给您了吗？也是银的，可以卖两百法郎呐，您怎么没带走呢？现在跟我去拿吧！"

冉阿让惊讶地睁大眼睛。一个宪兵说："主教大人，这个人说的是实话吗？这些银餐具是您……"

主教微笑着打断他："他没跟你们说，这是一个神甫老头送给他的吗？真是一场误会啊！"

等宪兵们走了，米里埃主教走到壁炉前，拿起那对银烛台，转身递到冉阿让的手上，郑重地说："冉阿让，我的兄弟，我用这对烛台把你的灵魂从魔鬼处赎回来，从今以后，你的心就是属于上帝的了。"

雨果说："人间最极致的体验，是有了被爱的把握。"

冉阿让拿着黄色通行证，全世界都对他背过脸。他在接受了主教的诚心招待之后，偷走了主教家最值钱的东西。他已经不再指望任何人的爱，他也不准备去爱任何人。他准备走上那条冰冷又坚硬的道路，往后只靠金钱和力气生活。爱，感情，温暖，是他准备交出去的东西。

命运这一次显露了它的慈悲。冉阿让体验到了被爱的把握。

主教给他的爱，有别于他曾理解的任何一种形式的爱。不是他身上有什么可爱之处，不是他能交换什么好处，而是，无论如何我都爱你。

人们看见的是他肮脏冷酷的外表,主教看见的是他一颗受了伤的心。

张爱玲说过,如果你认识从前的我,就会原谅现在的我。真正的爱,让主教看见冉阿让从前吃过的苦,看见十九年牢狱生活带给他的对人性的绝望。

这就是"永恒之爱"。唯有它有如此强大的力量,能给人被爱的把握。

这爱照亮了冉阿让晦暗的心。他的眼前不再混沌一片。清明上升,沉浊下降,他踏上了一条光明的路。这爱帮助他从对人生的失望中挣扎出来,在自己身上找到了真正的自我,终于不负此生。有多少人,因为不明白永恒之爱的意义,以致无法摆脱这样的命运——活了一辈子,却在自己身上找不到真正的自我价值。

这才是我们所说的那又美又好的爱,能真正给人带来帮助和改变的爱。这也是我们需要在亲密关系中培植出的爱。

给家人被爱的安全感

那么，为了拥有永恒之爱，为了能有真正的改变，我们是否应该先去寻找自己的米里埃先生呢？

不。主教只是让冉阿让感受到了永恒之爱的温暖和力量，让他看到了令人神往的岸和令人神往的远方，要真正到达那个岸和远方，还是要靠冉阿让自己的力量。

人间最极致的体验，是有了被爱的把握。一两百年前，当雨果写下了这句话的时候，这位非凡的作家不是在鼓励我们去寻找这样的体验，而是在鼓励我们成为提供这种体验的人。

他在鼓励我们做更难、更需要力量和勇气，也更确定的事。

就像 C. S. 路易斯所说的那样："寻找真理，你或可以找到安慰；寻找安慰，你既得不到安慰也得不到真理。"

在我们的亲密关系里，需要我们来爱的人，他们会犯下错误，会有不可爱的时候，会说出狠心的话来刺痛你。这个时候，要想到永恒之爱，去越过表象看见背后的东西。那藏在背后的，很可能是痛苦、脆弱和心碎，当你看见它们，你会想去关心他，安慰他。

永恒之爱，就是无论如何，我都爱你。被这样爱着的人，会有非常健康的安全感。他不担心有一天，对方会不爱自己。

你可能会有这样的顾虑：那岂不是把他惯坏了？

有这样的想法也是可以理解的。不过事实是，一个全然确定自己被爱的人，一个拥有健康安全感的人，一定是在这样一条道路上前行：他慢慢变得更加自信坚定，因而更能得体行事，也更懂得如何去爱。

我们一直有个认知的误区：以为通过让对方感觉糟糕，便可以让他把事情做好。

我们威胁他，吓唬他，羞辱他，惩罚他，而我们做这些事的目的，是想帮助他把事情做好，让他成为更好的人。这完全是误解。如果你在长大成人的过程中，有过这样糟糕的体验，尽管这样的感觉曾真的刺激你去拼尽全力取得某种成绩，但你一定清楚，你为此付出了多大的代价。

你失去的可能是对自己客观的认知，过于依赖别人对你的评价；失去的可能是做人的尊严，习惯看人脸色，讨别人喜欢；你甚至可能失去了健康的人格，一时飞扬跋扈、自以为是，一时又惊恐万状、若有所失。

马斯洛的人的需求五层次理论指出：人的情感和归属感，自尊和对他人的尊重，以及最终的自我价值的实现，都是建立在安全感之上的。

你只有让一个人感觉到安全，他才有可能真正把事情做好，才有可能培养出健康的情感和归属感，才能建立真正亲密的关系。

纽约时报的畅销书《关键对话》也特别强调：如果想要使对话进行下去，最重要的是给予对方百分之百的安全感和百分之百的尊重。唯有如此，你们才能做真正高效的有价值的沟通。

给予安全感是解决很多问题的关键。

在尝试了无尽的猜忌之后，在无数遍试图索要安全感之后，我终于明白，安全感不是你需要索取以及能够索取的。安全感是你可以给予的。

这种变化完全基于一点——我明白了爱的真意。我不再把外在出现的各种情形归咎于他不够爱我，或者他不够好；我也不再只能通过愤怒、鄙视、谴责、讽刺来表达我对伴侣和孩子某些做法的不认同。

如果我们愿意让爱"确定""恒久"地在心里，如果我们愿意让对方体验到"被爱的把握"，我们就一定能找到更恰当得体的办法，处理我们亲密关系中遇到的问题。

三十八年之后，斯通纳躺在床上，那是他在世界上的最后几天。伊迪丝坐在他身旁，他看着她，尽管他们之间经历了很多伤痛，这时的斯通纳，几乎毫不后悔和伊迪丝在一起。

午后的阳光里，她似乎依然年轻美丽——我要是更坚强些就好了，他想：我要是知道得更多些就好了；我要是早明白就好了。最后，他几乎无情地想：如果我爱她更多些就好了。

我要是早明白就好了。早明白什么呢？

当斯通纳走进院长家那幢新古典式的别墅时，他不知道等待他的是这样的相遇：伊迪丝竟然会成为他生命中拔不去的毒草，她竟然会成为他最有杀伤力的敌人，她竟然会是他追求宁静美好生活的绊脚石，她竟然不仅致力于毁掉他的生活，甚至想要通过毁掉女儿的生活来报复他。这些都是斯通纳在院长家的老房子里第一眼见到伊迪丝时，所不知道的。当时的她，多么温柔、优雅、无辜。

婚后，不管伊迪丝和斯通纳的情感生活有多糟糕，只要他们开家庭聚会，伊迪丝都会露出温柔的面孔。她还会在大家面前亲昵地对待斯通纳，神采飞扬、轻松自如地跟客人聊天。斯通纳觉得她像是一个陌生人。等客人们走后，表面上的东西会瞬间坍塌。尖酸又心烦意乱的神情，像一种奇怪的寄生植物，又迅速霸占了她的脸庞。

当斯通纳初次见到伊迪丝的母亲时，就从她的脸上看到了某种由习惯性不满导致的深深痕迹，表明她绝非一位快乐、温柔的母亲。

如果当时斯通纳知道，原生家庭的灾难有极强的延续性，他就可以预料到自己的婚姻生活有可能要面临许多挑战。这至少会让斯通纳对伊迪丝有更加理性的认识。

但是，斯通纳不知道。他一心认为伊迪丝的温柔是真的，她和她的母亲是截然不同的人。她母亲这样介绍伊迪丝："伊迪丝有不少优势，你知道。有一个完美的家庭，上过最好的学校……"但事实是，伊迪丝的家庭有很多问题。她母亲以为有好房子、家境富裕、父母看起来相敬如宾，就是完美的家庭了。有太多家庭从外面看起来很好，但里面却吃人不吐骨头。

伊迪丝的家庭甚至不如斯通纳的家庭。斯通纳的父母虽被贫瘠的土地压榨了最后一滴热情，但他们并不自以为是。贫困和操劳让他们麻木，他们不可能与斯通纳进行任何轻松睿智的交谈，但他们至少没有把自己的意志强加到儿子身上。

当斯通纳来到大学里，当他有机会学习，有机会接触文学，接触到真正美好的事物，他的生命力还是能够焕发出来。

而伊迪丝不同，她的家庭已经把她的自我扼杀了。她在遇到斯通纳时，已经是一个自我破碎的人。

更要命的是，她从不对自己真诚。如果一个人没有诚实面对自己的能力，那所有解决问题的通道就都被堵死了。开始时，斯通纳试着告诉她，她不幸的根源在哪里。每当他尝试指出来，她就故意把他说的那些话，当成对她的侵犯和报复，开始病态地疏远他。

我们说亲密关系很重要，其中一个原因就是，它提供给两个原本陌生的人肝胆相照的机会。如果人们愿意珍惜这个机会，便能塑造更美好的品格和性情，更明白爱的意义。困难在于，这样肝胆相照的愿望,并不会每次都能实现。

伊迪丝的父母,也许就是在多次尝试交谈失败之后,找了一条看似轻松的退路——冷漠地相敬如宾。他们之间不再表达任何情感,这是一种绝望的冷漠,是另一种形式的暴力。

伊迪丝父母对她的养育方式以及他们对待彼此的态度,让她从来没有想过,自己可能要对别人的幸福生活做一下考虑。

伊迪丝在长大成人的过程中极其缺乏安全感,她建立起极强的心理防御机制。她的防御方式是,争强好胜。

她一定要胜过她的丈夫,只有这样她才在亲密关系中拥有自信。让他甘拜下风,这样他才能永远爱自己,永远离不了自己。这是多么大的错觉。

当伊迪丝发现自己无法获胜之后,她开始报复。当人决心报复的时候,总能很灵敏地抓住要害。她巧妙地把斯通纳赶出他一手建起来的书房,若无其事地让孩子把他的书稿当玩具,不动声色地折磨他深爱的女儿。这样一个支离破碎的人所做的一切,让我想起鲁迅一个有名的比喻:看起来像兔子一样怯懦的人,却有着狐狸的狡猾,狮子似的凶心。

伊迪丝是个恶毒的女人吗?从她所做的一些事来看,她确实愚蠢又恶毒。不过,当斯通纳和她共同走过三十八年的岁月后,他终于学会了从苦难的角度来看待她。当初她叫住斯通纳,对他说,我会努力当好你的妻子,斯通纳相信那是出自真心的话。

斯通纳在认识伊迪丝的第二天,他曾迫不及待去她姨妈家找她。那时她告诉他,孤独是她人生最初的状态。斯通纳后来明白了,那是她在发出请求帮助的讯号。斯通纳接收到了,那时他想让伊迪丝打住,想安慰她,想握住她的手。然而,他既没有动一动,也没有说什么。他应该去安慰她，拥抱她，但他终究什么都没做。

在那个晚上，他让那有疗愈能力的爱，流于一种浅薄无力的怜悯。这藏于内心的怜悯，不是行为，不是爱。爱是需要有所作为的。

三十八年后，斯通纳想，我要是早明白就好了。

虽然太迟，斯通纳还是明白了永恒之爱的意义——无论如何我应该好好爱她。

如果他早明白这一点，便不会给自己逃避的退路，便有勇气迎难而上。他便能一心想着如何帮助她，而不是疏远她，冷落她。

他承认了自己的懦弱，这是爱和勇气的开端。

三十八年后，他的手从被子下面摸索过去，握住了伊迪丝的手，好像那是一段不得不走的遥远距离。

一个灵魂穿越自私、怯懦、隔阂去爱另一个灵魂，这是勇敢的人才有的行为。他已不怕被伤害，甚至这"伤害"在他那里有了新的解释。他明白她所做的所有刻薄恶毒的事，是因为她所受的遭遇。那刻薄恶毒是她受伤的标志。她那具有攻击性的尖刻语言，是她渴求帮助的叹息。

三十八年后，他握住了伊迪丝的手，没有犹疑、顾虑，温暖而坚定。伊迪丝没有躲开。

他要握住她的手，这个极简单的动作里，包含了爱的一切内容。那是恒久和确定，是无论如何，我爱你。

你准备好去尝试用"永恒之爱"来爱你的伴侣和孩子了吗？这是改善亲密关系的关键。也是唯一的出路。

2

家庭幸福的艺术

战胜你的自我中心与自以为是

我们唯一能保留的东西，是我们自由献出去的东西，我们极力想为自己保留的，恰恰是我们注定要失去的。

—— C. S. 路易斯

为什么一直说着这样的话，
我们自己竟然不知道？

成都机场，我和恬恬等着取行李，那时她一岁多一点。

离我们不远的地方，有个高大帅气的小伙子往手推车上叠放行李。恬恬一只手拎着她的布娃娃，一只手抱着我的腿站着，头却转向小伙子那边。我微微点头，对这个小不点已经具备的审美水准表示满意。确实如此，宝宝们似乎天生具备良好的审美基础，即使在未经指导的情况下，也能准确地把眼光放在更美好、新奇、独特的事物之上。

当我再看过去时，小伙子已把第四只亮银色合金旅行箱放到顶上，准备推走。不料，那只箱子极不配合地砰噔一声翻到地上，锁扣被撞开，本应秘密放在箱内的衣物突然暴露了出来。

小伙子面有窘色，蹲下来收拾。恬恬二话不说，左摇右摆地朝小伙子跑过去，布娃娃被她扔在了地上。

好啊，看来她是急着去帮忙。虽然她这么着急跑过去，可能只是因为人家帅，不过，不管出于什么目的的助人为乐，都是值得肯定的嘛。

我在一旁面带微笑，欣慰地看着她。

只见她在小伙子身旁停住，把两只小手撑在自己的胯部，皱起眉头稚声稚气地说出一个词："看、看……"

我呆在原地，下巴一时收不回来。

难道，在继"爸爸""妈妈"之后，恬恬学会的第三个词是，"看看"？嗯，我还是不要立即过去找她比较好。并且，我一点都没有母亲听到孩子学会一个新词时通常会有的惊喜。

恬恬不是去帮忙，甚至也不是去看热闹，而是第一时间跑过去表达一种奚落——"看看，行李掉地上了吧。"

她为什么会说这样的话？还能为什么？难道我们平时就是这样跟她讲话的？我们真的经常对她说"看看"吗？

好像还真是。

"看看，把牛奶洒了吧？"

"看看，跟你说慢点跑你不听，摔了吧？"

"看看，嗓子哭哑了吧？"

……

"看看"，是一种神奇的表达，让说出这两个字的人陡然拥有某种优越感，好像一切尽在预料之中。这种高人一等、冷眼睥睨的姿态，说实话，还是很容易令人着迷的。

当然，很多时候，我们还是会边说"看看"边帮恬恬擦眼泪的。但她宁可自己擦眼泪，也不想听到我们说"看看"。

问题是，为什么我们一直说着这样的话，我们自己竟然不知道？

星期一的早晨，朵拉的外婆送她去幼儿园，妈妈去上班。电梯里，朵拉手里的盒装奶不小心被挤了出来，弄到了身上。她脸上显出惋惜和内疚的表情。外婆皱起眉头说："你看看你，怎么那么不小心，这衣服今天才换的。"朵拉听到这些话更局促不安，开始哼唧着蹭妈妈，妈妈使劲儿一扭，甩开了她，厉声说："你把奶洒了还有理由哼唧？"

周一的早晨，也许是人的意志最薄弱的时刻，情绪还需要一些调整。

不过我想,如果外婆和妈妈真的知道自己在说什么,真的能听到自己说话时的语气,真的知道这些话对朵拉意味着什么,她们就不会说这样的话了。不论是在星期几的早晨。

当朵拉变得越来越胆小,瞻前顾后,畏首畏尾,外婆和妈妈可能永远也不知道,结出那果的因,就在这样冷漠、粗暴的言语里。

有多少人察觉到了自己的冷漠,承认自己的人性中有冷漠的部分?有多少人感觉到了自己的粗暴,承认自己的性情中有粗暴的部分?有多少人察觉到了自己的自私,承认自己的人性中有自私的部分?有多少人看见自己的破碎,承认自己不那么完整,承认自己可能因此犯下错误,因而需谨言慎行?

心理学家卡尔·荣格说:为了治愈,你需要先去感知。

当我们抱怨对方不够好的时候,我们自己又是什么样的呢?

时时察觉自己的自我中心

送恬恬去乘幼儿园的校车,当别的孩子都不哭而她哭时,我就开始烦躁不安。那时我的眼里没有她,我看不见她对妈妈的依恋,对陌生环境的担忧。我真的没有能力看见她。我在忙着担心别人怎么看我,我在忙着焦虑我的良好形象遭到了破坏。我的心思全在我这里,我对孩子的爱在哪里?

陶艺馆,我潇洒又不耐烦地在转盘上甩着泥坯,一遍又一遍地质问四岁的恬恬:"这不是很简单吗?就这样干脆地把泥拿起来,再甩出去。就这样啊,这有什么难的?"当利落地甩下泥坯时,我隐隐感觉到一种自我欣赏——看我一下子就做得这么好,我真是天赋异禀啊。

恬恬站在一旁,耷拉着脑袋,像一朵蔫儿了的花。她该多么委屈,她妈妈想让她立即就像自己那么能干,这对她多么不公平。

远藤周作在他的小说《沉默》中写下这样的话:"罪,并不是一般人想象的,只是盗窃、说谎这些行为。所谓罪,是指一个人穿越另一个人的人生,却忘了留在那里的鸿爪雪泥。"

如此弱小,仰仗我关心和爱的人,我在她心里留下了什么样的痕迹呢?

我敏感于别人对她的伤害,我祈盼这个世界能对她温柔一点,可在她最需要温柔的家里,我又对她做了什么?

我每天一个眼神又一个眼神,一句话又一句话留下的伤害,要怎么来弥补？如果我不能看见自己的自我中心，以及由此而来的冷漠、虚荣、粗暴，那么我的伤和恶将很有可能在她身上延续下去。

作为妈妈，我该让她知道，天地间至少有一个地方，那里足够安全，那里全是爱。因为在那里得到足够多的爱，所以有胸怀和自信在这婆娑世界欢欣地生活下去；在穿越另一个人的生命时，用温柔的力量留下爱的印记。

而实现这个美好愿望的起点，是看见。

唯有看见他，才明白该如何爱他。

达·芬奇说：知与爱永成正比。这个"知"，就是看见，感知，觉察。

我只有脱离我，才能看到你。这个"我脱离我"的过程，就是驱除自我中心的过程。

美国作家提摩太·凯勒说：人类的罪性就是根深蒂固的自我中心。提摩太把它定义为"人类的罪性"，不是某个人，而是每个人。如果不承认这一点，我们看再多的书，做再多的事，都无法真正好好爱我们想要爱的人。

其实只要我们用心观察，随处可见"自我中心"在亲密关系上的烙印。

我们来看看耐人寻味的亚当与夏娃的故事：

夏娃受蛇的诱惑摘下果子来吃了；又给她丈夫亚当，她丈夫也吃了。

天起了凉风，耶和华在园中行走。亚当和夏娃听见神的声音，就藏在园里的树木中，躲避耶和华神的面。

耶和华呼唤亚当："你在哪里？"

亚当说："我在园中听见你的声音，我就害怕；因为我赤身露体，我便藏了。"

耶和华说："谁告诉你赤身露体呢？莫非你吃了我吩咐你不可吃的那树上的果子吗？"

亚当说："你所赐给我，与我一起生活的女人，她把那树上的果子给我，我就吃了。"

上帝问亚当的话，直截了当，语义明确——莫非你吃了我吩咐你不可吃的那树上的果子吗？答案可以很简单：是的，我吃了；不，我没有吃。亚当是怎么回答的呢？他不说自己吃了，也不说自己没吃，而是第一时间把夏娃推了出来——你所赐给我，与我一起生活的女人，她把那树上的果子给我，我就吃了。

显然上帝并没有问是谁让他吃的，但是在亚当看来，这是最聪明的，对自己最有利的答案了：第一，我没有撒谎，我不挑战上帝的全知全能；第二，我让自己的罪变轻，我只是个从犯。这样一个"完美"的答案，是亚当不假思索便给出的。这是他的本能让他给出的回答。

《圣经·创世纪》中上帝和亚当的这段简短的对话，精准地捕捉到了赤裸的人性。

亚当和夏娃是什么关系？夏娃是亚当的什么人？亚当在见到夏娃的第一面时，就对她说："你是我骨中的骨，血中的血。"她是他最亲密的人。

可当事情发生时，亚当非但没有保护夏娃，反而第一时间把责任推给了夏娃。

亚当知道这句话对上帝意味着什么吗？对夏娃意味着什么吗？这真的是最聪明的答案吗？

亚当本能地以自己为中心，把自己的感受和利益放在第一位，他就真的因此获得了更好的感受、更多的益处吗？

C. S. 路易斯说:"我们唯一能保留的东西,是我们自由献出去的东西,我们极力想为自己保留的,恰恰是我们注定要失去的。"

亚当失去了乐园。

我们自己又是如何呢?

"如果不是你……"

"都是因为你……"

"我这么做还不都是为了你……"

这样的话,除了带来刺痛,引来争辩,还能带来什么呢?人把本该自己承担的责任推出去,真的会让自己更好吗?会让自己所处的关系更好吗?

我们自己是如何失去乐园的?

"自我中心"也是让我们容易被激怒的原因。如果我们能优先考虑事实,而不是我们自己,很多问题都可以得到更得体的处理。

请你想象这样一个场景。飞机舱里,你想阅读航空杂志,碰巧你座位前面的袋子没有放,你旁边那位男士的座位前有,你礼貌地问他:"你好,请问那本杂志如果您不看的话,我可以拿来看一下吗?"他突然很不耐烦地说:"要看就看,这是飞机上的又不是我的,为什么要问我?"

这时你会作何反应?

愤怒,生气?觉得自己倒霉,骂他有病?忍了,不跟他一般见识?有没有别的可能?

如果我们把事实放在第一位,而不是急着感觉到被冒犯,便能找到问题的关键,平静地告诉他:"先生,我问你是因为我尊重你。"

如果你破除了自我中心,即使在这种情况下,你也能做到百分之百地尊重事实,尊重自己,轻巧又优雅地解决问题。

这个故事的真实结局是,当那位先生听到那句回答时,显得十分意外。这样的话显然超出了他的经验范围。并且,当这位女士轻轻抽出杂志,开始悠闲地翻看时,他显得神色不宁,那种相形见绌的神色不宁。如果此时,他也能做到优先考虑事实,看见确实是自己失礼了,他便不会急着不安,而是去道歉,这样他便卸下了心上的负担。

　　就像木心先生说的那样,第一要脱开个人的利害得失。无私念,不虚伪,智慧和爱才能到来。

　　一般来说,我们在亲密关系中遇到的冲突是最多的,如果我们优先考虑的总是事实而不是自己,我们将可能顺利地处理几乎一切问题。

嫉妒源自内心爱的贫乏

帕蒂是两个孩子的母亲,她和丈夫沃尔特的关系濒临破裂。[1] 他们已经分居了,帕蒂非常想挽回自己的婚姻,可她发觉,自己根本就不懂爱。

为了理清自己的问题,她开始写日记,通过每天的写作来看见问题。她发现自己不懂爱,很可能跟妈妈不怎么爱自己有关系。于是,帕蒂找了一天来到妈妈家里,她想和妈妈谈谈。

帕蒂:中学时你为什么从不去看我的篮球比赛?我当时正在城东,我当时正如日中天,我真的打得很好,妈妈你为什么从不去看我的篮球比赛?

乔伊斯(帕蒂的妈妈):我知道你在成功,我应该去看你的比赛,我为此责怪我自己。我想我的人生并不总是幸福的,或者说轻松的,或者说完全是我想要的。在某个时刻,我只能努力不去过多地想某些事,不然,它们会让我心碎。

帕蒂从妈妈那里得到的答案是——我自己也不幸福。

一开始我弄不明白,为什么帕蒂的妈妈要说这样的话,帕蒂是在问她为什么不去看自己的篮球比赛,她为什么要说自己不幸福呢?为什么她不直接告诉帕蒂自己不去看的原因呢?比如工作太忙,事情太多,实在没时间什么的。后来,等我有了孩子,我才明白了帕蒂妈妈

---

[1] 本故事源自美国作家乔纳森·弗兰岑的小说《自由》。

的话。她说出的是最真实的答案——不是太忙，不是事情多，本质的原因就是，她自己不幸福。当一个人自己不幸福时，她没有办法帮助别人幸福；当一个人自己不快乐时，她没有办法给另一个人带来快乐。

乔伊斯对帕蒂不关心，她感觉自己不幸福，问题在于她的"自我中心"。但她从来没想过要承认自己的"自我中心"，以致三四十年过去了，她依然不知道到底要怎么做，才能让自己接近幸福。

除了帕蒂之外，乔伊斯还有两个女儿和一个儿子，她好像更爱这三个孩子。但这三个孩子长大后，无论是事业还是家庭也都出现了很多问题。阿比盖尔曾经是乔伊斯最看好的孩子，然而正是她对乔伊斯说出了最可怕的一句话——我就是因为你才失败的！乔伊斯崩溃地申辩："我除去支持你之外什么也没做，没做，没做！"

她真的除了去支持阿比盖尔之外什么也没做吗？她肯定做了，只是她当时被自我中心蒙蔽，眼不明心不亮罢了。

帕蒂没有感觉到妈妈的爱。阿比盖尔质疑妈妈的爱，认为这爱的背后，其实是乔伊斯自己对非凡的渴望和对成功的占有。

这一切，都指向一个答案——乔伊斯在生养孩子的过程中，没有让"永恒之爱"发芽。她仍把自己的感受、自己的好恶、自己的情绪，当作最重要和最需要维护的东西。

她非常严重地以自己为中心。

乔伊斯想要幸福，她做了很多事。她很努力地去做社会工作，去竞选，去支持她看好的孩子，去做一切可以令自己看起来很棒的事。她以为这些可以拯救自己，可最终她还是在吃苦——夫妻没有感情；她看好的孩子没有一个发展得好并爱她；那些花费了她最多精力得来的社会成就，并没有给她一丝真正的温暖和安慰。

问题的症结在于，乔伊斯努力的方向错了，她不知道自己最大的问题是，她心里没有爱——她不可能去寻找一个她以为自己已经拥有的东西。

想要拥有永恒之爱，必须先看见自己的"自我中心"。

帕蒂是幸运的，她借助写日记来观察自己，感知自己。她最终找到了问题的关键——我太自我了。她发现了自己的自我怜悯，自我表演，自我感动甚至自我欺骗。

一个具有反讽意义的事实是，越是以自己为中心，越是把自己看得最重，越是没有健康的自我。

当帕蒂察觉到自己的自我中心时，那层隔离她与真实自我的壳被打碎了。

她开始看见真实的自己：在沃尔特为保护其他物种而斗争时，她却处处为难他，她发觉自己当初那样做是出于嫉妒。嫉妒那些鸟儿在他眼中那么纯粹地可爱，嫉妒他拥有这种去爱它们的能力。

她希望她现在可以走到沃尔特面前，清楚地告诉他：我敬爱你，因为你的善良。

以自我为中心的人，常常会有许多负面情绪，比如嫉妒。因为他们太以自己为中心，容不得别人比他们好，更别说真诚地为别人感到高兴了。这个"别人"甚至包括自己的伴侣。

嫉妒，显示出一种严重的贫乏。这是永恒之爱的贫乏，因此，你无法用金钱、物质、名利来填补嫉妒之心。

当你明白这是永恒之爱的缺失，去寻找真正值得拥有的爱时，这贫乏就消失了。这消失可以是瞬间的事，不需要你苦苦努力去挣得什么，只在一念之间。

只需要你明白，嫉妒是自己的匮乏，不是其他任何人的问题，你就开始富足。同情心、为别人快乐的能力、关怀的能力，都会随之而来。

当一个人以自我为中心时,他还常常觉得自己非同一般,或者需要觉得自己不同凡响。

比如原来的帕蒂,她不仅需要觉得自己非同一般,当她开始生育孩子,她需要她的孩子们也非同一般;她需要比过别人,她也需要自己的孩子比过别人的孩子;她需要赢,甚至在争吵的时候赢过自己的丈夫。

你是否也察觉到这种欠缺?

你在刷朋友圈,刷到一条"女儿来办公室视察"。

哦,是一个朋友在低调展示自己的新办公室。照片上能看到大大落地窗外的蓝天白云,CBD高层的靓景,办公室门口的标牌上是烫金的"V.P"(副总监)。

他又升职了。

奥斯卡·王尔德曾语重心长地指出:任何人都能对朋友的不幸表露出同情,但要消受一个春风得意的朋友,则需要非常优良的品性。

我们常常以为,当我们足够优秀,足够成功,足够幸福的时候,才能够接受别人的优秀、成功、幸福。我们才能在看到别人的精彩人生时,不再酸涩地说出两个字"晒命"②。真的是这样吗?我们生活中的重要感受,是被外在因素控制的吗?

什么样的人,才会有如此完满的感受,每天兴趣盎然地努力生活:每当想起他的伴侣和孩子,会心满意足地微笑;清晨,他想起今天要做的工作,便喜气洋洋地起床;当别人愉快地与他谈起自己的进步和成绩时,他真心地感兴趣,并和那人一样快乐。他并不是那个最

---

② 粤语方言,"炫耀、显摆"的意思。

成功的或者拥有最多的人，而是"眼能看见"的人，是那没有被自我中心蒙蔽的人。他没有以自己为中心，所以他有真正的谦卑。这样的人总是更轻松，更快乐，因为他们甩掉了自负的包袱。

我们再回到帕蒂的故事。

帕蒂在她的亲密关系中遭遇了很多痛苦，无论是对丈夫还是孩子，她犯下很多错误。但值得庆幸的是，她没有无视她的痛苦，也没有转移它们，她相信荣格的那句话——为了治愈，你需要先去感知。

她发现自己没有办法真正喜欢自己的儿媳康妮，那不是康妮的问题，那是一种嫉恨。

她不甘心自己没有得到丈夫的爱，而康妮却得到了自己儿子的爱。或者，准确地说，她其实只能想象出一种情况，她能够想象，如果她能设法再次和沃尔特一起生活，再次在他的爱里找到安全感，早晨从他们那温暖的床上起身，晚上又睡回去，那么她或许最终可以谅解康妮，可以在她身上看到那些其他人都看得到的美好品质。她或许会高兴地在康妮的晚餐桌旁坐下，她的心或许会因儿子对妻子的忠诚和专注倍感温暖。只要她能在晚餐后和沃尔特一起回家，把头靠在他的肩上，知道她已经得到了宽恕。

帕蒂发觉，她需要再次获得爱，才能接受儿子对妻子的爱。

帕蒂已经知道这不是康妮的错，是自己没有能力。如果她能强烈地感觉到被爱，那么她就有能力去爱了。

如果你已经认真阅读了这本书的第一部分内容，就会清楚地了解到，爱是不能够讨要，不需要等待的。

你不能等着自己得到足够的爱之后再去付出爱，虽然这样去爱好像更容易。但如果你已经是个成年人，你便有靠自己塑造自己的责任。并且请你相信，你具备这种能力。

帕蒂没有等着沃尔特来爱她,她终于明白,她要做的,是去爱沃尔特。

她找到沃尔特,那些曾经互相伤害的经历不再困扰她,刺痛她,因为她的心被爱占满了。她发现,他们不仅仅是对方人生中所发生的最糟糕的一件事,同时也是最美好的一件事。

当沃尔特再次见到帕蒂,他固执地躲避她。啊,多么熟悉的场景,如果是以前,她会心有不甘地说"凭什么"——凭什么我主动示好你还要背过身去。可是现在,她明白,要给他时间,要给他重新认识她的机会。

帕蒂在为爱努力,她也为爱放下了执念——如果沃尔特真的要背过身去,她尊重他的选择。沃尔特回应了她的目光。

帕蒂所经历的一切,如在地狱,但那只是炼狱。

我们来看看现在的帕蒂,她已经成为了一个拥有幸福能力的人。她的爱也感染了沃尔特,智慧、坚定、爱和他们在一起。他们终于拥有了堪称亲密的亲密关系。

我们来看一个小插曲:

当帕蒂搬到沃尔特的新家和他一起生活时,邻居琳达见到了帕蒂。琳达带着挑衅问她:"为什么我从没见过你?"帕蒂愉快地笑了,她说:"哦,这个嘛,为了透透气,我和沃尔特从彼此身边走开了一小会儿。"

她的这个回答是那么轻巧又恰当。她没有为自己的过去感到丝毫羞愧,因此琳达的问话没有令她产生任何不良的情绪。

过去的一切都是纪念,他们从那里走过来,那不是羞耻。她担得起那份经历。

"自以为是"是需要攻破的堡垒

"自我中心"有个好兄弟——"自以为是",它们像一枚硬币的两个面,互为遮掩。它们非常巧妙地欺骗了主人,让主人对自己有着一厢情愿、不切实际的认知。

我曾想当然地认为自己是个好妈妈。

为什么我会有这样的想法?有太多理由。我是老师,我看过很多育儿书,我帮恬恬挑选最好的幼儿园,我带她去旅行,我给她买了满满一书架的绘本,我为她进行英语启蒙。因为我天然就这样以为。

这就是根深蒂固的自以为是。如果我生气了,凶你了,那肯定都是你的不对,不然我这么好的妈妈怎么会凶你呢?

为什么我们对恬恬说了那么多次"看看",以致她在学会"爸爸""妈妈"之后的第三个词就是"看看",我们竟然不知道?为什么朵拉的外婆和妈妈,就是理直气壮、理所当然地说着那样的话?为什么她们看不见朵拉因为奶洒了已经很不好受了?为什么她们一心只想着自己被冒犯了,本能地折磨她,羞辱她,甚至她们都不承认自己说出的话是一种折磨和羞辱?

这些都是因为自我中心背后的自以为是。

是"自以为是"让我们以为自己很懂爱,也是"自以为是"让我们低估了爱。

"自我中心、自以为是"才是爱中的第三者。

我们不要等着别人告诉自己,我们有多么自以为是,我们是不会承认的。只有自己承认它，看见它，让自己与自己发生联结，才真正知道自己在做什么，也才有能力看见亲密关系中的那个人。

爱是一件非常难的事，因为自我中心、自以为是仿佛长在了我们的身体里。我们没办法一劳永逸地清除它们，我们需要时时警惕，也需要时时谦卑。

夏天的一个晚上，我和我先生去买水果。刚进水果店，就看见一个女人对着电话歇斯底里地喊叫，她朋友拉拉她的手，提醒她注意场合，她转身对朋友说："充两千送两百的优惠券，只有我老公不知道要！"

从水果店出来，我先生拎着半个麒麟瓜，我挽着他的胳膊冲他笑。他扭过头来，问我笑什么，我眨眨眼，抬起下巴说："现在知道自己有多幸福了吧？"他也冲我眨眨眼，笑着说："幸福得很呢。"

我抱紧他的胳膊，快乐地一颠儿一颠儿往家走。

五六岁的时候，我开始对一句话心有忌惮，这句话是：你别高兴得太早。大概是从电视剧里听到的，从之后的剧情发展来看，那确实是一句至理名言。

等上了大学，我又看到一句话，可以算是对"你别高兴得太早"最为权威和深刻的注释。这句话就是西蒙娜·德·波伏娃的名言——如果你活得足够长，你就会发现，每个胜利都将变成失败。

我不必活得足够长，只需再等不到半小时，我就会知道，月光下，我和我先生的这份幸福感，来得确实太早了。

回到家，麒麟瓜还没有放进冰箱里，我就恶狠狠地骂了我先生。因为他没把被汗浸湿的运动裤放进洗衣机里。

他总是把汗味明显的运动裤扔到卧室，他总是不清理自己的垃圾而要我收尾。他就是要跟我作对，故作姿态地不把衣服放进洗衣机里。凡此种种，让我愤怒到想摔掉那半个麒麟瓜。

不过还是算了，你猜会是谁来收拾呢。

我忍住摔瓜的冲动，杀气腾腾地把他从卧室赶到客厅。

关上门，我一个人在卧室为自己痛哭起来——我这么一个以知性温婉为主打人设的人，今天还是被他逼到一秒钟变泼妇。

第二天晚上，我先生回家后面无表情。问他怎么了，他说因为我骂了他，心里头不舒服，觉得和我的亲密感被破坏了，要过阵子才能缓过劲儿来。

还要"过阵子"，怎么不说"过一辈子"呢？我觉得他特别可笑，特别幼稚，过了的事还揪着不放。勒令他立即与我和好。如果"勒令"这个词不够具体，可以换成"强制"与"威胁"。

亲密关系是一个很细腻很复杂领域，简单粗暴的路子是走不通的。你以为你强硬一点他就会怕你吗，他就会听你的吗？你以为你说你要离家出走，他就会说"你站住，你说怎样就怎样"吗？根本就不是这样啊，你说的要离家出走只是做个姿态，可还没等你穿上鞋呢，他就已经先摔门走了。

从小到大，你所熟悉的"威胁""强制"那一套，那是没什么育儿素养的大人对付意志薄弱的小孩子用的。现在大家都是成年人，但凡他感受到一点不受尊重，他就会想要跟你对着干的。他也是忍了十几二十年，现在终于有了自己的家，在自己的家里，"威胁"和"强制"是他第一个要反抗的。所以，如果不是真的想好了要离婚，就不要拿离婚来威胁对方，因为对方可能就真的跟你杠上，然后就莫名其妙地换本本了。

就拿我们这一次的冲突来举例吧。当我的强制手段失效后，我就冷静地跟他说："既然亲密感已经被破坏了的话，不如就离婚吧。"

我这个冷静是演戏效果需要的情绪。是想让他觉得"这回老婆来真的了，好可怕呀，千万不能离婚呀"，然后就会赶紧抱抱我哄哄我。唉，我只能承认，这样的想法真是一点心理学常识都没有。两个人格还算健全的成年人，谁会甘愿受谁的威胁呀。

所以，等我冷静地说出那句话之后，我先生先是沉默了几秒钟，然后郑重其事地看着我说："这几天公司事多，大概要忙到下周二。下周三，咱们可以拟一份离婚协议出来。你先考虑一下你的离婚诉求。"

说完他就走出了卧室，还很自觉地把门关上了。我就觉得我的头开始发晕。

昨天还乐呵呵地买西瓜的两个人，今天就要谈离婚协议了。这不是很荒谬吗？

我想了想，确实很荒谬。不能这样。我意识到了我的表演，我的威胁。我不仅不真诚，而且还没有做到对人最基本的尊重。这不就是自我中心、自以为是吗？我凭什么觉得别人挨了骂，还应该和没事人一样？挨骂的又不是我。我凭什么做了错事却还要去威胁对方？

我到客厅，他坐在沙发上表情严肃地看手机。我靠着他坐下来，说："我不想跟你离婚。我刚才说的都是气话。你把脏衣服乱扔确实让我不高兴，不过我还是不应该那样骂你。"

他起身，去把冰箱打开，把西瓜拿出来，切好。叫我："老婆，来吃西瓜了。"

有人可能会说："看，还是你先低头了，你不觉得委屈吗？"我可以很坦诚地说，当我坐到他身边说那些话的时候，没有委屈，有的只是平静。

是傲慢在计较谁先低头，谁先认输，这不是爱需要考虑的事。傲慢，是爱要从内部攻破的第一个堡垒，雨果称它为"我们身上罪恶的堡垒"。傲慢就是自以为是。

你也可以做出自己的选择，到底是你的傲慢重要，还是爱重要。

瓜吃完后，我先生一边收拾瓜皮一边说："老婆，不如我们下周三去吃火锅吧。我们的项目那时候应该完成了。"

半小时前还在煞有介事地讨论离婚协议的两个人，现在却在讨论吃火锅了。这不是很奇妙吗？确实很奇妙。

当你看见你的自我中心和自以为是，一切都有可能巧妙地化解。这真是个绝妙的秘密。

至于波伏娃的那句话，我不再会当真了。哭有时，笑有时，哀恸有时，舞蹈有时。感到幸福和快乐已属不易，就尽情地幸福和快乐吧，就算之后有什么事情发生，也总会有解决的办法，如果实在解决不了，那就随它吧。

我也不再营造什么人设，不再责怪我先生把我逼到人设崩塌了。一个成年人变粗鄙，变冷漠，变暴躁，变暗淡，真的是另一个人造成的吗？把自己的现状和未来推到另一个人身上，这是不是一种对自己应有责任的放弃呢？

其实，唯有一人，我们应该警惕，这人就是我们自己。允许自己发生恶性变化的，是自己，任性地把责任推出去是没有用的。

还有一个有趣的问题。那天晚上，我以为我和水果店的女人是不一样的。我怎么可能跟她一样呢？她那么凶。可我们真的不一样吗？是，我们是不一样——她在外面凶，我关起门来凶。我比她多带了一个人格面具。

如果不坚定地把"永恒之爱"放在心里，时时察觉自己的自以为是，我们往往在无意识地做着相同的事，只是方式和程度的差别罢了。

只要爱与耐心不在，暴戾的形式有一万种。

"如何"去爱才是关键

当我打算写这本书的时候,我发现,似乎大家都能说出一番亲密关系的道理。我问自己,人们是不是需要我这本书。这个问题从我自身找到了答案,这也是人的根本困境之一——道理好像我们都懂,但就是做不到。

我用了十多年的时间跨越亲密关系中知与行的鸿沟,无数次地失败、失望,甚至绝望,我有大概两年的时间沉浸在抑郁的情绪里。问题的关键不是你能讲出多少道理,而是你真的可以亲密无间地爱你应该爱的人。要做到这一点,你一定得看见自己的自我中心和自以为是。

比如大家都知道"共情"的道理:你要学会换位思考,你要去感受对方的感受。但问题是,我们如何才能做到共情。如果你根本不知道你有多自以为是,如果你的自我是破碎的,如果你和你自己都有隔阂,你如何与别人共情?

我终于承认,我是当妈妈的新手,我并不那么会爱孩子。我潜意识里把她跟别人比较,隐晦地用她炫耀,对她缺乏耐心,跟她交流时任凭本能的情绪做主,用爬行动物的攻击性对她说话——我心里有太多的"我",而没有放进真正的她。

我终于承认,育儿书,好学校,旅行,读绘本,都不能证明我对她的爱。

爱在我的起心动念、顾盼启齿间。

我是如何运用育儿知识的,我是如何送她去学校的,我在旅行中是如何对待她的,我是如何给她读绘本的。这"如何"才是关键。如果在这一切的活动中,我的眼神里充满温柔,我的话语里总有关心,那么我可以说,我是一个好妈妈了。

我也终于承认,我是做妻子的新手,我并不那么会爱我先生。很多时候不是他不够好,而是我不懂爱——我自以为是地把让自己幸福的责任推给了他;我自以为是地认为自己没有错,就算有错,也是他的错多;我自以为是地认为自己就该被爱,被无微不至地爱,而不是用自己的智慧和力量去爱。

为了治愈,你需要先去感知。

无论是治愈不完整的、忧郁的自我,还是治愈有隔膜的亲密关系,你都需要先去觉察自己的心和念,需要不断地看见自己的自我中心和自以为是。

当你学着警惕自我中心和自以为是,"看看""我早跟你说过"这样的话,在你心里就会变了样子。原来它们是自抬身价的优越姿态,现在你知道,那不过是有失风度与体贴。

所谓风度,首先是克服了自以为是。

两年前的一个晚上,我先生拎着滑板和恬恬回到家。他告诉我恬恬真的摔了一跤。我没有皱起眉头责备:"看看,我早跟你们说不要晚上出去滑滑板了吧。"我只是微笑着接过滑板,摸摸她的小脸说:"没事儿,咱们家有活络油。"恬恬的表情柔和下来,看得出她松了一口气。

看起来如此简单的两句话,我知道从前一句到后一句,中间跨越了多少时间和障碍。那是在试图斩断一个轮回。

克服自我中心与自以为是很不容易,但试着去做,家就会成为一个更加温暖贴心的地方。

3

家庭幸福的艺术

拥抱麻烦

Trouble me, disturb me, with all your cares and your worries.

麻烦我吧,打扰我吧,用你关心的和担心的事情。

———— By 10 000 Maniacs
一万个疯子

打破幻想，接受真实

五年前的夏天，我们带着恬恬去菲律宾的巴拉望群岛度假，那时她四岁半。

到了酒店，一切安顿好后，我们准备去餐厅吃饭。关门的时候，恬恬看到门把手上挂着的木制门把吊牌，就指着问我："妈妈，这个上有字，写的是什么？"我把吊牌摘下，蹲下来指给她看："这边呢，写的是'请打扫房间'；翻过来的这边，写的是'请不要打扰'。"恬恬把吊牌拿过去，惊喜地说："妈妈，这就是我想要的。"说着毫不含糊地把它挂到了自己的衣领上，"Do not disturb"（请勿打扰）朝外，一脸得意地跑了。我和她爸爸面面相觑，她爸爸说了一句："那也是我想要的。"我瞪他一眼，推着他的胳膊说："还不赶紧去追。"

这是一个热带雨林风格的餐厅。中庭是一座三层喷泉池，水帘层层落下，周围是高大的棕榈树和葱郁的灌木，灌木丛里还有洁白光滑的大理石雕像。恬恬眼放亮光，很兴奋，很好奇，我拽着她的手像拽着一条拴着猎犬的皮带，而她像一条兴奋的小猎犬随时准备扑向自己的猎物。餐厅领班似乎留意到了恬恬对喷泉的兴趣，特意将我们引至一张靠近喷泉的四人桌。我安排恬恬坐到座位上，可她的椅子像装了弹簧，刚坐上去她就跳了下来，跑去喷泉池边，抱着石鲤鱼摸起来。我和我先生阴沉着脸，四目相对，能感受到彼此的不耐烦指数在飙升。

等我俩再侧过身去看恬恬时，她不见了。喷泉池边没有，灌木丛的雕像那里也没有。我心里一阵惊慌,准备起身去找,我先生指指餐厅前方的小舞台。原来她站在舞台中央,一动不动地看二重唱小乐队的表演,一脸的痴迷,甚至有些发呆。胸前还挂着"请勿打扰"的木牌。

我和她爸爸同时从鼻孔里喷出胸中的闷气。我们很生气,却又动弹不得——我们没办法拉她回来,如果去拉她,她很可能会像泥鳅一样挣扎着回去。说不定还会大叫,这样就打扰了其他用餐的客人。

我和我先生极不愿意打扰别人。我们认为约束好自己,不给别人添麻烦,这是文明的最低标准。我不得不承认,在恬恬那里,我们打破了很多标准,也承受了最多的挫败感。看着对方隐忍的眼神,我俩的双手越过桌面紧紧地握在一起。我先生恳切地安慰我:"再忍一忍,她总会回来的。"想到我们两个成年人对付一个不足一米的小姑娘,能用的办法就是忍,不禁悲从中来。为了重新振作起来,我坚定地说:"嗯。再忍一忍,她总会长大的。到时候就我们两个出来旅行,谁都别想打扰我们,谁都别想!"

就在此时,主唱(后来得知她叫玛利亚,吉他手的名字是吉米)把恬恬的手拉过去,让她去拍打非洲鼓,又拉着她的手,让她拨动像风铃一样发出清脆声响的钟琴。玛利亚看着恬恬的眼神特别温柔,没有半点被打扰到的不耐烦。顿时,恬恬像小鸟一样雀跃起来,开始跟着音乐轻快地旋转,浑身上下都透着欢乐,还不时在她认为的节拍上伸出小手打一下非洲鼓,拨一下钟琴。整个餐厅的氛围也跟着活跃起来。旁边的一桌客人朝我们举起酒杯,开心地说:"Your daughter is really enjoying the music!"(你女儿真的在享受音乐!)

我和她爸爸焦灼的心终于松弛下来。

曲终,大家鼓掌,还说这掌声是送给恬恬的。接下来,玛利亚和吉米竟然温柔地看着恬恬说，要专门送给她一首歌，他们用中文唱了一首《小薇》。恬恬双手合在胸前，眯起眼睛陶醉地听着。此时，就是最铁石心肠的人，看到她那张肉嘟嘟的幸福小脸，心都会被融化。谁能说她不是一个可爱的小姑娘呢！我和我先生的目光里，半是惊讶，半是惊叹：哇，原来还可以这样！

我们一直在等着玛利亚喊："这是谁家的小朋友，麻烦家长把她领回座位。"

我们被上了一课。

为什么玛利亚没有觉得恬恬打扰了他们？为什么她能看见小朋友的好奇心，并且认为那是应该被满足的好奇心？为什么同一个人，同一个场景，同一件事情，有些人能温柔面对，好像他们有无限的耐心，有些人却气急败坏？

可以肯定的是，影响我们情绪的，不是事情本身，而是面对这件事情时，让我们起心动念的那个初衷。

当初我们为什么决定要孩子？

那其实不是我们的决定，是环境的决定。结婚生子是常态，一家三口（现在可能是四口）是标配。我们根本没有深入思考过这个问题，我们根本没考虑过为人父母意味着什么，也根本没怀疑过自己为人父母的能力——我们是这么好的人，学习好，工作好，人缘好，也有良好的经济基础，我们怎么可能不是好父母呢？

我先生一心想有个女儿，他以为女孩儿更乖巧。2010 年我们如愿迎来了我们的小公主。可结果呢？我先生曾跟我说，他有时看见恬恬，便觉心里一紧。

克尔凯郭尔也曾真诚地感慨：爱一个幻想中的人，是多么容易的事，而爱眼前这个人却又多么难。

李维斯六岁了,他爸爸对他的评价是——他也太能说了。① 他怎么有那么多问题?他怎么什么都想知道?他怎么什么都不知道?

有一天晚上,李维斯躺在床上,妈妈过来给他掖被子,他问妈妈:"妈妈,爸爸会来帮我掖被子吗?"妈妈说:"我不知道,我可以问问他。"李维斯满心期待地睡了。

他爸爸从来没给他掖过被子。他觉得麻烦,也觉得没必要。

李维斯十岁的时候,他妈妈在湖里游泳被水藻缠住,永远离开了他。李维斯没有办法接受这个意外。有一天他太痛苦了,打碎了房间的玻璃。他爸爸听到玻璃破碎的声音,跑上楼,看见儿子的手流血了,他对保姆说:"你把这团糟收拾一下。"保姆对他说:"你去,你是他爸爸!看在老天的分上!"

他是怎么处理的呢?他特别生气,特别烦躁。他觉得李维斯这是在没事找事。他一边帮李维斯包扎一边说:"你要学会控制自己的情绪。你不能把妈妈去世这件事当作你干坏事的借口。你知不知道,你找这样的麻烦,如果在别人家里早挨打了。"李维斯点点头,对爸爸说对不起。

后来李维斯长大了,他去了别的地方,并决定不再和父亲联系。

他父亲一直以为,从自己嘴里说出的话,都是无懈可击的道理。"控制情绪""不找借口""你在别人家早挨打了",这些话在他爸爸看来无比正确,可这是孩子在特别无助、特别伤心的时候应该听的吗?这是多么冷漠无情的话。李维斯那个时候最需要的,是父亲坚实的拥抱,那拥抱能代替所有的道理,肯定地告诉他:妈妈虽然走了,这世界还是值得生活下去,因为还有我爱你。

---

① 本故事源自 BBC 迷你剧《离亲叛众》,改编自萨迪·琼斯的同名小说。

李维斯的父亲一直不耐烦儿子给他找麻烦,最后儿子离开了他。这位父亲,在外人眼里彬彬有礼,衣冠楚楚,可这显然不是他儿子眼中的样子。为什么会这样?

这一天,玛丽琳把儿子和女儿送到学校后,离家出走了。② 丈夫,孩子,房子,这是玛丽琳的母亲为她设计的人生轨迹,现在她的工作就是管理这三样东西。玛丽琳实现了她母亲对她全部的期望,即便如此,她还是连庆祝圣诞节的心情都没有。她给丈夫留下这样的字条:

我意识到,我现在的生活并不快乐。我头脑里总是憧憬着另一种生活,但实际情况却事与愿违。我的这些感受在心底里压抑了很久,但是现在,我意识到我再也不能继续压抑下去了。我知道,没有我,你也可以过得很好。

玛丽琳有自己的职业梦想,一直到大学她都是个好学生。玛丽琳再也不想被亲密关系吞噬心力,她后悔自己有了家庭、有了孩子。如果没有他们,她就可以轻装上阵,就可以有大把时间去进修,去拼事业。她就可以穿上耀眼的白大褂,挂上像银项链一样闪闪发光的听诊器,在病房间穿梭,听着别人喊她"医生,医生"。"医生"——多么令人肃然起敬的称谓,谁都可以当妻子、母亲,但"医生",它背后是职业素养,是智慧才干,它才能让人感觉自己很棒。

离开的时候很难,她的一儿一女还在读小学,那像是要割下自己的左右手。"你不想要这样的生活,"她一遍一遍提醒自己,"你的人生不止如此。"你缺一只手,或是一只脚,进入天堂,强过有两手两脚却被困在地狱里。她终于痛下了决心。她租了宿舍,重回自己的母

---

② 本故事源自美国作家伍绮诗的小说《无声告白》。

校上课，去补修结婚前未完成的大学学分。顺利的话，玛丽琳想，两年之后就可以开始自己的职业生涯了。

如果命运都按照人们的计划发展，就不会是令人敬畏的命运了。在离家九个星期后，玛丽琳发现自己怀孕了，她没办法修完最后的8个学分，她的医生梦想只能停留在梦想阶段了。玛丽琳回了家，在她终于接受了命运的新安排后，她的思维有了一个新的转向——她可以把"母亲"作为自己的职业。她可以当一位专业的妈妈，像从事任何有挑战性的工作一样，系统地一步一步地把女儿莉迪亚培养成一名"医生"。而且，她发现她的小莉迪亚足够聪明，一切都来得及。

为了全身心投入到新事业中，她不再为家人认真做饭，那太麻烦了。主要是，那有什么意义呢？她早晨问莉迪亚粥碗的数量，4加2，3加3，如果儿子内斯想在莉迪亚数指头的时候说出答案，玛丽琳就会不耐烦地"嘘"他，告诉他别插嘴。玛丽琳只对莉迪亚一人有耐心。最小的女儿汉娜，一出生就像知道自己是多余的，她经常躲在餐桌下面，假装自己不存在。如果说玛丽琳的丈夫曾占领过她的整个心房，那么现在，他只有缩在角落贴墙蹲着的份儿。以前她还会生他的气，现在她觉得他说出的任何一句话，都不重要，完全不重要。

家，以爱为目的

坦白来讲，"逃离"的念头也曾在我心里升腾过无数次。

我曾坐在我先生开的车里，望着窗外，迎着风流眼泪。我陪他去打羽毛球，他是高手，我很业余，我们俩配合打混双。他不停地喊着"接啊，接啊，接球啊!"，那么不耐烦，好像我特别白痴，不知道是要接球。好像他觉得赢球比我重要多了。我要这样的婚姻做什么，如果我的自尊都被毁了。

我最终没有"逃离"。我不清楚那时我为什么没走，也许是我太懦弱，也许是因为对女儿的责任感，也许是为了父母。总之，我还是留在了我的亲密关系里。既然决定留下，我想改变现状，我想切断一次又一次被刺痛、一次又一次愤怒的轮回。

我不想在我的家里，沉默和暴戾是主人，温馨和甜蜜是稀客。我还是想当一个好妻子，一个好妈妈。无数个夜里，我躺在床上睁着眼睛流泪，我想知道问题出在了哪里。是我真的被表象蒙蔽选错了人，还是自己没有建立幸福家庭的能力？

后来我发现，我对亲密关系的理解是有误区的，我们很多人对亲密关系的理解是有误区的——我们以为，结了婚，有了孩子，等着我们的，会是更多的幸福和更多的快乐。但是，就像罗伯特·麦基告诉我们的：生活教给我们这一宏大原则——看似如此，其实并非如此。

亲密关系不能保证我们更幸福，它从来就没提供过这样的保证。

确实，我们与心爱的人相恋，会有极其美妙的心动，我们看见可爱的小宝宝，会心生怜爱。但这种本能的、短暂的冲动，并没有持续的力量日复一日地为亲密关系提供幸福保证。

我坐在场下，看着我先生和别的女人配合打混双，他不会出言不逊。他不可能冲着别的女人大喊"接啊，接啊，接球啊！"。尽管有满腔的不耐烦，他也能小心地隐藏。为什么？因为对他来说，我才是特别的那一个。就因为我是那个特别的人，所以很多情绪，很多糟糕的情绪，他不对我隐藏。

这就是亲密关系的意义之一——暴露真实的自己。

如果我女儿没有出生，我不知道真实的自己是多么没有耐心。我常常看见我先生的不耐烦，其实我又比他好多少呢？我对我的学生总是非常耐心，我便以为自己是有耐心的人，如果恬恬惹得我急躁，那肯定是她的问题。这是多么片面的理解。

亲密关系中的自己，是那个隐藏更深的自己。

亲密关系从没许诺过幸福，如果说它许诺过什么，那便是无穷无尽的麻烦。让我们时时记起威廉·布莱克的诗句吧：

> 爱并不想要讨它自己的欢欣，
> 对它自己也丝毫不挂心，
> 只是为了别人才舍弃安宁，
> 在地狱的绝望中建立一座天庭。①

我常常想，我们的家，应该是这个世界上的小小天堂。可这座小天堂，不是只要三个人在一起就会自然出现的。自然状态下，家是快

---

① 本诗节选自英国浪漫主义诗人威廉·布莱克的作品《天真与经验之歌》。

乐的源泉，也是掩藏恶与悲伤的地方。只有明白爱真实的意义，只有愿意为了另一个人舍弃安宁，才有可能在"绝望中建立一座天庭"。

一天晚上，在回家的电梯里，我听到了两位男士的交谈。年轻一点的说："唉，哄了一晚上才把她哄回来。"另一位四十来岁，以一种过来人的笃定说："你总有一天会知道，结了婚，有了孩子，有多麻烦。还不如当初没把她哄回来。"那位年轻的男士突然把目光转向我，好像在询问："会是这样吗？"我微微一笑，说："不好意思，我到家了。"接着，电梯发出"叮咚"的声响。

从电梯口到家门口的这段距离，我开始简略地回忆起自己的单身生活：工作，阅读，会友；想吃什么就吃什么，想不吃就不吃；周末的晚上缩在被窝里看美剧，早晨睡到自然醒，所有的时间都是自己的。那段时光真是自在快活。

"等等，你忘记电影散场后的那一幕了吗？"我提醒自己。那是我最喜欢的生活场景之一。电影散场的时候，为了让观众的眼睛慢慢适应光亮，只会亮起三分之一的灯光。在幽暗的光线里，观众们三三两两地起身，慢慢顺着过道走出去。情侣们有的挽着手，有的搭着肩，他们谈论着刚才的情节，脸上泛着兴奋和幸福的光。我特别喜欢电影院的这个部分，我欣赏着亲密带给人的欢喜。

再比如说旅行。虽然有时候一个人旅行也是不错的体验，可我还是更喜欢一家人一起去。当我们一起观赏某个壮丽的景象时，我感觉到的快乐是加倍的。我先生很会做旅游攻略，他的不少游记被评为了星级游记。从新西兰旅行回来后，我问他："你有没有想过一个人去旅行？"他很直接地说："一个人我不去。"

单身需要筹码，亲密也需要。一位老友的微信公众号名为"不在那时别处"，回忆旧时光是好的，但不能带着滤镜沉浸在旧时光里不能自拔。不能所有的好处都想要，却不准备给出些什么。这样的想法本身就是痛苦的来源。

婚姻里的人们怀念起单身的生活，好像他们被欺骗了；好像如果他们早知道亲密关系是这个样子，就会掉头离开；好像在麻烦带来的焦躁里，他们曾经的爱早已不值一提。确实，人们对亲密关系的预估是过于乐观了。当亲朋好友步入婚姻，当他们迎来一个小生命，我们都会送去喜庆的祝福。人们有意无意间，隐去了亲密关系的冒险性质和较为艰难的那一部分。

年轻的水手初次远航，他显然对广阔又神秘的大海兴致勃勃，他等不及想要看见起锚时激起的雪白浪花。不过，年长的水手还是会交代他，不要轻视海上的艰辛与可能会遇到的危险。同样的，在人们建立亲密关系之前，最好还是了解一下亲密关系艰辛的另一面，以免自己"误上贼船"。

亲密关系除了能让我们感受到温暖、安慰、甜蜜，也会带给我们痛苦和心碎；亲密关系会让我们发现，真实的自己与真实的对方有多差劲；亲密关系会给我们带来许多意想不到的麻烦。并且，世间所建立起的最亲密的关系，本来就不是以轻松自在为目的，而是以爱为目的。当你了解了这些，你可以问自己：我是否仍旧愿意和他亲密地在一起。

如果在生活里，你把"舒适"排在了第一优先级，你很可能会发现，婚姻和养育子女会给你带来很多麻烦。你可能会后悔自己的决定。

舒适宜人，当然重要，也非常美好。不过，爱是另一种东西。

就像美国作家埃默·托尔斯的小说《莫斯科绅士》里的罗斯托夫伯爵所说的：但到头来，对我来说，最重要的却是那些并不舒适的东西。

爱，是平凡生活中的英雄梦想。玛格丽特·杜拉斯说的没错。亲密关系是会伴随着挫败与牺牲的，它本来就不是什么简单怡人的小事。像大海会对水手提出要求一样，亲密关系也需要你有胆识与决心。正是通过面对亲密关系里的一个又一个麻烦，你才能真正理解温柔的智慧与爱的担当，并最终守住亲密带来的欢喜。

如果你经认真侦查与理性判断，确定自己就是上了"贼船"，那就干脆找个合适的港口下船。这本书是在讲如何建立好的亲密关系，不是在讲亲密关系就是好、没有亲密关系不行。如果你判断你们的关系没办法变好，我并不建议你守着不放。

爱的标志

C. S. 路易斯在他的那本小书《四种爱》里，曾描述过爱情的标志：

> 大家都知道，要想拆散一对恋人，靠竭力证明他们的婚姻不会幸福是徒劳的。这不仅是因为他们不相信（毫无疑问，他们往往不相信），即使相信，他们也不听劝阻，他们会说，上刀山下火海在所不辞。因为在心中有爱时，宁愿与心爱的人分担不幸，也不愿意在其他条件下享受幸福，正是爱情的标志。

不怕麻烦，不惧不幸，乐意分担，愿意承受。这也正是爱的标志。

亲密关系是一条可以通往幸福的路，它并不是幸福本身。

不是一心想着幸福，而是想着如何去爱。当爱让一个人有所作为的时候，幸福便悄然降临了。如果我们不面对真实的自己，不学着去爱，不敢开胸怀面对麻烦，如果我们在亲密关系这条路的起点踟蹰不前，那么，幸福就很难出现在我们的亲密关系里。

你是否发现，我们面对外部世界和面对家人，是在使用两套不同的心理系统——有意识和无意识。家是难得的自我暴露之地，你羞于向外部世界显露的，它们有机会在家里一见天日。

心理学家说，文明的过程是潜意识的意识化。婚姻指导师说，唯有你看不见的缺点才能奴役你。你在亲密关系中暴露出的创伤和问题，会刺痛对方，刺痛自己。去透过痛苦看见那些创伤和问题，勇敢地面对它们，那是你在跋涉通往幸福之路的山水。

请不要再被你显露给外部世界的形象所蒙蔽。我曾以为我是一个温柔的人，我的朋友、同事，都以为我很温柔，曾经我先生也这样以为。后来他明白，那不是全部的我。

亲密关系帮助我们看见隐藏的自我。C. S. 路易斯在《返璞归真》中的这段话解释得非常精彩：

> 一个人在未来得及伪装之时暴露的岂不是他的真实面目？地窖里若有老鼠，你突然闯入时最有可能撞见它们，但是，地窖里有老鼠不是由突然袭击造成，突然袭击只是让老鼠无法躲藏而已。同样，我的坏脾气也不是由事件的突发造成，突发事件只是让我看到自己的脾气如何坏而已。老鼠一直就在地窖里，如果你大声叫嚷着走进去，它们会在你开灯之前藏起来。

暴躁、冷漠、怨恨的老鼠就藏在我们灵魂的地窖里，当我们出门，那些老鼠就会躲藏起来。因为我们非常清楚，我们不愿意让整个世界看见自己糟糕的模样，我们有戒备，我们处于有意识的状态。可是，当我们回到亲密关系里，我们感觉到安全了，我们就放松了，那些老鼠就找到机会出来溜达。

当我们在亲密关系中的形象和在外部世界的形象不一致时，我们不要急着从对方身上找问题。像 C. S. 路易斯建议的那样，我们可以试着做出这样的反省：我们面对外部世界的好行为，有多少出于良好的动机？有多少出于对舆论的畏惧或想要炫耀的欲望？有多少出于固执或优越感？

"Trouble me"（麻烦我吧）的威力

当我们承认了自己真实的形象——我们确实是易怒的、暴躁的，我们该怎么办？很多负面的念头和情绪是非常统一的，比如自利、冷漠和易怒是有关联的。你可能已经明白，所有这些负面念头和情绪的背后，都是"永恒之爱"的匮乏。当我们确定想要用"永恒之爱"来爱我们的伴侣和孩子时，是不是所有问题都迎刃而解了呢？

生活绝非如此简单。当我理解了"永恒之爱"的意义之后，在我明白了"永恒之爱"和"情欲之爱"的区别后，在我不断察觉我的自我中心和自以为是之后，在情急之下我还是会忍不住对我女儿和我先生动怒。当我的耐心电量不足，而用怒气吹的气球越来越大即将爆炸的时候，有一句话可以瞬间把怒气收走，让关心到来。

这句话就是——Trouble me。

既然我已经明白亲密关系真实的意义，既然我知道你到我的生命里，定会带来无穷无尽的麻烦，既然我知道那些麻烦就是对我的试炼，既然我知道我的爱就体现在温柔地解决这些麻烦里，所以，Trouble me。

既然我决定好好爱你，既然我明白，我爱你并不是因为你定会给我带来幸福、荣耀和救赎，我爱你的全部明证就在于——即使你定会给我带来无尽的麻烦，我依然爱你，所以，Trouble me。

既然我们如此亲密地生活在一起，在你的麻烦里一定有我的影子，我要和你一起面对，所以，Trouble me。

"Trouble me"这句话有一种魔力，它是简洁有力的邀请，是欢迎和拥抱的姿态，是要和你并肩作战的行动。它不是那种在关键时刻藏头缩尾的道理。它总能在该出现的时候第一时间出现，让你瞬间做出改变，帮助你把"永恒之爱"请来，揪走气急败坏的情绪。

"Trouble me"是"永恒之爱"的急行军。请不要怀疑永恒之爱与自我觉察的意义，它们是这句话能适时出现的基础，是后备力量。没有它们，便不会有这句话。

我建议你和你的伴侣一起来阅读这本书，一起调整面对亲密关系的初衷——你们在一起，并没有什么应许的幸福，而是为了互相扶助，为了关心，为了爱。

我知道有很多人，他们下班回到家已经很累了，于是他们选择什么都不做，直接瘫到沙发上看发光的屏幕。他们为家里贡献了钱，或者贡献了更多的钱，于是认为自己在家理所当然就应该什么都不做。这样的想法是无论如何都需要改变的。亲密关系不是雇一个人来替你做事或造一个人来逗你开心。真正的亲密一定是有爱参与的。

我抱了砖所以没办法抱你，这样的说辞本就没有道理。人的心灵空间可以是无限的，只要它愿意敞开，愿意接纳。有些时候只需要你把孩子拉到身边，跟他聊上几句，只需要几分钟的时间，孩子就知道他在你心里。可这样的小事也是许多人不想去做的。他想要自己待着，他不想被麻烦。如果一个人建立了亲密关系，却特别怕被伴侣和孩子麻烦，那么这个人是时候明白"麻烦我吧"这句话的意义了。或者，他可以考虑下船了。

我建议伴侣们一起阅读这本书，当双方一起决定用"永恒之爱"来相爱，一起敞开怀抱面对麻烦，那么亲密关系的改善是更容易的。

但更可能的情况是，只有你在看这本书。虽然你屡次推荐给他看，他就是觉得没必要。他觉得他都懂，但你知道他连门都没进。那么你可能会面临非常多的困难，你甚至会怀疑"永恒之爱"的意义——凭什么我要用"永恒之爱"爱他？凭什么我要拥抱他制造的麻烦？

是，你确实会心有不甘。那么，我要问一个只有你能给出答案的问题——你还要不要爱这个人，你还想不想和他真正亲密地在一起。你手头这本书，不是一本渣男作女鉴定手册，也不是一本贤妻暖男图鉴。这本书只能告诉你之后的事，也就是，如果你决定要爱这个人，想要和他有真正的亲密，那么我们来看看能做些什么。

我知道爱有多么不容易，我知道"以牙还牙，以眼还眼"对我们的诱惑力。当你付出的时候你确实希望有回报。当你那么投入地去爱他的时候，你多希望他也能这样爱你。当你怀着温柔抚慰他的急躁时，你多希望在你急躁的时候，他也这样对你，而不是厌恶你。

但是，当我们说"Trouble me"的时候，我们别无所求。我们欢迎他的麻烦，并不是为了以后可以更好的麻烦他。爱最难的地方就在于，它不是交易。它要求你不去期待付出之后的回报。就像奥斯卡·王尔德说的那样：但爱不在市场上交易，也不用小贩的秤来称量。爱的欢乐，一如心智的欢乐，在于感受自身的存活。爱的目的是去爱，不多，也不少。

不过，请你相信，一个家庭里，如果有一个人真正明白了"永恒之爱"的意义，当他有坚定的信心去面对所有的麻烦，他的爱便能"感染"身边的人。

"感染"是真正的影响力。它不是要求，不是控制，不是通过各种手段逼对方就范。"感染"是永恒之爱的自然结果，不带有利己的目的。这种爱的感染一定会影响你的亲密关系，也一定能将你的伴侣和孩子"陶冶"为更好的人。是陶冶，不是控制。

个人主义的影响

我们觉得爱难,我们不想被麻烦,一个很重要的原因是:我们受到了严重的个人主义的影响。当我们发现,在亲密关系中很难得到理想中的幸福时,会转而寻求个人的自由和成就。

玛丽琳的离家出走,我想要"逃离",都是出于上述原因。伴侣会让我伤心,孩子可能会让我失望,但我的能力不会欺骗我,只要我足够努力,我就会得到应有的回报,我就会有更棒的社会形象。没有他们的牵绊,没有他们找的麻烦,我会成为更好的自己。

我最终还是没有"逃离",我无法告诉你另一种结果。但我可以告诉你我从 C. S. 路易斯那里得到的启发:寻求自我的益处,最终你只会找到仇恨、孤独、绝望、狂怒、毁灭、朽坏,但是,寻求永恒之爱,你就能找到它,还会找到附带赠送给你的一切。

我们回到玛丽琳的故事。玛丽琳真的一心一意在做一位职业母亲,她严格按照自己的计划和目标来培养莉迪亚。结果如何呢?

莉迪亚在一次学游泳的时候想自沉湖底。她太累了,她要学的内容越来越难,她害怕让妈妈失望,她不知道该怎么办……

在亲密关系里,如果我们听从的是自己的私心,而不是听从爱,我们以为的"好东西",会让我们付出惨痛的代价。我们常常感叹改变太难,原生家庭留给我们的影响太根深蒂固,我们的伴侣和孩子太有挑战性,我们如何能够成为一个更好的自己?当我们越是看重自己的私利,越是把问题推出去,就越会受到原生家庭、生活环境和自然欲望的约束。能对抗那些约束的，是爱；真正帮助你进化成另一个你的，是爱。

说到亲密关系，"原生家庭"是一定要面对的。人自身的许多问题，确实可以从原生家庭找到原因，不过找到原因只是一个开始，不是把责任归到谁头上就完了，重要的是接下来怎么办。接下来最重要的一步，就是我知道原因了，那么我要放它过去。不是说一定要忘记原生家庭给自己的伤痛，而是让它过去，不要让它成为障碍，要迈出去。如果一直揪着原生家庭不放，那么原生家庭就仍旧是你幸福生活的障碍。

你有复原的能力，也有超越的能力，更有新生的能力。

保持谦卑

当你想要敞开怀抱迎接麻烦时，你还需要时时臣服于事实，面对生活保持谦卑。这样你才能收服自己的优越感，去想着关心对方、解决问题，而不是不耐烦、挑剔和嫌弃。

在从马来西亚回香港的飞机上，我遇见一位真正的绅士。

当时恬恬三岁多，她坐在爸爸旁边看书，书不小心掉到了座位下面，她想让爸爸帮她捡，叫了几声"爸爸"，她爸爸假装没听见，继续看他的小说（此前他已经对她窝了一肚子的火）。恬恬开始哭，她爸爸更是故作镇定地看书。她哭的声音更大了，我连忙安抚她。

过道另一边有位先生一直笑意盈盈地看着她，表情中没有任何评判，也没有厌恶和嫌弃。他的眼睛看到的，不是一个讨人厌的熊孩子，而是一个可爱的小女孩，只不过她现在在发脾气。

他从包里掏出一颗巧克力给恬恬，她就不哭了，握着巧克力情绪平静下来。后来忍不住尝了尝，看着我说："不是很好吃呢，妈妈。"我说："不好吃那就不吃了，放起来吧。"过了一会儿，她又想起之前的事，开始生气地说："坏爸比，真是坏爸比！"我说："我们在马来西亚等转机的那个晚上，爸爸一夜没有睡觉，就是为了保护你，他怕有人把你抱走了。你看他多爱你。只是他的心里住着一个任性的小孩，看见你生气，就跟你赌气了。我们原谅那个任性的小孩好不好？"

这一次，我也像那位先生一样，没有带着挑剔、厌恶的眼光评判我先生。如果是之前，我看到的是他的冷漠无情，我会气急败坏，想着要一定要惩罚他。这次我看到的,是他和我一样,需要滋养、理解和成长,让压抑在心底的爱发出芽来。当我因为一集动画片和恬恬争执不下动怒哭泣,说出爬行动物脑级别的话时,他没有说我是个不好的妈妈,只是对恬恬说:"妈妈真的太生气了,妈妈说的是气话,原谅妈妈的气话好不好?"还一直摸我的背,帮我疏散怒气。

不要觉得自己高明,不要在亲密关系中以为自己值得更好的,这样的念头是有"毒"的,只会让你更嫌弃对方,更没有耐心,以致看不见他身上闪光的地方,让你陷在自我怜悯的泥潭里。

我曾经在餐桌前怀着怨气问恬恬:"你真的觉得你爸爸好吗?"她很认真地看着我说:"妈妈,如果你这样问,是想让我说我爸爸不好,那么你觉得他有多不好,你就有多不好。"我把身体往椅背上一靠,钦佩地打量起我眼前的这个小姑娘。不得不承认,在那一刻,我的胸怀和眼界还不如这个五岁的孩子。

提摩太·凯勒有一个很妙的比喻:我们好像刚开采出来的矿石——刚恋爱的时候,你只看到金子,但随着时间流逝,你看到一切杂质。你看到对方各种糟糕的态度、性格缺陷和坏习惯,这些东西是矿渣。

不要以为只有对方身上有矿渣而自己没有,也不要以为对方身上的矿渣比自己多。我们得承认我们都有矿渣的部分,也都藏有金子。亲密的距离,提供了切磋琢磨的机会,解决麻烦的过程同时是在塑造品格。

如果你愿意敞开怀抱面对麻烦,你将更有耐心。但我们需要提醒自己的是:当我们能够耐心地处理一些麻烦时,千万不要自得,不要以为自己这么快就学会了爱。就像作家埃默·托尔斯所说的:如果耐心那么容易就能经受住考验的话,它就谈不上是什么美德了。总会有新的麻烦告诉你,你还需要跋涉,并且那简直是一种孤独的跋涉,你不能总期待你的伴侣、孩子会和你同步,总能配合你、理解你。

那时,你不要陷在麻烦里,你要抬起头,一定要抬起头,去看那夜空中最亮的星,去看你想到达的远方。这时"Trouble me"这句话就会到来,你会用另一种姿态面对麻烦。前一秒你还想着动怒,这一秒你便能愉快地说:"没关系,我们来看看是怎么回事。"

不用自己的爱来交换什么

我曾见过一位真正温柔的母亲,那是在马尔代夫的班度士岛上。一天晚饭后,我穿过大堂,看到一个坐在轮椅里的女孩子,大概十六七岁,全身瘫痪,斜奓着脑袋,眼睛上翻。后来还看到过她两次,一次是她妈妈推着她去体育馆,还有一次是在泳池。他们一家四口来泳池游泳,她每支手臂上套了两个浮圈,因为四肢不能动,还是浮不起来。她妈妈一直拖着她,不时抱着她的头亲一亲,她的爸爸和妹妹在旁边和她说笑。他们每一个人都是一副自在开怀的样子。我在泳池边感叹,这真是一个健康的家庭。

那天阳光下的波光里,她妈妈给她的吻,是我所知道的最温柔的吻。她歪着头斜咧着嘴的笑,是我见过最难忘的笑。这温柔的吻,这温柔的辛劳,除了能换回女儿的笑,还能换回什么呢?可以想象,照顾这样一个孩子,他们遇到了多少麻烦,但在我们的几次相遇中,我没看到过这位妈妈脸上有一丝愁云。我猜想,她是做出了爱的决定,她是真正明白了永恒之爱的人。看见这位母亲,我晦暗的心里有了一束光——爱她,温柔待她,并且不为此索要什么。

不用自己的爱、温柔和耐心来交换什么,唯有如此你才不会失去爱、温柔与耐心。如此,对于那些来到你生命中,你应当爱的人,即使在别人看来他如破布一般,你也能好好爱他。

当你不断地练习用恰当的姿态面对麻烦,总有一天,你会变成那位真正的绅士,那位真正温柔的母亲,面对事情(那对你来说已经不能称为麻烦),你总是愉快地去找办法。

不耐烦与急躁虽然还是会来找你,但已经无法截获你。

> Trouble me, disturb me, with all your cares and your worries.
> 麻烦我吧,打扰我吧,用你关心的和担心的事情。
> Speak to me. Let me have a look inside your eyes.
> 跟我说话,让我看着你的眼睛,看见真实的你。
> Let me send you off to sleep with a "There, there".
> 让我送你入睡,对你说"好了,好了"。
> If you trouble me.
> 如果你愿意麻烦我。
>
> ——By 10 000 Maniacs
> 一万个疯子①

---

① "一万个疯子",美国民谣摇滚乐队,1981年在纽约成立,先后发布多张专辑,此处歌词截选自乐队的作品 *Trouble Me*。

4

家庭幸福的艺术

消解爱中的怨恨

一种友好甚至温柔的举止本可以保持数月之久,然而猛然插入一种看似无缘无故的无名火起,恶意举动或言语,这时可以清晰地感受到一种更深的生活层次在怎样突破友好的表层。

——马克斯·舍勒

怨恨是心灵的自我毒化

哥本哈根的新港,细雪飞旋,我站在桥上,运河安详的波纹在我眼里轻轻荡漾。

时恰傍晚,星星点点的银色灯光亮了,一种初见就要别离的惆怅在胸中涌起。我默默地说:再见了哥本哈根,再见了克尔凯郭尔。那几天,我曾在安静的阿瑟斯顿墓园漫步,童话家安徒生和物理学家波尔就安葬于此。不过,我是特意为哲学家克尔凯郭尔来的。那位散步时只有手杖作伴的孤独写作者,在离世一两百年后,给地球另一边的我,带来那么多的指引和安慰。如今,他长眠于结出一串串深红色浆果的冬青树下。

作别之后,我紧走两步,追上了我先生和女儿。

上了通往机场的地铁,我们找到位子坐下来,心情都挺不错。

这是一次完美的旅行。在芬兰拜访了圣诞老人,坐了狗拉雪橇,还有幸看见了北极光;在瑞典参观了令人惊叹的瓦萨沉船博物馆;在爱沙尼亚住在了幽深静谧的古堡里;在丹麦更是探访了我心心念念的克尔凯郭尔。

我不由得面露微笑。哦,光忙着回味了,双肩包还背着呢。我把包从背上取下来,放到腿上。背包口是开着的。我自言自语地嘀咕:"怎么会开了呢?难道我出门的时候没有拉上拉链么?"

对面坐着一位金色短发姑娘,低头看着手机,嘴角却露出一丝耐人寻味的微笑。我感觉那微笑是给我的,虽然不清楚她为什么要那样笑，我还是愉快地冲她笑了笑。

到了机场，我从背包里拿护照准备办登机牌，这时发现，和护照装在一起的欧元和美金全不见了。晴天霹雳！我顿时明白了那金发姑娘的笑容——她在笑我傻呗。

我魂不守舍地办理了自助登机牌，仍然恍惚觉得这不可能是真的。好像不信任自己的视觉一般，我又用手仔细摸索了几遍装钱的袋子。还是空的。我的脑袋和心也像空了一般晃晃悠悠漂浮起来。

我先生握住我的肩膀说："你清醒一点。钱不要紧的。最重要的是咱们的护照没丢。万幸你遇到的是个老手，清楚护照没了你会报警，不然咱们全家都得坐在机场地上哭了。"说完就把我拽到旁边的手表专卖店，说要送我一块表。

不得不说，有些商品是很美的。比如一款设计精良的女士腕表，它也确实能在某种程度上改变人的心情。

我深吸一口气，掩饰好自己的悲痛，和我先生一起走到明亮的玻璃柜台边。柜台里陈列的精致美物在各种光照的巧妙配合下，熠熠闪光。我边看边对我先生说："原来你那么细心的呀，竟然知道我喜欢这个牌子。"他爽快地说："我不知道啊。离这家店最近，就把你拉进来了。"

好吧。虽然这样不做准备甚至不看店名，就冲进一家国际机场的专卖店买表的行为，多少显得有些不顾后果，可命运之手，还是冥冥之中把他牵引到了对的地方——这是个轻奢品牌，是"affordable luxury（担负得起的奢侈）"。一句话，咱们买得起。

想到这里，我的心情不禁畅快了少许，对他说："那还真是巧啊。你看，我最常戴的墨镜就是这个牌子的。"说着，就去包里取墨镜。可是，原本装墨镜的那个侧袋是空的，我最喜爱的墨镜也不见了！

"你们享受了在哥本哈根的旅行吗？哥本哈根是不是很美？……"店员小姐微笑着说。

在回香港的飞机上，我看着书，眼泪竟然从脸颊上滚落下来，掉到了书页上。

是为钱和墨镜吗？我不知道那是身外之物吗？我当然知道那是身外之物。

那我还哭得这么不能自持，到底是因为什么呢？

我扭头看看我先生，他正头一沉一沉地在我旁边打盹。我明白了。

我摇着他的手臂说："快醒醒。如果小偷偷的是你就好了，我就不会这么难受！"

我先生眯着眼睛，挪动了一下身体，说："这不一样吗？"

"不一样。当然不一样！那样我就可以对你说，老公没关系，钱没了再挣，墨镜没了再买。可小偷偷的是我！"说着，眼泪又噗噗地掉了下来。

钱不是问题，墨镜也不是问题（当然也是问题，不过不是大问题）。问题是，那个犯了错的不是别人。是我。

每当想起那幅画面——"我站在新港桥上抒情，小偷趁机打开我的背包"，我就感到一阵不寒而栗的尴尬。我多么幼稚，多么愚蠢。我竟然真以为丹麦是童话王国！

就算我先生没有埋怨我，就算全世界没有人埋怨我，埋怨也没能放过我。原来我那么难过、沮丧、懊恼，是因为我在暗暗地怨恨我自己！那怨恨就像长在了我心里。每当我感觉自己做事不得体、不明智，怨恨就会自己启动，耗费心神，伤害自尊。

只要怨恨在，它的矛头就绝不会只对准自己，它会找到数不清的目标。但怨恨的发泄对象，通常是最亲密的人。

有句话叫"恨铁不成钢"。如果你真的想把铁变成钢，最靠谱的做法就是去想办法，去行动。那时，根本没有时间和精力去恨，去遗憾。你恨，只是因为你心中有恨，跟铁或者钢没有关系。

还有句话叫"相爱相杀"，所谓爱越深，恨越浓，爱与恨相伴而生。人们之所以会产生爱恨相生的错觉，是因为恨是亲密关系中的常客。很多时候，恨比爱更像是亲密关系的主人。

电影《黑天鹅》中，妈妈愤恨地对女儿咆哮："都是因为你，我才放弃了自己热爱的事业！"女儿淡淡地说："我是天鹅女王。而你，你有过自己的事业吗？你只不过是个跑龙套的。"

这样涌动在彼此之间的酸楚刺痛，这样令人遗憾的对话，在原本应该相亲相爱的人之间，并不少见。

不难发觉，怂恿人们唇齿之间飞出毒剑的，是怨恨。

想起十年前，就在我写作的这张桌子边，我曾向好友声泪俱下地控诉我先生。胸中奔腾翻滚着对他数不尽的怨恨。当朋友试图为他置一句开脱之词时，我即刻把她的话掐断，对她怒目而视——你到底是谁的朋友？

我根本听不进什么更客观、更公正的话。我只要控诉。怨恨已经完全将我吞没。

为什么我对他会有那么多恨？因为我认为是他让我爱的理想落空了。

随着最初的爱带来的澎湃情绪落于平静，他头顶的聚光灯熄灭，一束自然光打在他身上。我看见了他所有的阴暗面以及那长长的像魔鬼的斗篷一样的影子。那最初的爱，原来是最娇嫩的花，已经被亲密关系中最为平常的琐碎之恶吞灭。对抗、奚落、冷漠，让我对爱，对他，失望至极。

这些琐碎之恶，把我心中原本潜伏着的怪兽唤醒。最亲密的人，才念得出唤醒它的密语。这只怪兽就是怨恨。

怨恨把我变成绿眼妖魔，把我先生所有不合我意的行为，都解读为恶意十足的伤害。那个原本我多么倾慕的人，我开始嫌恶他，指责他，粗暴地对待他。

怨恨，让我看不见更有价值的东西和真正的出路。怨恨的本性就是"失明"。被怨恨吞没的人，没有看见广阔整体的能力，只偏执地盯着某一局部的可能性，并把这种可能性，看作天大的必然。

起初的爱，是多么虚弱，它没有办法单单依靠自己生根、成长，更没有对抗怨恨的能量。它甚至把自己变成了怨恨的养料。当怨恨快速地把那最初的爱燃烧掉，所有的倾慕、眷恋都消失了。取而代之的，是轻视与嫌恶。

如果问爱离什么最远，答案便是恨。可是，为什么恨总是藏在最亲密的关系中呢？

这个问题很复杂。不着急，我们一步一步来寻找答案。

看见自己内心的怨恨

还记得上一章那位离家出走的母亲玛丽琳么,詹姆斯是她的丈夫。①

詹姆斯是美国的第二代华侨,他父亲是冒用别人的名字来到加州的。在詹姆斯对年幼时光的记忆里,留有这样的片段:读小学时,他父亲在同一所学校里当杂工。那时,父亲常被叫到教室里修窗户,换灯泡,擦地板。他能感受到同学们目光里的疑惑,他们总是看看他父亲,又看看他。于是他把头垂得更低,想要把脸埋进书本里。

那都是几十年前的事了。现在詹姆斯的父母都已过世,他也已经是三个孩子的父亲。四十多岁的他,在美国一所高校拿到了终身教职。

詹姆斯想当一位好父亲。他想把孩子们培养成他理想中的样子。

在妻子回娘家处理丧事的时候,詹姆斯没有像那些毫无责任感的父亲那样,让孩子们自己待着,而是筹划着如何好好把握和儿子内斯独享的父子时光。

一天,他把年纪尚小的女儿交到邻居那儿托管,带着内斯来到泳池。他想,是时候教儿子游泳了。

虽然詹姆斯在高中时是游泳队的队员,但他从没得过奖牌。赛后,得奖的同学钻进车里享用汉堡和奶昔庆祝胜利,他总是独自

---

① 本故事源自美国作家伍绮诗的小说《无声告白》。

回家。

现在，詹姆斯觉得，内斯具备同样的游泳天赋。虽然他遗传了自己亚洲人的小体格，但身体结实强壮。

去年夏天的游泳课上，内斯学会了自由泳和漂浮，已经能游着从水底穿过游泳池。詹姆斯觉得，到了高中，内斯就会成为游泳队的明星、奖牌的包揽者、游泳比赛的王牌。赢得比赛之后，他将会开车请大家去吃饭——也许就是去享用汉堡和奶昔。

他们来到泳池边，浅水区全是些玩"马克波罗"的孩子（一个小孩被蒙上眼睛，去抓其他孩子，这个小孩喊"马克！"，躲起来的人回应"波罗！"，蒙眼睛的孩子根据声音来抓其他的孩子）。

詹姆斯发现没有地方可以教内斯练习蛙泳，就推着儿子，让他去和大家一起玩儿。

"非得去吗？"内斯摆弄着毛巾边儿。

那群孩子里他只认识杰克一个人，他们是邻居，但他觉得杰克并不是自己的朋友，也不会成为自己的朋友。杰克长得又高又瘦，有些目空一切。

詹姆斯对小孩子之间的气氛并不敏感，儿子的羞怯和迟疑激怒了他。他心目中那个自信的"游泳王牌"，一下子缩小成紧张的小男孩——瘦弱、矮小，像个驼背一样畏畏缩缩。

"我们是来游泳的，"詹姆斯说，"艾伦夫人看着你妹妹，好让你能学习蛙泳，内斯。不要浪费大家的时间。"

他用力拽掉儿子手中的毛巾，坚决地领着他走向水池边，紧逼着他，直到儿子滑进水里。这对他有好处，詹姆斯想，他需要学学怎么交朋友。

把儿子逼下水后，詹姆斯认出了杰克。霎时，充满嫉妒的羡慕涌上心头。杰克游得很棒，从容自信，动作优美，在孩子群中非常显眼。

等詹姆斯回过神来找自己的儿子，他看见内斯闭着眼睛，站在泳池中间喊"马克"。他一个人在泳池里转着小圈，双手在水里探路，可他谁也抓不到。因为其他孩子竟然躲到了池岸上了，这明显是犯规。

一个稍大的孩子喊道："中国佬找不到中国啦！"其他孩子哈哈大笑。

詹姆斯的心猛地一沉。泳池里的内斯不动了，胳膊漂在水上，不知道该不该继续。

这是一次沮丧的游泳经历。

后来，当内斯因为太瘦不能参加橄榄球队，太矮而不能打篮球，太笨拙而不能打棒球，只能靠读书、研究地图、玩望远镜来交朋友的时候，詹姆斯就会想起那天下午在泳池发生的事。

这是詹姆斯对儿子的第一次失望，也是他的父亲之梦遭受的第一次打击。

后来玛丽琳离家出走了。妈妈的突然消失，给内斯的生活和心灵带来巨大冲击。

但上帝仿佛给小孩子一种特别的恩赐——从最不起眼的事物中得到最大限度的乐趣，他们拥有热爱这个世界最充沛的能力。你看那蹲在草地上看蚂蚁的孩子，雨天站在窗前看雨水顺着玻璃流下来的孩子，他们拥有一种不被打扰的宁静。这种能力，似乎能把他们从各种悲伤中引出来。

有一天，内斯偶然在电视上看到了"双子座九号"火箭的发射报道。看到火箭向上发射时喷出的硫磺色巨大烟尘，他缓缓地爬到电视机旁，鼻子几乎贴在了屏幕上。

那是狭小的生活之外，广阔无垠的宇宙。那是超越现实的另一种具有神秘诱惑的时空。之后电视台播出了太空舱的模拟场景，一位吊着钢丝的演员在摄影棚里扮演宇航员步出舱室，优雅地漂浮，毫不费力地升高，两脚朝上。

内斯忘记了这不是真的，忘记了妈妈的离开，甚至忘记了呼吸。他凝视着屏幕，嘴角挂着平和安宁的微笑。在一旁的詹姆斯觉得儿子简直太愚蠢了，只觉胸中燃起一股狂暴的厌憎之火。

一个星期天早晨，内斯说："爸爸，你相信吗，人类能登上月球，然后再回来。"

詹姆斯用力扇了儿子一巴掌，把他打得牙齿咯咯作响。

"不准胡说八道！"他说，"你怎么在这个时候还只知道琢磨这些事？你妈都走了你不知道吗！"

内斯捂着腮帮子，箭一般冲出房间。詹姆斯独自留在客厅，脑子里印着儿子因震惊和愤怒而泛红的双眼。他一脚把电视机踢倒在地，顿时，玻璃碴儿和火花四溅。

虽然他星期一就带着孩子们到百货商店买了一台新电视，但詹姆斯再也没有想起什么宇航员和太空。也就是说，他从未就这件事向内斯道歉。

詹姆斯的这一巴掌，非常具有代表性。它显示出一种生活的真实——人们一巴掌甩出去的时候，往往就是这么突然，甚至有些荒诞。并不是因为有多么充分的理由。这是暴怒最可怕的地方——你似乎无法预计它什么时候出现。

暴怒骤然从胸中涌起，瞬间漫布全身，倏忽之间便能把一个"温文尔雅"的人攻陷。他好像突然被魔鬼附体——面目狰狞，言辞狠毒，举动残暴。

这暴怒的恶魔行动之快，不仅让对方毫无准备，甚至也让发怒的人猝不及防。施暴者仿佛甘愿被暴怒诱惑，沉溺其中不想挣扎。他似乎有一种想要羞辱别人的需求，就是想要冲人发火。一时间那么多愤怒、粗暴等待着被点燃。

为什么詹姆斯心里会突然燃烧起这样的怒火？为什么他要这样践踏别人，而这个"别人"正是自己最亲的人？为什么人的身体里竟藏有这样的冲动，就是想要去刺痛别人、伤害别人？

当然，像詹姆斯一样，人们事后会为自己的暴怒找出各种理由。或者坚定地认为，这当中一定存在着某种理由——不然我怎么会打他？

所有这些理由可以轻松地归结为"我打他，是因为他讨打"。

"他讨打""她惹我生气"，这是暴怒真正的理由吗？

其实，真正的动因是暴怒的人自己内心的慌乱、屈辱和不安。这些情绪交织缠绕，膨胀激荡，企图在某个时间点找到一个由头爆炸。好像唯有爆炸，才能让这些黑暗有毒的情绪变成灰烬。而那个"由头"往往承受了不白之冤。

如果人们不愿意承认那个真正的原因，不能在事情发生之后道歉，没有意志力去面对真正的问题，那么，这个人就掉进了暴怒和气急败坏的漩涡里——詹姆斯打了内斯之后，还踢坏了电视。

这十分钟之内发生的事情，是对詹姆斯整个人生的一个隐喻。

这只是他整个人生影像中一个极小的片段，但这个片段有它长长的过去和长长的未来。如果詹姆斯找不到这个片段的源头，也看不清这个片段的走向，那么，还有许多类似的情节等着他出演。这就是尼采所说的"永劫回归"。

不要孤立詹姆斯，有太多人和他分享着这共同的痛苦——我明明是渴望去爱的，我明明心心念念是想要被爱、被美、被善而不是被暴怒吸引的。可是，为什么我却做了相反的事。

为什么父子独享的游泳时光会变得如此糟糕？为什么一个小小的"马克波罗"游戏，就让詹姆斯的父亲之梦遭到了沉痛打击？为什么儿子痴迷于太空和宇航员，会成为他挨打的理由？

游泳、游戏、对宇宙的痴迷，这些原本可以生长出美好、酝酿出爱、变成难忘回忆的事情，却都蔓延至一个阴暗沮丧的结局。原因在哪里？

詹姆斯在成长的过程中，有过屈辱的经历。

虽然已经过去了近三十年，詹姆斯依然记得那节体育课。

打完了球，他和同学们回更衣室换衣服。等他穿好衬衣，却发现搁在长凳上的裤子不见了。这时，铃声响了，更衣室已经没有人了。

詹姆斯只好踮着脚尖回到体育馆，拿背包挡住裸露的双腿，寻找体育老师蔡尔德先生的身影。

十分钟后，穿着内裤的詹姆斯终于找到了蔡尔德。原来，他的裤子被人打了个结，系在了洗手池下面的水管上。裤脚上还沾着几团灰球。

"可能是和别人的东西混在一起了，"蔡尔德先生说，"快去上课吧，李，要迟到了。"

自那以后，他就养成了习惯，先穿裤子，再穿衬衣。

他从未对任何人提起这件事，却一直记在心里。

当内斯被人捉弄被人嘲笑时，詹姆斯想要告诉儿子，他理解儿子的心情——被戏弄的屈辱，无法合群的挫败感。可终究，他什么都没说。

当年蔡尔德先生没有给他的安慰,他同样也没有给自己的儿子。

可这是自己的儿子啊,他为什么不把孩子搂进怀里,告诉他:"我知道,内斯,我知道的。"

因为自惭形秽。

自惭形秽,把父亲本该给儿子最有力量的爱与安慰骗走了。他"明智"地决定不在儿子面前提起自己当年的屈辱。

那些受辱的经历和那些挫败感,致使詹姆斯在成年后,并没有建立起健康的自我价值观。他没有深切地体会过被尊重,他并不清楚,什么是真正的自重与尊重他人。

詹姆斯对待世界的态度和大多数人一样,停留在了最原始的"投桃报李"和"以牙还牙"。那些无法回击的羞辱,沉积在了他的心底。怨恨的种子在悄悄发芽,最终在亲密关系中找到施展威力的机会。因为亲密关系是最安全、最隐秘的关系。

那些动作,"用力拽掉"儿子手中的毛巾,"紧逼"着儿子下水,还有"狠狠甩过"的一巴掌,都是对内斯的不尊重。他根本不知道,那样粗暴地对待任何一个人,本来就是不应该的。

他并不清楚应当如何尊重别人,因为他从不真正清楚,要如何尊重自己。他允许自己做出极其粗鲁的举动。

面对内斯,他根本不考虑人作为人的尊严,不管是对方的还是自己的。他肆意践踏他们的尊严,毫无理智可言。怨气统摄一切,暴怒席卷一切。他的眼神、声音、动作,全部听命于他的怨气。

这是在自毁。怨恨就是要让自己毁灭。怨恨看似想要毁灭别人,但最先被怨恨之毒伤害的,就是自己。

想要深入了解"怨恨",必然会与一位德国思想家相遇,他就是马克斯·舍勒。

"怨恨，是一种有明确的前因后果的心灵的自我毒害。"这是舍勒对怨恨特性的第一个描述。

学习如何面对怨恨，可能是人一辈子的重要功课。

可是，有多少人愿意承认自己心中藏有怨恨呢？人们哪里愿意付出时间和兴致，坦诚地看看自己的内心呢？

太多人像蔡尔德先生和詹姆斯那样，已经丢弃了良知和细腻。对人的感受与情绪变得麻木、无所谓。这是多么大的丧失。

舍勒说："怨念一生便令恶念涌起。"

为了消除我们内心的恶念，需要先了解一下怨恨是从哪里来的。

詹姆斯已经是大学里的终身教授。社会形象、家庭状况、物质条件，都符合美国中产阶级的标准，但他并不是一个自信的人。这些外在条件，不会直接成为一个人自信的基础。对自己的信心，是更内在的事。

詹姆斯幻想内斯会成为游泳队里的王牌，因为他想一雪前耻。当获奖队员钻进车里而他独自回家时，那种落寞对他来说是一种羞耻。

甚至可以追溯到更早的时期。当他的爸爸在教室外擦窗子，同学们都看着他时，他认为从那些目光里传递过来的，是羞耻。

后来，玛丽琳的母亲对他懒得掩饰的不屑一顾，那种鄙视更是羞耻。

曾经，年轻的玛丽琳，一个金发碧眼的美国姑娘爱上了自己，那是詹姆斯最认可自己的时刻。那时的狂喜，他至今记忆犹新。可现在，玛丽琳走了，自己被妻子抛弃了，这是多么巨大的羞耻。

詹姆斯勤奋、上进、低调、质朴，哈佛毕业，愿意与人为善。他身上有属于自己的闪光点，可他似乎总是想不起这些闪光点。

一个令人沮丧的事实是：我们随身携带的，通常不是我们的荣耀，而是我们的羞耻。

现代社会提供这样一种生存状态：让羞耻感忠诚地陪伴一个人长大。人们的身上、心上，被烙下了大大小小种类不同的关于羞耻的记忆。

你长得不够高，你长得不够漂亮，你不够苗条，你家境不够好，你不够聪明，你学历不够高，你资历不够丰富，你不够有钱，你的孩子不够优秀……

詹姆斯一辈子最想挣脱的，就是这些死死缠绕着他的"羞耻"。这些羞耻让他自惭形秽。

他以为，如果自己工作体面、家庭幸福、儿女争气的话，他就可以在美国"扬眉吐气"了，那些白人就会对自己刮目相看，笼罩自己的自卑和羞耻感就会烟消云散了。那时，生活就可以真正开始了。

可生活永远不会等着某些条件具备之后才真正开始。

要么现在开始，要么永远也不会开始。

克尔凯郭尔说："每个人，首先必须使自己从被给定的环境当中分离出来。"

"从被给定的环境当中分离出来"，那被给定的环境，包括一个人的父母和家庭、他所出生和成长的社会环境、他偶然遇到的事与人。"从被给定的环境当中分离出来"，是指不被这些环境浸染和吞没。唯有如此，一个人才能够成为一个真正独立的个体。唯有如此，他才能成为其自身行动的主体，他才能发挥自己对自己的有效性，成长为一个独特的、负有伦理责任的人。

詹姆斯确实看到了同学们疑惑的眼神——为什么你爸爸要来擦窗子呢？

詹姆斯确实被同学们捉弄——要穿着内裤去找体育老师。

詹姆斯确实没有被体育老师公平对待——没有从他那里得到一句安慰。

詹姆斯确实被自己的岳母看不起。

所有这些受辱的经历，他应该怎么对待？没有人告诉他。他也没有从这些痛苦经历中，找到属于自己的答案。他所做的，人性软弱的本能所告诉他的——你被人羞辱了，你就应该感觉到羞耻。

这些羞耻感和自惭形秽就像一粒粒种子在他心里发芽，并慢慢转化成敌意和怨恨。

想想那位服了27年刑，从监狱里走出来的南非总统曼德拉。

想想那位手持一等票，却被从火车上赶下来的"非暴力不合作"领袖甘地。

想想电影《绿皮书》中，那位被白人歧视却仍旧坚持到歧视黑人最严重的美国南部去演奏的黑人钢琴家唐·雪利。

这些人没有让歧视、羞辱、拒绝定义自己，而是用被歧视、羞辱、拒绝后的行为定义了自己。

自惭形秽源于自我价值的攀比

白天,罗莎的丈夫迈克气急败坏地离家出走了。①

晚上,罗莎坐在桌前,仔细地听着窗外往来车辆的声音。她焦急地盼望丈夫回来。

7岁的儿子索尼过来和她聊天。此时,罗莎听到有辆汽车开近了,开近了,似乎就要停下来了,她敛声屏气听着。可汽车的声音还是渐行渐远了。汽车开走后,罗莎训斥起了索尼。

索尼气愤地问:"你为什么要朝我发火?"

罗莎不耐烦地说:"别管,你只要记住听我的话!"

索尼没再说什么,转身准备走,罗莎叫住他,问他去哪里。

索尼说:"我不知道,我只知道不想待在你身边。"

罗莎听到这句话,叹了口气,说:"好吧,对不起,索尼。"接着她起身,走到索尼身边,搂着他的肩膀和他走到桌前。

她坐下,双手握着索尼的两臂,看着他说:"你看,我,我不应该朝你发脾气。我只是今天晚上有点紧张,你明白吗?"

索尼马上不再生气。他很明白妈妈的心思,说:"我想他今天晚上能回来。"

迈克那天晚上回家了吗?他为什么要离开家?对于这些疑问,我

---

① 本故事源自1983年布鲁斯·贝尔斯福德导演的电影《温柔的怜悯》,影片同时荣获奥斯卡最佳编剧与最佳男主角。

后面会有交代。

现在,我们还是先来看看罗莎和索尼面对这个冲突时的行为。罗莎因为盼望落空,把怒气撒到了索尼身上。索尼问她为什么要冲自己生气,这时罗莎还没有清醒,仍旧带着怒气和索尼讲话。等儿子告诉她不想和她待着时,她回到了现实,坦承自己是因为紧张失控了,并马上向儿子道歉。这就是心地清明的人。虽然这样的人也会有魂不守舍和意志薄弱的时候,不过他们总能接受环境的指引,尽快看见真相。

罗莎让一个负面的开端有了一个正面的收尾。

值得我们留意的是,罗莎用亲密的肢体接触来表达道歉和安慰。

我时常想起近藤麻理惠小姐的这一句话:人的双手,具有抚慰人身心的能量。

当你知道,通过双手接触,能把具有修复作用的能量传递给对方,你就会想去时时施展这种能力。

那么,这里就出现了一个问题:为什么罗莎能道歉,而詹姆斯不能呢?为什么詹姆斯不能握着儿子的肩膀,告诉他,自己打他是不应该的?

因为詹姆斯自惭形秽,而罗莎没有。

罗莎是美国中西部小镇上一个廉价汽车旅馆的主人。17岁结婚,18岁时丈夫就在越战中牺牲了,她成了单亲妈妈。

罗莎的第二任丈夫,就是迈克。迈克曾是一位有名气的乡村音乐歌手,不过,当他在罗莎的汽车旅馆醒来时,只是个酒鬼,除了半瓶酒外,身无分文。

那天早晨,阳光透过旅馆满是灰尘的玻璃窗,照耀到他的脸上。迈克透过窗子,看见阳光下站着一个年轻女人,编着麻花辫,穿着朴素的蓝白格子衬衫。他看着她,像看见了阳光本身。

迈克推门出来。他走到罗莎跟前,告诉她自己没有钱,他可以给旅馆做杂活来抵交房费。罗莎答应了,但有一个条件,工作时不能喝酒。

在罗莎准备回旅馆的厨房时,她想起了什么,又转过身来问他:"你饿不饿?"

那个时候,对迈克来说,没有比这句话更贴心的了。

上帝温柔的慈悲,已在他身上悄然降临。

几个月后,罗莎答应了迈克的求婚。迈克比她大14岁,没有别的工作,两人一起经营汽车旅馆。

这就是罗莎的生活,不算富裕,和迈克还有一些问题。但罗莎没有自惭形秽。她从来没有觉得自己不够好,儿子不够好,丈夫不够好,生活不够好。

陀思妥耶夫斯基在自己的作品《卡拉马佐夫兄弟》中写道:"不必自惭形秽,因为一切都是由此而起。"

尼采曾经很坦白地说:"陀思妥耶夫斯基是唯一一个让我在心理学方面学到东西的人。"

这位以洞悉人的心灵闻名于世的俄国文豪,直截了当地告诉我们:自惭形秽是多余的,它引发了很多问题。

"什么?自惭形秽是多余的?可是这种感受说来就来了,它会知道自己是多余的吗?"

"把事情办砸了,在一个群体中觉得自己不够好,这时自惭形秽很自觉地就来了,这种感觉是你不想要就可以没有的吗?"

当然没那么轻巧,自惭形秽的感觉也许还是会时不时来一下。不过,如果你清楚了它的来路以及它的去处,你就能把它放在恰当的位置，用恰当的态度来对待它，而不会任由它破坏我们的生活了。

那么，自惭形秽从哪里来的呢？

对詹姆斯来说，别人的爸爸没有在学校打杂，而自己的爸爸却要来修窗户换灯泡，自我价值被扣分了。

游泳比赛同学得奖了而自己没有，自我价值又被扣分了。

玛丽琳的妈妈不给自己好脸色，总觉得玛丽琳值得更好的男人，自我价值再次被狠狠地扣分。

在类似的这些比较中，詹姆斯的自我价值感越来越低。

对于许多人来说，他们对于自我价值的把握，完全来自于与他人的比较。他们把别人当作自身价值的可怕尺度。

人总会遇到在某些方面比自己强的人，也很可能遇到在各个方面比自己强的人。如果他接受了这样一套价值攀比的系统，"自惭形秽"就会像一条黑暗的河流涌向这个人的心灵深处。"我就是不行""我真是笨""我连这个都做不好了"这样的话，就会在他心里循环播放。这样一来，这个人的自我价值感就被损害了。

当人的自我价值感被损害了，他的内心便积累起怨恨。

这种怨恨是双向的，它的矛头既指向比他优秀的人，也指向自己。他恨对方的优秀，也恨自己的无能。

生活在怨恨中的人，是无法真正快乐的。他们想让自己快乐，想让自己感觉不错。他们会去寻求出路，对于这些人来说，他们所知道的唯一出路就是——比过别人，打压别人，羞辱别人。这样做，都是为了快速给自己营造一种虚假的优越感。

当有了伴侣、孩子，自我价值感低的人，更容易和他们建立一种"共生"关系，把自己的"自我价值"扩展到爱人和孩子身上。

因此，当詹姆斯看见杰克潇洒的泳姿时，他心头会升起妒意。虽然杰克只是个孩子,但他还是让詹姆斯的自我价值减了分。而那些自我价值感被严重损害的人,他们甚至会把爱人和孩子当成他们攀比的对象。

爱能击溃你的自惭形秽

好了,现在我们还是回到罗莎的故事。

那位气急败坏离开家的迈克,当天晚上他回家了。

本来他不好意思回来的。

很多时候就是这样,一气之下离开容易,再想要回来却没那么简单了。他开车经过家门口六七次,都没能停下来。他的傲慢不允许他停下来。那傲慢的堡垒守护的,其实是自惭形秽。

在罗莎准备睡觉的时候他回来了。

罗莎开灯看到迈克,迈克一脸喜气洋洋。他兴冲冲地说:"我没有喝酒。我买了一瓶酒,可是我没有喝。我把它全倒光了。"

在他想要轻率地放弃自己并一醉方休的时候,他把持住了自己。

曾经嗜酒的迈克,当他的手再次握住光滑清凉的酒瓶,那种久别重逢的感觉真是太好了。一切都是对的,他感到满足,感到自在。当瓶塞被拔掉,浓郁诱人的香气钻进鼻孔进入身体,那时,几乎所有的细胞和血管都开始呼喊:喝吧,快喝吧!怎么了?怕了?有什么好担心的?就啜一小口嘛……

他在一瞬间做出了决定。他把酒倒了。

当迈克把瓶身倒转过来,里面的液体汩汩流出,迈克体会到一种前所未有的欢乐和振奋。霎时,身体里所有的细胞和血管一起热烈地欢呼起来:你做到了!你做到了!真是太棒了!就像刚刚它们只是设了一个陷阱,而迈克经受住了考验。

小说《漫长的告别》中那位名叫马洛的侦探曾说:"最致命的陷阱,是自己给自己设下的那一个。"

迈克终于"赢"了他自己。那是个多么强大的对手。

这次胜利,击溃了他的自惭形秽,也击溃了他的傲慢,让他能够坦然回家,并对很多事情重拾信心。

罗莎听完他的话,不由得笑了。她问了句:"你饿不饿?"

那时,对于迈克来说,没有什么能比这句话更让人感到幸福的了。

然而,第一章里我们讲到的伊迪丝就没有这么幸运了。

伊迪丝无法好好爱斯通纳,一个很重要的原因在于,她的自我价值感被严重破坏了。她是个十分自惭形秽的人。

伊迪丝知道自己乏善可陈,内心荒芜。她很想有所改变。

在父亲去世后,伊迪丝回娘家住的那两个月里,她有了主意,开始着手于自己的变化。

她从母亲那里借了笔钱,买了更流行的套装,把自己带来的旧衣服全烧了。旧衣服扔了不行吗?不行,要烧掉。伊迪丝就是要通过这种仪式感,来表达她想要改变的决心。

她还把头发剪短了,做成当时时髦的式样。她买来化妆品和香水,每天在自己的屋子里学着使用。她也学会了抽烟,并且训练出一种全新的说话口吻,那是一种冷淡、含糊的英国味道。

这些都让她看起来高级极了。她带着这些控制得游刃有余的外在变化,回到了自己的家。

可伊迪丝一进门,她立刻明白了,斯通纳才是真正发生了变化的那一个——斯通纳找到了自己的研究兴趣,他每天都在愉快地写作,他身上由内而外的那种自信和坦然让她第一时间就觉察到了。

其实改变的发生实在不需要什么耸动之举，它本是一件沉默的事。因为有力量，所以可以沉默。

伊迪丝看得出，斯通纳的改变如此之深，她预期自己的出现会带来的效果荡然无存。但她不能这么快认输。

伊迪丝双手举过头顶，转了一圈。"我穿了新衣服，新鞋子，还做了新发型。你喜欢这个样子吗？"

女儿格雷斯犹豫地点点头。"你看上去不一样了。"她说。

伊迪丝笑容绽放，她的牙齿上还残留着一块淡淡的口红污迹。她转过身面向斯通纳："我看上去不一样了吗？"

"是的，"斯通纳说，"很有魅力，很漂亮。"

她冲着斯通纳大笑，摇摇头。"可怜的威利。"她说，然后又转身对着女儿。"我是不一样了，我相信。"她对女儿说。"我真觉得不一样了。"

斯通纳知道，她这是在对自己说。那一瞬间，他同时清楚：伊迪丝正向他宣告，一场新的战争开始了。

对于伊迪丝这样的人，人们通常会说她"真要强"。

可这样一个在自己丈夫面前都需要拥有心理优势的人，内心是很虚弱的。就是因为她太虚弱，才疯狂地想要战胜自己的丈夫。她以为只有赢了斯通纳，她的婚姻才能幸福。只要她赢了，只要她感觉自己是强者，她就有自信了。到那时，她肯定可以好好爱斯通纳。

三十年后，斯通纳缠绵病榻，那是伊迪丝对他最体贴温柔的时候，她终于觉得她赢了。

相比之下，斯通纳的自我价值感才是健康的。在课堂上，在书桌前，他建立起了对自己的信任。他相信生命还有很多可能性，这些可能性让他暗暗的兴奋和愉快。

伊迪丝不同，她渴望改变，可这改变的目的太外在，就是把斯通纳比下去，让斯通纳啧啧赞赏、刮目相看。从根本上来说，这个目的和自己并没有关系。她为改变所做的尝试，没有一样让她对自己产生好感，也没有一样能让她快乐。

当她意识到自己失败了，她的自惭形秽暗暗转化为忌妒，并最终沉积为怨恨。

这种怨恨，正如舍勒所指明的，是生活能力弱者对强者的怨恨，是局部死亡者对充满活力者的怨恨。

伊迪丝曾勉强挣扎了一阵子，她加入一个小型剧团。这让她看起来很忙碌，而且被需要。然而，没有哪个内心有嫉恨的人能绽放自己的生命，他们不可能在某件事情上真正结出果实。

不久伊迪丝便不再参加小剧团的活动了，她改变了作战策略。开始不遗余力地把斯通纳往下拽，一心一意地破坏斯通纳上心的事，伤害他爱的人，哪怕这个人是自己的女儿。

当怨恨成为一个人情绪的主导时，它会让人处于一种因果关系的错觉中，一味地认为对方好是我不好的原因。所以，会想方设法给对方制造障碍。

怨恨是心灵的自我毒化，是欺瞒的源泉。它最大的毒性不在于去欺瞒别人，而是欺瞒自己，让自己看不见真正有价值的东西，看不清事情真实的情况。

《卡拉马左夫兄弟》中佐西马长老说："而主要的一点，最最主要的一点是——勿对自己说谎。对自己说谎和听自己说谎的人，会落到这样的地步：无论在自己身上还是周围，即使有真理，他也无法辨别，结果将是既不自重，也不尊重别人。一个人如果对谁也不尊重，也就没有了爱。"

"我是不一样了""我真觉得自己不一样了"，这是伊迪丝对自己说的谎言。她要用这谎言来为自己壮声势,挑衅对方。

她不知道,在这个世界上,她需要"赢"的人只有一个,那就是她自己。

她需要对自己透明,看见自己真实的状况。那时,真正的改变才有可能发生。

伊迪丝身上有一种强大的无力感,那种生命力被深深抑制住的感觉。这让她几乎失去了改变的能力。

那些被抑制住的生命激情,最终被纳入怨恨的阵营,成为怨恨源源不断的动力。怨恨、压抑、无力感、无能意识,迫使伊迪丝完全放弃了自己,走上了那条摧毁自己,甚至摧毁一个家庭的绝望之路。

当伊迪丝那些小型剧团的朋友不再来家里聚会,斯通纳问她:"是不是出什么事了?"

"你这话是什么意思?"伊迪丝问。

"你的朋友们,"斯通纳说,"他们有段时间没有来了,你好像也不再参与你们的戏剧工作。我只是纳闷,是不是出什么事儿了?"

伊迪丝差不多用一种男性的姿态,从身边自己的烟盒里抖出一根烟,用她抽了一半的另一根烟头点燃。

她深深地吸了口,没有从嘴唇上拿掉烟,然后把脑袋向后仰过去。

"没出什么事儿,"她说,"我只是厌倦了他们的那种工作。难道总有那么多坏事儿吗?"

"不是,"斯通纳说,"我只是觉得,也许你觉得不舒服了或者什么的。"

他觉得已经没有什么好说的了,然后迅速离开饭桌回到书房……

可怜的伊迪丝,她用一种可笑的轻蔑姿态来回应丈夫的关心。

自惭形秽已经让她看不见关心。她把斯通纳对她说的所有话，都解读为一种中伤奚落和居心不良。

斯通纳呢？他早已不再被伊迪丝的故作姿态刺痛。他看得出那是虚张声势。他节节退避、敬而远之。

这个时候，心痛的那个人是谁呢？是谁的心在悄无声息地碎裂呢？

斯通纳在十多年之后才醒悟，伊迪丝的"故作姿态"实在是要告诉他：我是个不幸的女人，一个被损坏的女人。他想，我要是更坚强些就好了；我要是知道得更多些就好了；我要是早明白就好了；如果我爱她更多些就好了。

假如，确实有人认认真真爱过伊迪丝的话，她还会是这样的吗？

那位脸上每一道皱纹都在诉说着不满的母亲，她显然早已丧失了爱的能力；那位时不时要掏出大金表看一看的虚荣父亲，他对于伊迪丝来说形同虚设；斯通纳尝试着爱她，但在婚后不到一个月的时间，他便知难而退了。

与伊迪丝的境遇不同，迈克是幸运的，他得到了上帝温柔的怜悯——有人愿意爱他。

迈克离家出走的时候，是他极其自惭形秽的时候。

他想像个男人那样撑起这个家，让罗莎和索尼的日子好过些。他瞒着罗莎，鼓起勇气把自己偷偷写的歌，拿给他前妻的经纪人看。

那天，这位经纪人专门找上门来，告诉迈克，他们都觉得这首歌不好。罗莎也在旁边。

经纪人走后，罗莎本想安慰迈克，可他在气头上，不仅说了难听的话，还摔门走了。

迈克能自己回家，能摆脱自惭形秽，能赢得自己，是因为有人爱他。那是纯度很高的爱。

在他一无所有的时候,罗莎收留了他。罗莎从来没有嫌弃过他或贬低过他。

从遇见罗莎时的不再相信一切,到后来找到了一个值得继续好好生活下去的人生,罗莎悄无声息的爱,帮助迈克完成了一个悄无声息的变化。

不过,罗莎从来不认为这是自己的功劳。

迈克与前妻的女儿曾问罗莎:"我爸爸是怎么戒掉酒的?"

罗莎诚恳地说:"我也不知道,他就是戒了。"

"是你要求他戒的吗?"

"不是。他在这里工作,我告诉他工作的时候不可以喝酒。有时他干完活出去喝上几杯,但渐渐地就不再喝了。"

能够让受损的人格获得再生的,不是某种强加的影响,而是在"我"看见"你"的时候,"我"真的看见"你"。我不把你放入任何价值攀比的系统里。

自惭形秽是如何在孩子心中产生的

一个春天的傍晚,我和我先生带着恬恬去广场上滑轮滑。

广场上有一个坡道,有几个穿着轮滑鞋的孩子从这个坡上冲下来,恬恬也想去试试。

她穿着轮滑鞋爬坡的样子很吃力。好不容易上去了,又胆怯起来,犹豫了很久,才战战兢兢地滑下坡。

这时,来了一个年龄相仿的小女孩。轻盈地上坡,自由飞翔般地下坡。我们都被她自在流畅的身姿吸引了。

我先生问小女孩几岁,小女孩答 6 岁。原来比恬恬还小一岁,却长得高出一截。恬恬在旁边听着,显得有些不自在。

我担心我先生会对她说:"你看看这个小姑娘,人家比你还小,都滑得那么好。你看看你,还不好好练?还有,以后吃饭要多吃点,人家比你小都比你高了!"

如果他轻率地说出这些话,这个美好的春日傍晚,在我们一家三口心里就变了滋味。

还好,我们终于没有被偶然出现的"轮滑神童"打扰。我先生回到恬恬身边,蹲下来拉着她的手说:"你多滑几次就会更熟练了,轮滑就是个熟能生巧的过程。不用害怕,有爸爸在呢。"

际遇和事件本身是偶然性的。

如果我们的情绪、心境、行动、爱恨,全部建立在偶然性的事件上,我们怎么可能不沮丧、不焦虑呢?和我们生活在一起的人,怎么会获得被爱的把握呢？

我们真的想让自己的人生，建立在摇摇晃晃没有根基的偶然性上吗？

当那些偶然事件，引诱着我们偏离爱的初衷时，我们要告诉自己"停一下"。

对于詹姆斯来说，偶然的因素在他的爱中扮演着重要角色。

如果那天杰克没有来，如果他幸运地没有看见杰克，如果杰克只是在岸上玩儿，并没有下水展现自己潇洒的泳姿，如果孩子们并没有在泳池里玩儿"马克波罗"，那么，詹姆斯就可以和儿子一起愉快地游泳了。

如果需要这么多条件，如果一个小小的条件偶然地没有被满足，詹姆斯对儿子的爱就会被打扰，内斯得到的是一种怎样的父爱呢？他敢于依靠这种爱吗？

这种需要诸多条件才能实现的爱，还是爱吗？

克尔凯郭尔说："重要性在你的目光中，而非在所看到的事物上。"

我们将会看到什么，这常常是我们无法预料无法决定的。但是，眼神和目光，是属于我们自己的。我们是以怎样的目光来看待我们的际遇和我们身边的人的？我们为什么会流露出这样的目光？

我清楚我们的起点在哪里，我清楚我先生问小女孩年龄时的心态，他还是有拿孩子们"攀比"的冲动，我也一样。但他没有轻率地多说一句话，他在偶然事件的挑战中赢得了自己，严肃地做出了选择——如果我希望我女儿更好，我就要去帮助她。

她就是在这样的经历中，确定了爸爸对她的爱——就算别的孩子在某些方面更出色，但我爸爸爱的是我。

当她拥有这样的确信，就更容易有积极进取的心态。当她看到那位"轮滑高手"时，她看见的是引领与示范，这是让人愉快和感恩的事。在这样的情况下，她不会觉得自己糟糕。而且，她也不应该觉得自己糟糕。

可是太多父母就是怕孩子不觉得自己糟糕，不知道自己糟糕。他们信奉"知耻而后勇"，他们羞辱、贬低自己的孩子，以便他将来有出息。然而，最致命的伤害，莫过于摧毁一个人的自信。

这些父母，像马夫用鞭子抽打马来让它快跑一样，用言语的鞭子抽打自己的孩子，让他们发愤图强。尼采曾在图灵的广场上看到车夫抽打马，马站在那里，眼睛里是顺从和无辜。尼采忍不住跑过去，抱住了马的脖子——不要再打了，不要再打了。

这是你的孩子啊，你真的要这样对待他吗？为人父母者，真应该把这句话贴在家里最显眼的地方——不应该为了任何目的而糟蹋生命。

孩子们就是在那些简单粗暴的价值攀比中，习惯了用这种方式给自己定位、定性。这样的价值攀比，滋养了自惭形秽、嫉妒和怨恨，以致小小的心灵里萌发了嘲笑、羞辱、捉弄别人的恶意。

一个人有羞辱人的冲动，从根本上来看也是因为这个人的自惭形秽。

一个常常看不起别人的人，一个不懂得尊重别人的人，实在是因为他首先就看轻了自己。他们已经误入歧途，以为通过嘲笑、羞辱别人，他们自己的轻贱之感便能消失。他们不知道，这种做法是在加固这条鄙视链，他们就是其中的一环。

法国作家安德烈·纪德说："羞辱打开了地狱之门。"

这句短短的话，说出了所有羞辱的后果——没有一种性格上的畸变，不是由最初的侮辱所引起的。

如果你爱你的伴侣、你的孩子，就千万不要羞辱他。除非你想毁灭他，想毁灭你们的亲密关系。

十几年前，一位关系不错的男同学打电话给我，告诉我，他和当年外语系的"系花"恋爱了。我恭喜他，可电话里他长长地叹了口气，说："你知道昨晚我回到家时，她对我说什么吗？我刚进门，她就坐在沙发上恶狠狠地瞪着我说：'滚开，我不想看见你这副嘴脸！'"

我记不清是怎么安慰他的，但我记得当时说出口的第一句话："不会吧？"

那是一种暗含着优越感的惊讶。我内心深处的某个地方，有个声音在说——"系花"也不过如此嘛。

我们真应该警惕自己的优越感。这种感觉虽有"优越"二字，但它本身并不优雅也不卓越，而是虚荣和浅薄。是什么样的人，需要常常感受到自己的优越？人在自鸣得意的时候，已经把自己放在了无知与可笑的位置。

其实，詹姆斯、外语系"系花"，还有我，还有很多人，我们在亲密关系里的表现，只是程度上的差别。太多太多人，把厌恶与嫌弃放在了亲密关系里。它们来自于同一个源头：怨恨。

法国作家司汤达总是喜欢在他书的扉页上写下：To the happy few. （献给真正幸福的少数。）

在这位伟大的作家看来，真正幸福的是少数。

人们在自己所具备的能力中，最不会去质疑的，就是自己爱的能力。然而，在爱的范畴里，人们犯的错误足以致使自己不幸。

斩断羞辱的轮回

很多时候，人们甘愿相信自己生存于其中的，是一个丛林社会。当心灵被竞争、较量、弱肉强食完全占据，人们的双眼便只会看见有用性，看见好处，看见缺点，却看不见生命。

我们在我们爱的人身上看见生命了吗？我们真的把他们和我们自己，作为一个生命来尊重了吗？

我知道，有些时候他就是在无理取闹，就是要故意伤害你，这时，我们的心中就只能升起厌憎之火吗？蓄意的伤害就必然造成伤害吗？也许，我们信赖的因果并不是唯一的必然。

在我的记忆中保存着这样一个夜晚。

开始时，它就跟许多寻常的夜晚一样。我先生斜靠在床上看小说，我坐在床边吹头发。

记不起因为什么事我们起了争执，也忘记他说了什么话激怒了我，我甩手把风筒扔了出去，击中了他的肩膀。

我预备着他各种形式的反击，但他的反应就像一头鹿——上一秒还在紧张地躲避猛兽的追袭，下一秒便能安详地吃草。

我先生瞬间之内就回到了阅读状态。没说一句话，也没有任何多余的表情。

他像大海吞没冰雹一样，吞没了我的怒气。

我体会到一种前所未有的感动，眼含热泪，爬过去问他："疼不疼？"

他扭头看看自己的肩膀说:"没事儿,一会儿就好了。"

没事儿,一会儿就好了。其实,生活中很多事情都是如此。

我们真应该常常对自己说这句话。生活中的很多事情,就像游泳时呛了口水,当时鼻腔与喉咙的刺痛把眼泪都逼出来了,可是你知道,要不了5分钟,一切都会恢复正常。你要做的,就是静静地等待5分钟。

把难受、疼痛、不适限制在它原本的范围内,不任由它开疆拓土侵犯生活的其他领域,它们很快就会鸣金收兵。

我先生稳稳地接住了我的怒气和恶意,不带任何评判,我的怒意和恶意也瞬间消散了。

这不就是相爱的人应该做的事吗?

为了爱,可不可以从我们这里切断自惭形秽的轮回?可不可以在我们这里消弭怨恨?可不可以从我们开始,不再传递出羞辱的恶意?

可不可以对我们自己说——这一次,且由我承受,且于我终止。

这当然不容易,但不是不可能。

那如何才能做到呢?第一步,需要弄清楚该如何确认自我价值。

舍勒根据对自我价值的认知,把人分为了两类——雅人和俗人。

对于雅人来说,"价值攀比"从来都不是了解自身价值和别人价值的根本条件。

雅人具有一种极其质朴的意识——我自身便是一种完满。正是这种质朴的自我价值感,让他能够无忧无虑地进行比较。

请注意,雅人并不拒绝和别人比较。

在舍勒看来,那些逃避比较的人,不是雅人更不是圣人,而是怪人。雅人在比较中承认别人的一切优势,并能够无忧无虑地,从外形到内质一并吸收别人的正性价值。而且,他乐于将这些正性价值自由而大度地"赐予"其他人。

雅人的自我价值感不是来自他的成绩，或者他能够干出成绩的能力。因此，就算他在某件事情上失败了，他的自我价值感并不会减弱。

相反，俗人对于自我价值的把握，完全建立在价值攀比上。因此，他的自我价值感是不稳固、不确定的，所以俗人往往容易一会儿自我感觉良好，一会儿又万念俱灰。

如果想要摆脱自惭形秽，首先要摆脱俗人的那种对自我价值的认知。让自己成为舍勒所说的雅人——在比较之前，就确定自身的存在必然是有价值的。

这种质朴的自我价值感，就是对生命本身的尊重。

当你开始练习尊重自己的生命，当你明白不可将"有用价值"凌驾于"生命价值"之上，你也就明白了要如何去尊重别人的生命。厌恶、嫌弃、怨恨也会渐渐离你而去。

星野道夫是我喜爱的摄影家，他拍过许多美好的动物照片。按下快门的时候，取景器后面，一定是一双满含敬意与温柔的眼睛。

青灰色的岩石上，小白大角羊踩在妈妈的背上。宽阔的河滩上，灰熊宝宝趴在妈妈的背上。动物妈妈们稳稳地承受着宝宝的重量，它们趴在那里的样子让我琢磨了很久。

为什么动物妈妈比很多人类的妈妈更有当母亲的姿态？是什么让它们趴在那里的样子，显现出一种王者风范，那么沉稳，大气？

白大角羊和灰熊是两个截然不同的物种，可它们被星野道夫先生捕捉到的姿态与眼神的细节，却那样一致。那姿态与眼神的后面是什么？

是平静，默无声息的平静。

平静，一种现代人类最为稀缺的情绪，已被它的对立面"焦虑"完全打败。当平静不在，何来真正的温柔、优雅与从容？

我常常觉得，有时候动物比人拥有更优雅的姿态。它们从不像人类那样频繁地流露出不耐烦。我们不可能在大角羊和灰熊的脸上看见嫌恶和怨恨。它们活着就是尽力去活着，它们没有攀比的心智，这怎么不算一种幸运？它们远离了自惭形秽与怨恨的折磨。

我们听到过太多类似"接纳自己""接纳对方"的道理。接纳，是目标而不是方法。你不能把目标当方法来用。说得更直白一些，"接纳"在泳池的对面，你得有能力游过去才行，你不可能直接飞过去。

人们需要明白"自惭形秽""价值攀比""羞辱"以及"怨恨"之间的关系。如果不能消除心中的怨恨，就没有办法真正做到"接纳"。就算你强迫自己做了，或者你以为自己做到了，那也有可能只是隐忍。

隐忍不是接纳，隐忍最终还是会转化为怨恨。

还有一点是需要注意：不要把自惭形秽误认为谦卑。

自惭形秽是对自己的罪过，而谦卑不仅是一种美德，更是对自己的祝福。

谦卑能帮助人与世界建立起更为和顺的关系，也是人面对世界时最得体的姿态。

不过，人们对谦卑有一种常见的误解：把自我贬低、自我攻击理解为谦卑。把看低自己理解为一种美德。

你可能会问："那到底要怎样呢？上一章说不要自以为是，这一章又说不要自我评价过低。"

那么让我把话说得更清楚一些。自我贬低、自我攻击、过于看低自己，是另一种形式的自我中心，还是太把自己当回事了。而谦卑，是一种忘我的态度。谦卑要求人把对自己的注意力，转移到手头的事和身边的人那里。

就像 C. S. 路易斯在《魔鬼家书》中指出的那样："谦卑要求人不要无休止地考虑自己的身价，无论抬高还是贬低。谦卑要求人不要把自己的身价放在心上，它宁愿一个人把自己看成是一个伟大的建筑师或诗人之后，就把这个念头抛在脑后，也不愿意那个人花大量时间，忍受极大痛苦来把自己想成是个蹩脚的建筑师或诗人。"

从一切偏见中解脱出来，包括对自己的偏见。

自我贬低助长了自惭形秽和意志消沉。你得知道自己是好的，你才能表现出那好的。你得相信自己的生命是荣耀的，才能活出荣耀。唯有当你愿意这样看待自己，你才有可能这样看待亲密关系中的他——让他知道他是好的，他才更有可能表现出那好的；让他相信他的生命是荣耀的，他才有可能活出荣耀。

在我的钱和墨镜被偷之后，在我到了我的第三个本命年之后，我才真正理解如何"接纳"。被偷这件事肯定不能算是好事，而且是在我本命年的年初。不过，命运的安排是那么巧妙，就在那时，有两句关于厄运的话飘然而至。

一句是畅销书作家迈克·辛格的：有一次，我看见，如果我能处理当前的风暴带来的风，它们最后可能会吹来一份很美妙的礼物。

另一句是哲学家卢梭的：我的心灵，已经在厄运中得到净化。

我得到了厄运带给我的礼物，那正是诗人切·米沃什笔下的《礼物》：想到故我今我同为一人，并不使我难为情。

最不必要的就是自惭形秽，一切问题皆因它而起。

你可能会问，你已经完全摆脱了自惭形秽吗？你的亲密关系已经摆脱了琐碎之恶吗？对于这样的问题，我和C. S. 路易斯有着一样的回答：

> 我们能够一辈子活在这种无私的自由之中吗？一星期都几乎不可能。即便是在最好的情侣之间，这种崇高的境界也是时断时续。过去的自我很快就会证明，它并非像假装的那样是一具僵尸。过去的自我很可能是暂时被击倒，但是，他会很快起身。倘若不是站起来，至少是撑起胳膊；倘若不是吼叫，至少会恢复以前无礼的抱怨或乞求的哀鸣。

没有什么一劳永逸，这就是现实人生。

但收到珍贵礼物的人，总会知道那礼物就放在自己的家里，会时不时拿来欣赏。当需要时，他会找到它，把它捧在手中，引领与宽慰便如期而至。

最不必要的就是自惭形秽，一切问题皆因它而起——这是陀思妥耶夫斯基送给我们的礼物。

我写的这本书是送给你的礼物。生活中有很多事情，试图把我们的心变得冷酷无情，那过去的自我，又蕴藏着太多的阴暗试图激起怨恨。可如果你收到过美好的礼物，如果你看重这些礼物，你心中最初的爱就会长出根芽。你也会不断地返回，返回，那时吸引你的便是爱。

面对怨恨，你有了得体的姿态。

5

家庭幸福的艺术

没有宽恕就没有未来

没有宽恕，就没有任何人类团体或伙伴关系，尤其是就没有一个婚姻能够存在下去。不要坚持你们的权利，不要相互责怪，不要相互判断或谴责，不要相互挑剔，而要把对方当成自己，每天都从内心相互谅解，相互宽恕。

——迪特里希·鹏霍费尔

宽恕是一门必修课

摄影师星野道夫的作品集《永恒的时光之旅》中,有这样一段话曾让我疑惑不解:

> 我的生命在不知不觉中,早已与大自然合二为一,再也无法分离。二十出头时,我曾经因为山难失去一位好友,或许这也是一种与自然的缘分。正因如此,我变得更加喜欢大自然,更想要接近大自然。

这是怎么回事?山难夺去了好友的生命,星野道夫非但没有放弃对大自然的热爱,反而感觉与它的缘分更加亲近,这种对大自然更加深切的情感,为什么会随着好友的去世出现?

星野道夫不仅是一位摄影师,也是一位旅行作家。不断推动星野道夫去拍、去写的是什么呢?是大自然。确切地说,是极地严寒下的野生动物和自然景致。他在《永恒的时光之旅》中描写过一群正在渡河的北美驯鹿群,那幅画面保存在了我的生命相册里:神秘的阿拉斯加北极圈,北冰洋吹向内陆的强风侵袭着大地,驯鹿们不畏风雪,压低身躯默默前行,它们逆光形成的一道道剪影是生命的庄严象征。

星野道夫特别喜欢熊,一生拍过很多张以熊为主角的照片。他曾拍到过一只春天出生的小熊,在草木葱茏中像人一样立着,毛蓬蓬的,柔软的浅棕色新毛在阳光下熠熠发光。

如果你看过村上春树的《挪威的森林》,这个时候,你可能会想起"我"和绿子的那段对话:

"最最喜欢你,绿子。"

"什么程度?"

"像喜欢春天的熊一样。"

"春天的熊?什么春天的熊。"

"春天的原野里,你,一个人正走着,对面走来一只可爱的小熊,浑身的毛活像天鹅绒,眼睛圆鼓鼓的。它这么对你说道:你好,小姐,和我一块儿打滚玩儿好么?接着,你就和小熊抱在一起,顺着长满三叶草的山坡咕噜咕噜滚下去,整整玩儿了一大天。你说棒不棒?"

"太棒了。"

"我就这么喜欢你。"

我常常想,村上春树一定看到过星野道夫的这张照片,就是这张春天的小熊的照片。

星野道夫还写过一篇文章《北美灰熊——阿拉斯加的王者》。讲到在某个初春的日子,他看到了在残雪上玩耍的灰熊妈妈和宝宝。当时它们正在互相追逐,灰熊宝宝一跑远,妈妈就会立刻追上,不断重复这个过程。最后,灰熊妈妈顺手抓住了灰熊宝宝,用双手紧紧抱着它,直接顺着山坡倒头往下滚,与宝宝尽情玩乐。星野道夫接着写道,看到如此温馨的场面,内心不免对于灰熊过去遭受的悲惨历史感到鼻酸,他回想起白人在开垦美国的过程中对灰熊残忍的虐杀。如今,阿拉斯加已成为灰熊生存的最后一块净土。

我也爱大自然,也爱动物,它们也曾给我留下非常美好的记忆。在神圣的梅里雪山,云雾突然散去,面前万丈光明。在宁静的蒂卡波小镇,夜晚,抬头便能看见银河横跨墨蓝的天际。唯有大自然才是真正的大手笔，它用阳光雪山、夜空星球创作的艺术，足以令人静默赞叹，喜极而泣。在寒冷的罗瓦涅米小镇，我第一次乘坐狗拉雪橇，十二只阿拉斯加雪橇犬拉着我们在风雪中飞驰，在极地的严寒中，竟体会到这样充沛热烈的生命力，真是让人感动。

不过，我知道，我对自然的爱和感动，与星野道夫是不同的。我当然乐意感受自然的美好，可我愿意与大自然多亲密呢？我愿意为这爱和感动交出些什么呢？

星野道夫的爱是经受过检验，做出过确认的。我终于明白，好友在山难中的离世，是大自然对星野道夫爱的检验，也是星野道夫对大自然爱的确认——这个时候，我可以说，再也没有什么能把我们分开了，死亡也不能。

喜欢、热爱以及接近你所喜欢、热爱的人与事物，快乐和感动是不言而喻的。可也应当清楚，当你和你热爱的人与事物进入更加亲密的关系时，牺牲是无可避免的。这种牺牲有时是很残酷的。你能牺牲多少？你能牺牲什么？当明确了这一点，这爱才可能是真实的。

1996年，星野道夫在库页湖畔遭棕熊攻击，不幸逝世，享年43岁。

星野道夫在朋友去世时已经知道，对于想要亲近、探索大自然的人来说，死在大自然的怀抱里，是极有可能发生的事。这是他做出的选择。这是一种心意坚定的爱。

对于亲密关系来说，我们许诺要爱的人，他是什么？我们将要为这爱献出的是什么？在爱中最难的事又是什么？

当人们渴望爱情、渴望婚姻、渴望生儿育女时，多数情况下，他们并不了解自己渴望的东西到底是什么。或者说，他们的渴望具有一种抽象性，那种懵懂美好的抽象性。

不过，无论是幸福快乐的家庭还是诚挚美好的友谊，对人提出的要求都不是抽象的。如果不清楚爱情、婚姻、家庭对人的情感和行为有着什么样的具体要求，那么任何意外、纷争、无意与蓄意的伤害，都可能导致关系的破裂。

任何一种形式的亲密，都需要智慧与意志的加持去做出具体的行为。如果只是任由这些美好情感自然发展，那么，它要么消失，要么变成魔鬼——多少以甜蜜开始的情感，最后以互相折磨告终。

自古以来，爱就和世界上其他一切高贵的事物一样，容不得轻慢。虽然，爱一开始显露出的样子是欢乐、美妙和甜蜜，让人误以为它就是个单纯又愉快的孩子，容易掌控。可如果你低估了爱的挑战性，这个单纯的孩子有一天会突然变得任性、固执、不可理喻，而你完全束手无策。到底发生了什么？

先别担心，甜蜜、美妙、欢乐，这本来就是爱能提供的基础体验，它们永远在爱里。只是，爱不仅有单纯愉快的一面，还有令人生畏的一面。就是因为爱对人有严肃而具体的要求，所以从古至今，爱都是促使人格升华与自我进化的途径。

为了留住甜蜜、美妙和欢乐，人们得学会做一些很难的事。比如宽恕。

在任何一种情感关系中，还有比宽恕更难的事吗？

宽恕几乎是反人性的。当然，人们都希望自己得到宽恕，可真要有什么是需要自己去宽恕的，那事情显然就不怎么美妙了。

一个人遭遇背叛、受到伤害，如果他选择原谅，这很容易让人觉得他怂，或者是出卖尊严，别有用心。其实，首先不必担心这些恶意的揣测，单单那执着又傲慢的自尊心，就容不得一个人在遭受伤害时去选择原谅。

"今天你让我遭受的,来日我将加倍奉还",这似乎成为一种气节与魄力的象征。"伤害—报复"像是天生的一对,唯有报复能让经受折磨的身心畅快淋漓,所以世间有那么多关于复仇的热血故事。

大仲马的长篇小说《基督山伯爵》中伯爵与费尔南多的那句经典对白,直截了当地说出了人们对于宽恕的看法:

Fernand: What happened to your mercy?(你的怜悯到哪儿去了呢?)

Edmond Dantes: I'm a count, not a saint.(我是伯爵,不是圣人。)

我不是圣人。当人们说出这句话的时候,是一种怎样的轻松和解脱。

确实如此,宽恕从来都不是一种道德义务。即使面对最诚恳的道歉,宽恕似乎也只是一份善意的礼物,我可以给,也可以不给。既然如此,我有什么理由要求自己去宽恕。用委屈与羞耻折磨自己,却让伤害过我的人得到原谅。如此行事,公理何在?正义何在?如果世间没有报复,如果作恶的人不用忌惮将被报复,那会是个什么世道?

这些话听起来很有道理,所以报复常见,宽恕不常见。从报复到宽恕是一个多么巨大的鸿沟。要有什么样的际遇、感受和领悟,人才能明白,宽恕不只是给对方的礼物,也是给自己的礼物。

不要想着无需学会宽恕,也不要把宽恕与不追究责任混为一谈。宽恕是从心里谅解并重新接纳对方,获得宽恕并不代表可以逃脱责任,不必悔改。

对于亲密关系来说,宽恕是一门必修课。

伴侣之间，亲子之间，如此近的距离，如此暴露自身原貌的关系，必然面临许多的伤害。但是，请相信，伤害并不那么关键。也就是说，伤害本身并不必然导致悲剧，重点在于对伤害的解读和对伤害所采取的态度。

一个人，生存于这样一个充满意外的世界，遇到伤和痛是必然的。我们说一个人成熟，其中的一个标志就是他能从伤害中恢复过来，他能够再次站立起来，他具备了那种柔韧与坚强的品性，他具备了复原的能力。

陈丹青有一次谈到木心，说起一件令他惊讶的事。"文革"时，木心被关在防空洞里近十年，他出来的时候，那样子简直让人不敢相信，那完全不是坐牢的人该有的样子。木心没有被牢狱生活折磨得垮掉，还是一个人能保持得很好的样子。

这不是说，那十年的苦难没有分量，或者说，那样的苦难对木心先生来说不算什么。"文革"对他造成了极大的创伤，这是毋庸置疑的。木心在世的最后几天，当神志离开他的时候，他说，别让他们来抓我。可知，那样巨大的创伤是从来没有离开过他的。

一直以来，木心和那些伤害之间进行着持久却默无声息的战斗。他没有被打败。他不仅没有被打败，他身上带有无比温暖的力量。在木心的一次画展上，他对一位俄罗斯女士这样评价自己的画：我的画，乍一看颜色是暗淡的。但你要仔细看，看得多了，就会感觉到一种快乐从心底涌出。

感觉到一种快乐从心底涌出。

没有回避苦难。没有夸大伤害，也没有小看伤害。承受它们，并由此获得与之匹配的光明的力量。

由于人与人之间必然存在的差异、偶然失控的情绪、曾经遭遇过的折磨、人性的各种脆弱，亲密关系中必然存在或大或小的磨难和伤害。好的亲密关系不是再也无需面临伤害，不是永远待在阳光里，而是像诗篇《稳固根基》里吟咏的那样——患难与试炼，无法将你害。

相信复原的能力。如果你相信自己具备复原的能力，你就有可能用诚恳又朴素的宽恕战胜伤害。那么，对于你们的爱，你仍旧可以期许美好的未来。

战胜自己的焦虑

过去、现在、未来，时间轴上的这三个部分，你最看重哪个部分呢？事实上，对人有决定性影响的又是哪个部分呢？

不是过去，也不是现在，而是未来。

你可能会说："不会吧，应该是现在最重要吧。现在决定着未来，人能左右和把握的只有现在。"

没错，现在是最重要的。我们所能把握住的，确实只有现在。不过，你有没有想过，人们对未来的态度，广泛又深入地影响着现在。

我们拿焦虑来举例。一个人摆脱不了焦虑，是因为他不相信，令他焦虑的这件事只属于一个有限的时间范围，或者只属于一个特定的层面。他任由这件事无限扩大，蔓延至无限的未来，直到无边的恐惧把他吞没。

如果他清楚，这件事几天之内就会过去，或者长一点，几个月，几年，但它总会过去，他就很可能从焦虑的浓雾中冲出来。所以，他害怕的是未来，害怕这件事在无限的未来里仍旧缠着他不放。当他担忧着未来，现在的他就处在焦虑和恐惧之中，根本没办法做到把握现在，更别说享受现在了。

克尔凯郭尔的这句话十分有道理：唯有战胜未来，才能赢得现在。

只有当你已经战胜了未来的时候，你才能回身于现在。安心于现在手里的活儿，耐心地对待眼前的人，稳稳地在当下的生活中做出努力。

问题是，太多人对于未来怀有一种莫名的担忧。

我知道，我们很多人是被吓唬着长大的。长辈们习惯于用恐惧感来帮助孩子们把事情做好，用恐惧激发孩子们力争上游的决心。这也不能怪他们，他们也是被这样养大的，"吓唬"是他们熟练掌握的极其有限的几种"教育"手段之一。虽然心怀恐惧的人可能会取得一些成绩，但没有什么成绩大到值得用一个人的安全感和信心去交换。这注定是一场失败的交易。

被吓大的孩子习惯于去"担心"。担心考不上好学校，担心找不到好工作，担心找不到好对象，担心没钱买房子，担心自己的孩子将来没出息。最耗神费力的不是体力劳动也不是脑力劳动，而是"担心"，这是一种没有任何产出的消耗。这些所有的担心都指向一个方向——悲观的未来。

那么，人又凭借什么来战胜未来呢？是信心。

我在这里谈论信心，并不是采取一种温情策略，只描绘世界面向光明的那面，故意漏掉一些刺痛人的真相。画出那种没有阴影的画面，在我看来既没有意义也并不艺术。

危险和苦难从来都是真实的，但恐惧和焦虑只是一种选择。这句话确实挺有道理的，不过它说起来比做起来轻巧太多。如果培养不出对未来的信心，那么恐惧和焦虑就是唯一的必然，就不只是一种选择。

面对不确定的未来和必然出现的危险，信心才是力量真正的源泉。你知道，哪怕是最小的一件事情，都需要信心去把它做好。哪怕是最容易的一件事情，在你突然失掉信心的那一刻，慌乱便截获了你。

恬恬三岁时开始咬指甲，用了很多办法都改不了，一直咬到了六岁。有天晚上，我看见她一边看书一边歪着头咬指甲，脑海里突然浮现她二十岁时还在咬指甲的样子，两眼一黑，郁闷极了。

我到书房，和许多人一样，我在沮丧时就开始写日记。我写下第一行字：如果她永远也改不掉咬指甲的习惯，我能接受吗？

我冷静地想了想，其实也能接受，这并不是什么天大的事情，我并不真正害怕这样的未来。我把这个新发现告诉了恬恬，她很开心，长长地舒了口气，说："真的吗？我可以放心地咬了吗？你不会反悔吗？"我说："是啊，我不反悔。你想怎么咬就怎么咬。"结果没过多久，她就不再咬指甲了。当我不和她对抗，当她不再为咬指甲这件事焦虑，她也就不再需要通过咬指甲来缓解焦虑了。事情有时候就是这么复杂又简单。

未来本身没有力量，它从我们这里借来力量。如果我们恐惧、猜忌、悲观，我们便被未来吓坏了，以致无法全心全意生活于当下，把眼前的事搞得一团糟。

对于亲密关系来说，没有宽恕，就没有未来。如果不相信你们还拥有未来，如果对你们共同的未来没有信心，那么也就无法做到宽恕。

宽恕与未来是一种互为因果的关系。如果你还想要你们的未来，如果你愿意相信你们的未来，那么宽恕便不只是圣人的事，也不是唯有圣人才能做到的事。

爱是人世间最具有神性的情感。在爱的关系里，人们会经历天堂般的极乐与地狱般的折磨。在种种光辉与试炼里，你有可能发现，你以为自己做不到的事，竟然做到了。你真正超越了你自己。

不要把不容易的事说得太轻巧，还是先来看看遇到伤害时人们所面临的考验。

信任是宽恕的前提

雅子和高桥结婚五年多了。

一天,雅子在洗衣服时,从丈夫牛仔裤的口袋里掏出了两张电影票。那不是她看过的电影。

雅子拿着电影票问丈夫:"你什么时候去看电影了?"

接下来的一幕让雅子惊呆了——丈夫一把夺过电影票,先是攥在手里,过了两秒,又奋力抛向窗外。

晴天霹雳。雅子尽量让自己冷静下来。

"你和别人去看电影了?"

"嗯。"

"女人?"

"嗯。"

"你们到底做了什么?"

高桥先是说出了这个情境下,所有男人都会说的那句话——不是你想的那样。然后,他补充道:"就是一个女同事,她最近工作压力大,为了组里的进度,我就陪她吃了个饭,顺便看了场电影。减减压。"

"减减压?如果真这么简单,为什么要扔电影票?"

"聪明人也有做傻事的时候嘛。"

到这个时候还不忘给自己脸上贴金。这是什么人呐!雅子更生气了。

129

"你们到底做了什么？你不要骗我！你知道，我根本不介意跟你离婚！"

"雅子，你真是想太多了。这怎么会和离婚扯上关系呢！"

雅子知道自己不可能问出什么。想到他们到底干了什么她永远无从确定，她的心就剧烈地痛。

雅子突然想起了电影票，那是证据。她跑到院子里，趴在地上，从扶桑花丛里掏出一张。另一张竟然怎么也找不到，就那么平白无故地消失了。

雅子回到家，一遍一遍把那张电影票抚平，夹到了日记本里。将来如果真过不下去了，她想，这就是她下定决心离婚的砝码。

冲突发生了，故事就有了能量源。

冲突中产生的能量推动主人公做出某种决定，发生某种改变。至于主人公会做出什么样的决定，发生什么样的改变，则取决于他们对爱和人性的经验。也就是说，正是在冲突中，人们才有机会看见被自己忽略的隐秘人性以及他们对于爱最真实的理解。

雅子不相信丈夫的解释。雅子为什么不相信呢？

因为与悲伤相比，人们更不愿意当傻瓜。因为恶意的虚构具有更大的诱惑力。因为自我怜悯几乎是人的本能。

对于人性的这种偏好，《红楼梦》里有一个情节可以拿来做印证：

一天傍晚，黛玉去找宝玉，走到沁芳桥上时，远远的瞅见宝钗先敲门进去了。

黛玉再往怡红院来，只见院门关着，她便伸手扣门。谁知晴雯和碧痕正拌了嘴，没好气，忽见宝钗来了，晴雯就把气移在宝钗身上，正在院内抱怨说："有事没事跑来坐着，叫我们三更半夜的不得睡觉！"

忽听又有人叫门，晴雯越发动了气，也不问是谁，便说道："都睡下了，明儿再来罢！"

林黛玉素知丫头们的情性，她们彼此玩耍惯了，恐怕是在院内没听出是她的声音，只当是别的丫头们来了，所以不开门，于是又高声说道："是我，还不开么？"

晴雯偏偏还是没听出来，便使着性子说道："凭你是谁，二爷吩咐的，一概不许放人进来呢！"

林黛玉听了，不觉气怔在门外。

黛玉这个时候回去不是，站着也不是。正没主意，只听里面一阵笑语，仔细一听，竟是宝玉、宝钗二人。黛玉心中益发动了气，越想越伤感，也不顾苍苔露冷，花径风寒，独立墙角边花阴之下，悲悲戚戚呜咽起来。

曹雪芹是文学殿堂穹顶上的作家。世界上有多少作家堪称伟大，是什么让他们从一般作家的群体荣升至伟大之列？是真理。《红楼梦》是一部经典的心理现实主义著作，我们能从曹雪芹这里得到的，是广泛而深刻的心理范畴的真理，是人非常隐秘的内心实际。如果我们希望看清生活中至为重要的爱的情感，便无论如何不应该无视和简化这种内心实际。

让我们回到黛玉这个场景。黛玉此时进行的心理活动，就是典型的悲观虚构。

首先，黛玉接收到的信息包括：看见宝钗进怡红院；听见晴雯说"都睡下了，明儿再来罢"；当自己高声说"是我，还不开么"时，晴雯的回应"凭你是谁，二爷吩咐的，一概不许放人进来呢"；听到宝玉、宝钗二人一阵欢声笑语。

其次，黛玉无法确定的信息包括：晴雯为什么不开门；宝玉明明在和宝钗嬉笑，为什么要吩咐丫鬟说他睡了，一概不许放人进来。

生活的场景给了黛玉一部分信息，这些信息有强烈的暗示性，它们都指向一种不良的动机。此时，黛玉身处一个非常适宜虚构生长的环境，它们快速引导黛玉为信息真空填补空白。

黛玉补充的内容，和现有的事实拼接得天衣无缝。它们共同呈现出这样的答案——宝玉生我的气了，在他心里宝钗比我重要。

对于这个答案，黛玉深信不疑。黛玉确信自己看见了真相，回到潇湘馆后，她丢魂失魄变成了"木雕泥塑"，一直哭到半夜。

我们知道真实的情况并不是黛玉以为的那样。当黛玉高声说"是我，还不开么？"，晴雯还真是没听出来说这话的人是谁；当黛玉听到"凭你是谁，二爷吩咐的，一概不许放人进来呢！"时，她以为这真是宝玉的意思，可这不过是晴雯因为生气撒的谎；当黛玉隔墙真真切切听到宝玉、宝钗二人的笑声时，她实在太有理由相信宝玉更喜欢宝钗了。而事实是，宝玉压根儿不知道黛玉来了，并且更深一层的事实是，宝玉深爱的人从来都是黛玉。

然而，如此多的事实，是黛玉所不知道的。冰雪聪明的黛玉偏偏相信自己的虚构，并为这虚构出来的"真相"哭到半夜。

永远不要低估人趋向于悲伤的想象力。安徒生曾给我们这样的忠告："我的朋友，您要善于驾驭想象，使之用于人们的幸福，也用于自己的幸福，切不要用于悲哀。"

曹雪芹把个人内心的隐秘，真实细致地刻画出来给我们看。他告诉我们，凭借你所看见的，你所听见的，并不一定就能推断出你看不见的。

你会被自己的虚构彻底地欺骗，尽管这一切看起来是那么确定无疑。

曹雪芹是一位负责任的小说家，他把容易忽略的幽微人性圈画出来给我们看，帮我们擦亮了眼睛。而至于该怎么办，要我们自己去做决定。

我们再回到雅子的故事。

我们实在不应该指责雅子做不到信任自己的丈夫，即使如黛玉这般蕙质兰心，在爱情里也难免猜疑。

亲密关系中最严重的危机是信任危机。伤害的发生通常会导致信任危机，不仅对对方产生怀疑，甚至开始对爱本身产生怀疑。

唐代女诗人李冶那句"至深至浅清溪，至亲至疏夫妻"，道出了许多人在婚姻中发现的冷酷真相。夫妻由开始的亲密无间转变为冷淡疏远，这似乎是一条必然的情感路径。

通往绝望的路有千万条，雅子能否找到那条通往希望的道路呢？

随着伤害的发生，人们的心理活动通常会经历以下几个阶段：

感到剧烈的心痛——委屈伴随着仇恨汹涌激荡——爱的幻灭——冰封情感——报复的决定。

冰封情感，这是人们在爱情中遭受伤害时最容易做出的决定。当雅子冷静地把电影票贴进日记本时，她也做出了这样的决定。从那时起，她决定不再爱他。

她决定走上所有人生共有的退路——冷漠。

雅子做出这样的决定，是由什么样的"欲望"作为驱动的呢？我们一层层地来看：

首先，是自我保护的欲望。人在受到伤害后，第一时间想要做的，就是保护自己、维护自己，让自己再也不被那个人伤害、欺骗。

其次，是报复的欲望。那个人休想从她这里再次得到爱和欢乐，为此她不惜葬送自己的爱和欢乐。

无论是自我保护还是报复，都是人最本能的欲望，也是人遭遇伤害时最直接和最强烈的冲动。为了满足这两个欲望，雅子决定不再爱自己的丈夫。

这样的决定给雅子自己带来什么样的变化呢？

她决定把更多的热情和时间投入到工作中，她更加相信这样的话——只有自己的能力和金钱，不会欺骗自己。

但是，如果我们把镜头拉近，长时间地跟随着她，就会发现，在她独处的时候，在她觉得自己安全的时候，她的脸阴云密布随时能下起雨来。这样的画面传递出一个信号——她进入了抑郁期。

人对于爱的需求，是一种多么本质的需求，是爱在源源不断地滋养一个生命体的生机和活力。当一个人决定不再去爱，最先遭遇打击的，就是自己。

当初，她确实宁愿祭出自己的快乐来杀死他的快乐，可那种情急之下幻想层面的决定并不了解真实生活中需付出的代价。

我们再回过来看她做出的那个决定，那个似乎很明智的决定——自我保护，让自己不再相信爱，让自己再也"不受欺骗"。如果一个人出于"不要受骗"的考虑而宁愿选择冷漠，那么他是不是就不会受骗了呢？

克尔凯郭尔告诉我们：一个人把爱从自己这里骗走，才是最可怕的事情。这是一种永恒的丧失。

雅子决意不去相信丈夫，因为他说的话是她永远无法确定的。他们除了看电影之外到底做了什么，这样的猜想是一个巨大的黑洞，具有一种诡秘的引力，吸引着雅子往下坠落。

现在，我们遇到了一个根本性问题，人到底应该相信什么？眼睛所看见的吗？耳朵所听见的吗？黛玉被关在门外，亲耳听见墙内是咯咯的笑声，雅子亲眼看见丈夫把电影票扔了，这些都是确定无疑的事实。

我们应该怎么处理这些事实呢？我们会被这些事实引向什么地方呢？还是说，我们不要那么被动，我们要先冷静地想清楚什么对自己是最重要的，先坚定自己的力量，然后，不是我们被这些事实牵着鼻子走，而是由我们来引导故事的走向。

黛玉需要做的，不是去无休止地猜想宝玉到底为什么不让自己进来以及他到底和宝钗关起门来做了什么。雅子需要做的，也不是去无休止地猜想她先生和那位女同事到底还做了什么。这些可能是她们永远猜不到的。同时，他们到底做了什么，并不是她们以为的那么关键。

关键是，她们心里还要不要相信爱，还要不要相信他们彼此间的爱。

"那真相就不重要了吗？难道就睁只眼闭只眼凑活过下去吗？"

真相当然重要。

爱，并不是让人去习惯自欺欺人。爱从来不会虚弱到不敢面对真相。没有什么比爱更愿意面对真相、承担真相的了。爱能看见掩藏至深的真相，并且，爱本身就是和真相在一起的。

还记得毛川的那句歌词吗？"越过谎言去拥抱你"？有些事实，只是表面的事实，它们并不就是我们寻求的真相。

"你到底在说什么呀？一会儿表面事实，一会儿真相，我都给你说糊涂了。"

我们还是来举个例子吧。你还记得冉阿让和米里埃主教的故事吧？冉阿让确实偷了主教家的银餐具，这确实是事实。不过，在主教眼里，这只是表面事实，甚至是会迷惑人的表面事实。也就是说，主教甚至会把它看作"假象"。为什么呢？因为这个表面事实想让人们相信冉阿让是个大坏蛋，简直丧尽天良，人家那么掏心掏肺地对你，你竟然偷了人家的宝贝，这不是混蛋是什么？

不过，主教不这么看。在他看来这些都是假象，都是谎言。那么，他看到的真相是什么呢？是冉阿让的内心深处有善良的种子，一定有。尽管别人都看不见，可他还是那么确定。这就是他用爱之眼看见的真相。

爱，确实是平凡生活中的英雄梦想。爱，决定越过一层又一层世俗认定的真相，去相信真正的真相。为了真正的真相，它甚至不排斥撒谎。

冉阿让后来成为了一个非常好的人，像主教那样好的人。主教确实看见了真相。

"那就算了吗？如果雅子的先生真的对那位女同事产生了好感，动了心呢？"

这确实是个不应该回避的问题。那么，我们就实事求是地来说。

首先，雅子的先生一定是对那位女同事有好感的，这个没什么疑问，不然他怎么可能又是请吃饭又是看电影呢？至于是否动心，这个就不好说了。不过，我们就把问题往糟糕里想吧，我们就说他也动心了，他甚至再次体验到了类似爱情的某种情感。那要怎么办呢？先不着急怎么办，我们先来向曹雪芹先生学习——去看见人的心理实际，不要想当然。

想当然的故事，都是二流故事。想当然的人生，也不太可能是精彩的人生。那么，不要想当然什么呢？不要想当然地以为，人只会对一个人有过心动的感觉。当然，在两个人真正明白了永恒之爱的意义之后，他们之间的爱情会历久弥新。不过，在他们还没了解永恒之爱的意义时，或者，甚至在他们朝这条路走的最初阶段，都是很有可能对另一个人产生类似心动的感觉的。这就是人的心理实际。当你了解了，就会清楚，这没什么好大惊小怪的，也不必上升到道德谴责的高度。

另一个心理实际就是，人都是有弱点的，人都有意志薄弱的时刻。就是因为人有着这样那样的弱点，世界才需要爱、理解和悲悯。人在婚姻生活中，在某个特殊的阶段，有过短暂的情感游离，这都是很有可能的事情。就像人会得病一样，不要把什么病都当作不治之症。很多病是可以痊愈的，并且许多细胞经过战斗之后还会变得更强大。

因此，关键问题不是雅子的丈夫对女同事做了什么，关键问题是，雅子还要不要爱她的丈夫。爱在某些时刻，不是感觉，而是决定。

如果她决定爱，那么就不是让已经发生的事情去左右她，而是由她来引导故事往下发展。

如果我说了这么多，你还是觉得，一个人犯了这样的错误就是触碰了底线，就是不可原谅。那么，结束你们的亲密关系就好了。生活的样式千姿百态，实在没必要守着一份没有了灵魂的关系不放。

我们再来讲一个关于爱与真相的故事——罗伯托·贝尼尼的电影《美丽人生》。

奎多和儿子乔舒亚被抓进犹太集中营的那一天，是乔舒亚五岁的生日。

奎多想尽办法让儿子相信，他们是来参加一场游戏，最先得到

1000分就能赢得一辆大坦克。纳粹溃败前夜，奎多让乔舒亚躲在一个铁柜里，告诉他这是最后一个捉迷藏的游戏，要等到一个人都没有了才能出来，做到了就能赢60分，加上之前的940分，就能坐着大坦克回家。

奎多去救妻子时，被纳粹士兵发现了。躲在铁柜里的乔舒亚，从一条缝隙里看见爸爸被一个士兵用枪顶着走。看见自己的爸爸被这样对待，孩子的心会多痛啊。奎多知道儿子在看着自己，于是他滑稽地踢着正步，笑着冲铁柜子眨眼睛。他想让儿子知道，爸爸被抓住了，不过没关系，这只是个游戏，爸爸一点都不害怕，没有什么可怕的事情会发生，你放心。

乔舒亚在柜子里笑了。一声枪响回荡在集中营的夜空。

乔舒亚遵守了与爸爸的约定，他安静地躲着，直到第二天一个人都没有了才出来。

空旷的集中营里，只剩下乔舒亚小小的身影。此时，美军的坦克轰隆隆地开进了集中营，乔舒亚惊讶地张大了嘴巴，开心地喊："这是真的！"

这是真的。

到底什么是真的？我忘不了奎多迈着正步笑着赴死的那一幕。他向儿子隐瞒了一个巨大的真相，同时也告诉儿子一个最重要的真相——我是多么爱你。

电影的结尾是略显苍老的声音：这是我的故事，这是我父亲做出的牺牲，这是他赐给我的恩典。

这部电影里还有一个耐人寻味的小片段。坦克里的美国大兵露出头来，看见了小乔舒亚，他惊奇地问了一句："你看起来并不害怕，你害怕吗？"乔舒亚微笑着摇摇头。奎多的谎言，保住了儿子坦然无惧的信心。

《美丽人生》是意大利电影史上的经典之作，它是一部有着悲剧内核的喜剧，它隐喻了我们的人生。

我在这本书里谈爱，谈信任，谈对未来的信心，似乎很乐观。其实，这个乐观是从一个很艰难的起点出发的。这个世界，这场人生，一定有躲不过的灾难与伤害，一定有一片黑暗的时候。甚至可以说，我们的人生就是有一个悲剧的内核。可我们还是要努力活出一个喜剧人生，就像雨果、贝尼尼、木心先生展示给我们的那样。我们要努力去成为"严肃的乐观主义者"。与盲目的乐观主义者不同，严肃的乐观主义者有能力看见生活的真相，也有能力去快乐地生活。

奎多赴死时，眨着眼睛与乔舒亚的约定，是爱的约定。爱，是乔舒亚与奎多的约言。

我们通常认为，无论何时何地，真相都是最重要的，真相是压倒一切的。尤其是当别人用谎言伤害了我们，我们更应该带着质疑的精神去寻找真相。

然而，在爱的关系里，排在第一位的，永远是爱。爱才是第一真相。

爱凡事相信，但却从不被骗。怎么来理解这句话呢？这里所说的"相信"，并不是因为无知和幼稚而导致的轻信和盲从。选择去相信的人，他们并不比任何人缺少关于谎言的知识。他们知道善猜忌的人所知道的一切，只是"猜忌"从来都不是属于他们的选项。

"爱凡事相信，但却从不被骗。这真的有可能吗？如果凡事都相信的话，总会有被骗的时候吧？凡事保持质疑，倒有可能避免被骗。或者，应该相信值得相信的吧。'凡事相信'是不是太不理性了？"

这些话听起来很有道理。那么，你说，雅子的丈夫还值不值得相信呢？

事情的关键不在于他值不值得相信，而在于雅子是否决定去相信。

如果雅子决定，无论如何去相信丈夫，那么这个相信里便潜藏着对爱巨大的信心——即使他真的在这件事上欺骗了我，我也仍旧相信我们之间的爱，相信爱巨大的力量会让一切好起来。也就是说，用爱来引导故事的走向。

另外需要明确的一点是，感性和理性，是爱共同的基础。爱从来都不轻视理性，更不排斥理性。决定去"相信"的人，这个决定是建立在强大的理性基础之上的。可通常情况下，人们没有这样的认识，也没有这样的胆识。

我们接着来看雅子后来的故事。

一年过去了，时间好像让痛苦变淡了，雅子的面庞也似乎回暖了。

然而，我不得不说，这只是表面现象。时间不过是使痛苦钝化，我们不能仰仗时间自己为我们带来好的变化。那些没有被领悟的痛苦与掩藏的记忆，还在悄悄加班，它们在等待复活的时机。

我们把注意力放到情人节那一天。

那天，雅子在外地出差。她给高桥打了两个电话，他都没接。

恶性记忆开始复活，她坐立难安。

挨到晚饭时间她又打给他，接通了。手机里传出这样的声音："刚在开会，现在正跟几个同事吃饭。你到底有什么事？"

"你到底有什么事？"这句话让雅子心中腾起怒火。停了一秒，她用平静的声音问道："和谁一起吃饭呢？"

恶性记忆已经让她有了攻击性。她把对他的不信任故意暴露出来，他也成功接收到了："和夏川他们，你要不要跟夏川确认？"

她寸步不让："好，就请夏川听电话。"她感觉到挑衅的冲动，一种鱼死网破的毁灭性的诱惑。

手机里传出另一个男性的声音，雅子胡乱说了两句就把电话挂了。

晚上，雅子靠在酒店的床头，在平板电脑上刷新好友动态。

突然，雅子坐直了身子。她先生在社交平台发布了这样的内容：

在公司开了一天的会，开完已是晚上，就顺便吃了个工作餐，正吃着接到夫人电话。在回答了在哪里、干什么、和谁在一起这几个经典问题，并满足了和任意指定的同事通话的要求后，终于可以继续安心吃饭了。在情人节记录这些内容，如果影响了各位未婚男性朋友对婚姻的憧憬和期待，那实属意外。

雅子把平板电脑扔到了床上。

她没想到他这么狠，这么阴毒。她不过让他在同事面前没面子，他竟然让她在整个社交网络里丢脸。

她愤恨不平。但时至今日，她早已学会了自我宽慰——也许他是出于别的考虑呢，比如，他可能是想表达：都老夫老妻了，老婆还是这么在意我。并不是没有这种可能。

雅子这样想着，一会儿也睡着了。

雅子的先生到底是在报复还是在秀恩爱？发布这条动态时，他是带着十足的恶意还是柔情蜜意？就这个疑惑，雅子在回家后的一天晚上向她先生做了确认。他的回答很直白——他确实是在回击和报复。

回击和报复。

报复，本该出现在两个仇人之间的敌意冲动，却是他冲着她来的。她究竟该如何看他，是爱人还是敌人？他在实施报复的时候，显然不会顾忌她的心痛，他追求的就是这个效果，不然还怎么称得上报复？一个确实曾对自己充满十足恶意的人，一个按照剧本设定，应该好好爱自己的人，她该如何去认识他？

更深层面的问题是，在亲密关系里为什么竟然会藏着报复？其实这也不难理解，哪里有伤害，哪里就有报复。

爱是美好的，比一切都美好。但报复是快意的，比一切都令人快意。在家庭里，如此近距离的关系，从来都不缺乏伤害，不论是有意的还是无意的。因此，不要奇怪，报复竟然把自己隐藏在最亲密的关系里。

当雅子确定她先生在报复后，她感到深深的失望和厌恶，那是她对他前所未有的失望和厌恶。她开始蔑视他——他竟然报复，报复自己的妻子，多么邪恶无耻的心机，多么没有格局和心胸，多么卑怯和狭隘。

可是，雅子自己不也有过报复的冲动吗？她不是为了报复，宁愿牺牲自己的快乐和爱吗？

可人就是这样，我们期望于别人的，要比我们自己准备去做的多得多，这是多么常见的事。如果雅子能明白，她对他的失望和厌恶，其实也是对自己的失望和厌恶，或者，那实际是对人性弱点的失望和厌恶，她就有了看待世界的另一个角度。

人性本身是多么脆弱和易受诱惑，如果雅子理解这些，她便会明白两个相爱的人，需要面对的是什么。

原本靠着时间钝化的痛苦，突然从它潜藏的旷野狂奔而出。

雅子该怎么办？再一次启动防御机制，冰封情感？再一次等着时间钝化痛苦？

她真的要让自己的婚姻陷入尼采所说的"永劫回归"？

冷漠那条退路，再次发出诱人的微光，一抬腿就能踏上去。她还要朝那个方向走吗？那条路她没走过吗？她没有感受过那种自我毁灭吗，那种借口保护自己而蓄意抛弃爱所带来的自我毁灭？

一种特有的迫切性和尖锐性逼迫着她去理解——这到底是为什么？爱到底是什么？

她不想再次退回到冷漠中去。虽然冷漠看似让人刀枪不入，但不得不承认，冷漠就是爱与意志的退缩。冷漠就是死亡。

她想要寻找另一条道路。她需要发现自己最深沉的自觉的欲望。

报复和仇恨，冷漠和无情，失望和厌恶，这真的是你想要的吗？这真的是你想做的吗？你真正想要的是什么？在一切灰飞烟灭后你最想保存的是什么？

雅子终于发现，穿过憎恶、报复、仇恨、冷漠之后，她仍旧想拥抱爱。那种比恨、比报复更有力量也更永久的爱。她终于发现，没有爱就没有出路。

当她有了这样的认识，电影票的事，报复的事，再也算不上什么困扰。

她甚至觉得，对她先生也谈不上什么宽恕。他没有什么需要她宽恕的。那些曾让她伤心、愤恨的事，不也有她猜忌和控制的影子么。他们都是平凡的人，有着这样或那样的问题和缺点，不过她相信，就算他们还是会犯下这样或那样的错误，生活还是会出现这样或那样的乱子，他们仍然不失为底色光明的人，他们的生活也不失为值得期待和感激的生活。

雅子成为了"严肃的乐观主义者"俱乐部中的一员。

一个初春的夜晚，东京下着细细的雪。从涩谷往上目黑走，顺着石阶下来，不久即可看见一家叫"你好"的日料店。

店里暖意氤氲,雅子和高桥来庆祝七周年的结婚纪念日。当清酒被倒进千岁绿的瓷杯里,雅子摊开日记本。

"你还留着这个?"

"原来是罪证,现在是纪念。"

他看着她,笑容从心底荡漾到脸上。黑暗的玻璃窗外雪花徐徐飘落,闪闪发光。

还是那张被揉皱的电影票,过去发生的一切并没有改变,可一切又都改变了。雅子找到了正确看待世界的方式。

让亲密从信任的泥土里发芽

坦白来讲，我对于人性的诸多认知，首先来自于我自己。

当我讲厌恶、怨恨、报复时，那不只是在讲别人的故事。"至亲至疏夫妻"这六个字，也曾字字坠入我的心田。

与亲密感相比，疏离感似乎是人与人之间更为本质的关系体验。为什么？因为信任太难，宽恕太难。

信任是幸福之源。从心底里全然信任一个人，是一种至高无上的幸福。

能够在潜藏着艰辛与不幸的世界上感到踏实和温暖，是因为信任。对于每一个人，那些出现在你眼前的男男女女，包括你自己，世界要求最多的东西，便是勇气。一个人能够展现出坦然面对和迎难而上的勇气，是因为信任。他信任自己，也信任那些他爱的人。

就像在雷雨交加的夜里赶路，心却是安定的。因为他知道能在哪里落脚，哪里有热热的茶和温暖的拥抱。

"是啊，他们真幸运，他们遇到了值得自己信任的人。"

其实，关键的地方，不在于具有偶然性的"遇到"，而在于"能够"——他能够信任自己，也能够信任自己爱的人。

在亲密关系中，我们有责任去尽全部力量培养对伴侣和孩子的信任。

我不是说他们值得信任，而是说，要培养对他们的信任——相信他们无论何时何地，无论做什么，都不会以伤害你为真正的目的。

这个世界上，绝大多数人不是残暴之徒，可即便如此，这大多数人的潜意识里还是难免淤积着自惭形秽、怨恨、猜忌和愤怒，这些心灵毒素会让人的语言和行为扭曲变形。尽管这个人最深沉的情感是爱，但是，他的某些言行还是会刺痛所爱的人。

相爱的人在一起，就是通过信任和宽恕，去消解那些毒素。婚姻能够塑造人的品格，就是从这个意义上来讲的。

这种对所爱之人的绝对信任，就是爱强大的力量。它能帮助人越过谎言、刺痛，看见隐藏其后的不幸，去宽慰人，温暖人。

人们就是在这种绝对的信任里，击溃了爱的敌人，彼此拥有了更美好的品格。

"相信他无论做什么都不会以伤害你为真正目的？雅子的丈夫报复雅子时，不正是以伤害雅子为目的吗？"

是的，他当时确实就是那样想的。

可我还是要说，原谅可怜的人说的气话吧！

我们要能够准确地为那样的话定性。那不是恶意十足的人说出的绝情话，而是可怜的人说出的气话——他觉得在同事面前丢了脸，才说出了那样的话。你有没有对你爱的人说过气话和刻薄话？

我说过。当我牙尖舌利地说出那些奚落人、刺痛人的刻薄话时，我似乎是洋洋得意的，可事实上，那时的我，实在是尖酸可怜。什么样的人，要去奚落、刺痛自己爱的人才会觉得痛快？是那些心中淤积着恨意、愤怒的人，是那些隐约觉得自己不够好的人。归根到底，是可怜人。

里克在酒馆里奚落伊尔莎时，摆出一副冷漠和鄙夷的神色。[1] 可

---

[1] 本故事源自电影《卡萨布兰卡》，由迈克尔·柯蒂斯执导。

当伊尔莎伤心地走了,他痛苦地把头垂在了交叉的双手上——他露出了他的可怜相。

里克不过是一个被爱情伤了心的人。

里克认定自己是被愚弄的人。他还在恨伊尔莎当初没能遵守和他一同离开巴黎的约定。那个下着大雨的夜里,他在月台等着伊尔莎,等到的却是她的告别信:亲爱的里克,我无法告诉你,我为什么不能和你一起走。你只要记住,我爱你。愿上帝保佑你。

虽然信中伊尔莎清清楚楚地写着"我爱你",但这已是里克最不可能相信的三个字。他宁愿相信伊尔莎玩弄了他。

暴雨里,里克失魂落魄地登上了火车。

看过这部影片的人都清楚,里克深深地爱着伊尔莎,可他在好不容易和伊尔莎重逢时,却一心只想羞辱她。可见报复的力量有多强大,它能轻而易举地占上风,瞬间把爱赶跑,让人第一时间忘记了爱。

那些不谈论爱的敌人和人的苦楚,却一味叫人宽恕的人,确实会引起人的反感。我们需要知道爱的敌人有多强大,才能预备好更加强大的力量来对抗它。

当伊尔莎明白,看似强硬、冷漠的里克,其实是个伤心的可怜人,她的心便会软下来。就像她后来做的那样,抱着里克哭泣,那是在为里克哭泣。

人们应该明白,那些不再为自己流泪的人多么幸福,那些能给予安慰的人多么幸福,那些能躬身去爱的人多么幸福。难道不是这样吗?

信任那些以爱的名义出现在你生命中的人。只有当他知道自己是被人信任的,自己是好的,他才能表现出值得被信任的一面和好的一面。指责一个人不值得信任，不会让他变得更加可信。应该让他知道，他心里有好的种子。

信任是亲密关系的第一基石。宽恕，建立在信任的根基之上。

半泽与近藤是挚友，同在产业中央银行工作。[2]

还有一个人物我们也需要认识一下——银行常务理事大和田，他就是我们通常所说的反面人物。现在我们开始讲故事。

常务理事大和田是潜藏在银行界的毒瘤，半泽誓要摘除这颗毒瘤。近藤知道半泽的心愿，答应帮助他。

这一天，近藤拿到了证明大和田以权谋私的证据。在他准备去找半泽时，大和田先找到了他，提出利益交换：只要交出证据，近藤便能立即调回银行总部，工作部门任他挑选。

经过几番挣扎，近藤同意了。想想现在他们一家三口还挤在一间不足50平方米的出租屋里，儿子因为上不起补习班被同学们看不起，他做出了选择。他再也不想遭遇频频被调职的风险，再也不想忍受同事的鄙夷和奚落，再也不想让妻儿跟着自己奔波受苦。

近藤清楚为了这个选择他牺牲的是什么。他认定自己永远地背叛了朋友，也永远失去了这位挚友。

半泽得知这个消息后，给近藤打电话，近藤关机了。半泽留言：老地方见，不管多久我都等你。

半泽来到他们常去的武道馆，换好剑道服跪坐着等近藤。凌晨时分，近藤出现在武道馆门口。

"你赶紧给我换衣服。"半泽严厉地看着他说。

"赶紧""给我"这样有失礼貌的表达，却透露出半泽与近藤亲近

---

[2] 本故事源自于日剧《半泽直树》。

的关系。

近藤换好剑道服。二人在拼尽全力的对抗中把力气耗尽了。随着力气一起消失不见的还有杂念。

空空的武道馆里,半泽和近藤并排跪坐在深棕色的木地板上。地板因被细致打理,反着柔和的光。

半泽眼神空空地看着前方,像在凝视自己的心。

他轻柔地低声说:"近藤,活着,真不容易。我时不时会想,自己为什么要成为银行职员。定额很难完成,能和同事聊的话题只有钱和人事调动。转职是家常便饭,每次调动都会让家人苦不堪言。但你靠自己的力量回来了,进入总部的宣传部是你的梦想吧?终于实现了,这不是很好吗?"

近藤激动地看着半泽:"半泽,可是我为了自己,背叛了你!"

半泽把头转向近藤,坦诚地说:"不知为什么,我并不觉得自己被背叛了。拿到证词是你的实力。所以,怎么利用这份证词是你的自由。你利用它回到了总部,如果我是你,我也会做出同样的选择。报告的事你也别在意了,这本来就应该由我一个人来完成,我不该把你牵扯进来,你没有错。能回总部,真是太好了。"

近藤,活着,真不容易。这是半泽对近藤说的第一句话。

维特根斯坦曾在他的日记里写下这样的话:想到另一个人受的苦,这是真爱的标志。

半泽越过背叛看到的——不是近藤要失信于自己,而是生活太难,他在受苦。

为什么半泽一定要见近藤,他一个人在武道馆跪坐着等近藤时,心里难道没有悲伤吗?一定有的。但那悲伤更多的是为近藤,而不是自己。他清楚,此时处于煎熬之中的是近藤,不是自己。

半泽不认为，这次没拿到证据，他就再也没办法扳倒大和田，银行的事业便会因此失败。相反，他清楚，如果这个时候他不去帮助近藤，近藤就迷失了。背叛朋友的心灵折磨，会拽着他重重地坠落。

我们看到半泽那么坦诚地原谅了近藤，可半泽并不认为自己有原谅近藤的资格。他对近藤说"不知为什么，我并不觉得自己被背叛了"，这句话消解了近藤的背叛，也消解了自己的原谅。

半泽仍旧把近藤放在与自己同等的位置，这是宽恕和原谅的最佳姿态——并不认为自己在宽恕或原谅。唯有如此，宽恕和原谅才是纯粹的。也唯有如此，宽恕和原谅才能让人的灵魂被爱的光照亮。

半泽将近藤从心灵的折磨中拉出来，让他返回到爱中。让他看到，爱原来可以做出这样的选择。这是对他们的灵魂都有好处的事——半泽没有失去近藤，近藤没有失去自己。他们的友谊经历了洗礼。

不久之后，半泽在近藤的帮助下摘掉了银行里的那颗毒瘤。

半泽和近藤的故事有了一个完美的结局。

生活中，宽恕不会每次必定带来一个完满的结局，但对于任何关系来说，没有宽恕就没有希望，就没有未来。最难的本领是抱着希望去宽恕，就算那希望未获得满足也从不失望。

忠实于自己,就是忠实于生命

印度电影《三傻大闹宝莱坞》中,原本最胆怯的拉朱,总是要乞求神灵保佑的拉朱,在工作面试时没有迎合面试官,而是说出了自己真实的想法。[①]

当面试官建议他改变一下耿直的态度时,他说:"没有冒犯的意思,但是,我还是选择保留我的态度。就算今天不能得到这份工作,我还是相信,将来我能做些事情。"

他能在这种场合保持从容和坦诚,是因为他对未来有信心。这份工作对拉朱来说很重要,他有一大家子人要养,所以做出这个选择很不容易。但正是对未来的信心,让他能看见更重要的东西,那是无论如何不能拿去交换的东西——真实的自己。

拉朱的坚定和坦诚让面试官刮目相看:"孩子,你是从哪里出来的?来面试的人,为了得到工作都当了应声虫,但是你——我们来谈谈薪水吧。"

听到这句话时,拉朱流下了眼泪,这是欢乐的眼泪。他清楚刚才自己做了什么样的选择,那是需要多大的勇气才能做出的选择。

尽管很难,我们还是应当培养出"忠实于自己"的勇气,这是宽恕和爱的起点。

---

① 本故事源自印度电影《三傻大闹宝莱坞》,内拉库马·希拉尼执导。

卡拉和克拉克的爱情是没有出路的。② 卡拉没有宽恕的能力，克拉克没有爱的能力。

卡拉的小羊死了。门罗是这样描述她的痛苦的：她像是肺里什么地方扎进去了一根致命的针。为什么一只羊死了，会给卡拉带来这么大的痛苦？因为这只羊对她有特别的意义。而杀死它的最大嫌疑人，是她的丈夫。

当卡拉和克拉克的爱情，像许多爱情那样迅速变了滋味后，卡拉在生活中还是有安慰的，就是那只养在他们马厩里的小羊，它那黄绿色的眼睛里闪烁着某种智性光辉。

当克拉克让卡拉伤心时，卡拉会到马厩里找些活儿让自己分心。马儿们是从不正眼看她的，可是那只小羊会走过来蹭她。它眼睛里流露的不完全是同情，倒更像闺中密友般的嘲讽。有一个生命是和自己贴合的，你能触碰到它，它能触碰到你，你们之间没有隔膜，这便是温暖。

克拉克像用一张透明玻璃纸包裹着自己，卡拉没办法真正触碰到他，没办法肝胆相照地和他谈心，连拥抱都不对劲。

不幸的是，小羊死了。卡拉也越来越难以忍受和克拉克生活的日子。她留了张字条，跳上灰狗巴士，准备去多伦多寻找新生活。

可逃离没想象的那么容易。卡拉习惯了和克拉克的生活，虽然克拉克是块贫瘠的土地，但卡拉已经在上面生了根。

卡拉像犯了幽闭恐惧症一般从巴士上冲下来。她给克拉克打电话，请求他来接她。

克拉克找回了卡拉，突然地分离与重聚，点燃了他们死去的激

---

② 本故事源自加拿大女作家艾丽丝·门罗的小说《逃离》。

情。卡拉回来的这几天，他们重获甜蜜。当克拉克去别的地方干活儿，卡拉会隔着他薄薄的夏季衬衫吻吻他的肩膀。

"要是你还想从我身边跑开，瞧我不抽烂你全身的皮肤。"他对她说。

"你舍得吗？"

"什么？"

"抽烂我全身的皮肤呀？"

"那是当然。"他现在精神头很高，就像她刚认识他的时候那样，让人难以抗拒。

抽烂全身的皮肤。

克拉克一直想要一个宠物，可是连一匹马、一只山羊都不想要完全驯服于他。现在他又自信满满了，因为他确信，他已经把卡拉攥在了手里。她跑过，可她跑不了。

当卡拉听到克拉克的话，她并没有感到不妥，而是问"你舍得吗"。有趣的是克拉克的回应——"什么"，好像在他的意识里根本没什么舍得与舍不得。在如此粗暴无礼的表达中，卡拉感受到的是"像她刚认识他的时候那样，让人难以抗拒"。

为什么难以抗拒？因为自信让男人别具魅力。可问题是，这自信来自哪里？卡拉没有多想，她甚至认为那些暴力的话，听起来具有某种原始的野性。

对于克拉克来说，他真应该想想，为什么卡拉企图要逃走，自己有没有做错什么？可他绝不会从这个角度考虑问题。他太自以为是，正是这自以为是要了爱的命。

卡拉是个自我意识感很弱的人，所以才会被如此自以为是的人吸引。她从一开始就想要把自己的人生之舵交给克拉克，她想要心甘情愿地驯服于他。

可她也是个"人"。当克拉克自大到没有把卡拉当做一个"人"来尊重时，总会有一种伤害到来，那种让卡拉感受到剧痛的伤害。比如，小羊出现在他面前的那个夜晚，他明明知道小羊对卡拉意味着什么，可他偏偏不要把它领回去。

克拉克为什么要让小羊死？因为他的恨，他想要报复。克拉克恨卡拉，恨她竟然想要离开自己。对于如此自大的人来说，他对这件事的唯一感受便是耻辱，这耻辱的折磨对他来说是最致命的伤害。

卡拉是怎么知道克拉克遇见了小羊的？一封邻居的信。

卡拉看完这封信后，立刻把它捏成一团，烧了，还冲到了下水道里。

这封信让她恶心。她后悔自己看了这封信，她应该一开始就把它烧了。为什么？因为在她看来，是这封信毁了他们好不容易重获的甜蜜。

卡拉在离家不远的树林里，那个秃鹫聚集的枯树前，找到了小羊的头盖骨。她把它握在手里，像握着一只茶杯。所有的了解，都捏在了一只手里。

也可能不是这样，卡拉想，克拉克确实没有把小羊带回来，可把小羊杀了只是推测。说不定，他只是把小羊轰走了。

往后的日子，她觉得跟他配合也并不怎么困难。渐渐地，卡拉不再朝树林走去，她抵抗着那样做的诱惑。

《逃离》，门罗给她的小说起了个好名字。不过，她的小说通篇都在告诉我们这样的事实——无处可逃。

这终究是个无处遁逃的世界。人自己所有的笨拙、匮乏、无知，并没有藏身之处。认识到"没有逃离的可能"，这是成熟和理性的开端。

唯一的办法是面对和破解，一次又一次地面对和破解。在这个基础上，人才有可能看见真实的自己和真实的世界，才谈得上有了洞察力。不要想着逃或藏，当那些笨拙、匮乏、无知暴露出来，就承认，无论如何这是发现。发现，本身就是好事。去反思，去道歉，去学习，去找办法。不要想着伪装，不要想着委曲求全。

配合，是一种无奈的伪装，这是卡拉找到的办法。"配合"是一种渐趋冷漠的钝痛，她配合他所做的事，并不具备爱的喜悦和活力，像一种不含快乐和友善意味的假笑。卡拉觉得跟他配合也并不怎么困难，是的，假笑也谈不上困难，可正是这些做起来并不怎么困难的事，让一个人失去了最应该葆有的东西——自己。

卡拉只有宽恕了克拉克，他们的爱才有活过来的可能。不过，卡拉宽恕不了克拉克。

不是克拉克的行为理应得不到宽恕，而是卡拉所具备的人格力量与宽恕所需要的人格力量相差太远，她还不具备宽恕的能力。

我们终于来到了这里。要理解宽恕，不能不弄明白一个人对于自己的有效性，也就是说，一个人对于自己灵魂的绝对拥有。

哲学家维特根斯坦是维也纳一个富有家庭里的第八个孩子，也是最小的那个。[3] 孩子们为了取得父母的关注，会聪明地找到与自身处境相匹配的办法，维特根斯坦找到的办法是听话。

在他童年时，有一件事给他留下了深刻的记忆。

哥哥保尔病了，家人问保尔是想起床还是想在床上多躺一会儿，保尔平静地回答："我更想躺在床上。"

---

[3] 本故事源自英国作家瑞·蒙克的传纪小说《维特根斯坦传》。

"而在同样的情况下,"维特根斯坦回忆道,"我没说实话,我说的是想起床,因为我害怕周围的人对我有不好的看法。"

成年后,他曾多次强调自己童年的不快乐。但在家人的印象里,他是个对什么事情都感到满意的快乐男孩。

大约从八九岁时起,他开始思考谎言与诚实。他考虑的不诚实并非一般意义上的那种,比如偷了东西却不承认。而是更微妙的一种,比如,他会对人说一些话,只因为他清楚那些话是受期许的,那人听了会高兴。但那不是实话。

在生命的前些年,他愿意屈从这种形式的不诚实。

从八岁开始到十八岁,他逐渐明白:真实于自己是不容违背的责任。决心不隐藏自己成为维特根斯坦总体人生态度的一个核心。

"根本上,问题不在于是否在所有情况下讲实话,而在于,是否压倒一切地要求自己是真实的——是否应当不顾相反的压力,坚持做自己。"

忠实于自己,是葆有灵魂的唯一方式。

有多少人真正忠实于自己呢?一次,罗素和维特根斯坦在讨论问题时,曾发出同样的感慨:没有失去灵魂的人是多么少。

有些人会"欣然"答应别人的要求,却在背地里怨恨这要求。

无需评判别人的要求和期待——只有当一个人清醒地明白"我没有迎合这些要求和期待的义务"时,才能做到。别人有期待的权利,自己有同意或拒绝的权利。

拒绝和同意一样好,只要那是对自己和对事情忠实的态度。

当一个人不尊重自己的心意,而去迎合别人心意的时候,就会

"魂不守舍"。真正能够遏制自己、阻碍自己的人不是别人,是自己。

得把自己从迎合别人的道路上解救出来。无论生活还是工作,都得先让自己真正活出来。真正拥有自己,才谈得上有生命力和创造力。

排在第一位的问题永远是:我真正想要的是什么。不是他想要什么,她想要什么,不是如何让他满意,如何让她满意。而是,如何我才能真的满意。

这不是在走上一条自私的路——你知道如何尊重他人,从你开始真正尊重自己的时候。

从根源上去尊重另一个人,其实并不容易。也许一个人表现出了对别人的尊重,只是因为他在乎自身的形象。在那些他无需顾及自身形象的时候,他也许并没有把别人放在眼里。一个人做不到真正把别人放在眼里,本质的原因在于他从来也没有真正把自己放在眼里,他并没有从根本上尊重自己的生命。

当一个人没有按照自己真实的意愿行事,压抑下来的不满就会向自己和亲人发泄。这是伤害自己和亲密关系的重要原因。这是面对世界的一个完全错误的模式。

一个人的人格与成就,并不是为了做给世界看,不是为了获得世界的赞许,而是因为:我爱我此生,我要把此生当作自己仅有的土地,尊重它,努力耕作,并有所收获。

如何才算是"忠实于自己"呢?

它要求人做到两个方面:第一,不压抑自己;第二,不美化自己。

不因为卑怯而压抑自己;不因为虚荣而美化自己。这两个方面是一枚硬币的两个面,它们通常同时存在于一个人身上。也就是说,压抑自己和美化自己是相互依存的,就像卑怯与虚荣是相互依存的一样。人们为了美化别人眼中的自己,而选择压抑真实的自己;人们为了遮掩自己的卑怯不得不变得虚荣。

"忠实于自己"是一切人性力量的前提。

尼采最痛恨把软弱无能称为"善良",把卑贱怯懦称为"谦卑",把无能报复称为"宽恕"。善良、谦卑、宽恕,是人性中最闪耀光芒的部分。如果有人把人性之冠上最珍贵的宝石与人性的软弱相连,我们要能看出来这是误解,更不要用此不当的关联来美化自己。

当你忠实于自己,你的双脚便站立在大地上,你有了最稳定的支撑。

对于卡拉来说,她要做的第一步,是用自己的双脚站立在大地上。看见自己的怯懦,看见自己对克拉克的屈从和依附。同时明白,人不应该弱化自己,也不应该压抑自己,没有任何人是自己生长所必须的泥土。停止"配合",停止"假装"。

当她开始思考要对自己忠实,去克服"压抑自己屈从别人"的习惯,回归到自己的内心,她才能够拥有强大又细致入微的洞察力——看清楚到底发生了什么以及自己应当宽恕的是什么。

那些温暖的,能敏感到别人内心的人,首先是对自己忠实,对生命忠实的人。

现在我们来进入另一个故事。

李申爱手里拿着一束白色的野雏菊,金宗灿叫住她:"我怎么都不放心。心底里原谅不就好了吗?偏要去教导所原谅他,有那个必要吗?申爱小姐又不是圣子。"[4]

---

[4] 本故事源自于韩国李沧东导演的电影《密阳》。

显然，金宗灿的这些话没有任何作用，李申爱已经决定了。他开车送她来了教导所。

铁窗后面出现的那个男人，是谋害申爱儿子的凶手。他的神情出奇的平静。

"脸色不错啊，比想象的要好。"申爱说。

"对不起。"

"不，人要健康。不管你犯了多大的罪，上帝都会给你健康的身躯。这花，是在来的路上采的。在这里不容易看到花，漂亮吗？这漂亮的花，也是上帝赐予我们的礼物。"申爱说这些话时，一直含着微笑，像沐浴在一团和煦温暖的光里。

接着，她的神情变得更加坚定："今天我来这里，是为了传达上帝赐予的爱和恩惠。之前我也不知道，也从来都不相信有上帝的存在。因为看不见，所以不相信。可我们，因为俊儿（申爱的儿子），懂得了上帝的爱，正因为懂得了上帝的爱，才感受到了内心的平和。知道我有多么感谢上帝赐予我的爱与恩惠吗？现在的我，好幸福。所以我才来这里，来传达上帝的爱。"

"谢谢，真的谢谢你！可以从俊儿妈妈嘴里，听到我们上帝的故事，真的好感谢。我也开始相信了，我也开始接纳上帝的存在。其实，是上帝找到我们这样罪恶深重的人。"

"是吗？"申爱的笑容不见了，眼泪含在眼眶里。她明显慌了神。

"是啊，多么值得感谢啊。是上帝向罪恶深重的我伸出了手，让我有机会从罪孽中悔改。是上帝原谅了我。"

"你是说，上帝原谅了你？"

"是啊，我用眼泪来悔改，并得到了原谅，之后便可以心平气和。每天早晨一起来就祈祷，每天都很感谢上帝。在上帝面前悔改，并得到原谅,真的好幸福。最近是睁眼闭眼每时每刻都祈祷,还经常为俊儿妈妈你祈祷呢。在这里,我们可以面对面这么坐着,看样子,上帝还真是听到了我的祈祷。"穿囚衣的男人微笑着。

申爱从教导所走出来,魂飞魄散。她突然意识到那把雏菊还在手里,她松开手,雏菊散落到地上,她看着那些白色的小花,像看着十分无所谓的东西。她走了两步,晕倒在地。

从昏迷中醒来的申爱,变成了另一个人。

她开始报复上帝。她偷东西,在宣讲会上放亵渎神的歌曲,她引诱神的牧师,她最后想通过自杀来报复上帝。

凭什么上帝在我说出原谅之前就先原谅了他?死去的是我的儿子,上帝有什么权利这样做?

申爱的教导所之行,不就是为了宽恕罪人吗?为什么她听到上帝也宽恕了他,却无法接受呢?为什么她好不容易拥有的心灵平静,会再次被仇恨替代?这一切真的是"上帝"造成的吗?

《密阳》的导演李沧东用镜头圈画出的,不是恶人有多恶,而是好人出了什么问题。

那些看似善良、美好、无辜的人,他们身上有哪些隐秘的问题。

申爱为什么要去教导所原谅凶手,她真的是去宽恕吗?如果真的是去宽恕,当她得知对方感受到了最高的宽恕——上帝的宽恕,不是应该更加满足吗?

申爱去教导所并不是为了去宽恕。那些藏在灵魂深处的幽微心事,是她自己都不清楚的。

她其实是去向凶手展示优越感,亲自在凶手面前展示自己的平静和幸福。让他知道,他没有打败她,他伤害不了她,因为她已获得至高无上的爱。这爱崇高到让她亲自到他的面前宽恕他。

申爱拿着花对囚犯说的那一段话，多么美好。如果那是真的。可惜，那是一种受自我感动、自我陶醉的驱使说出的话，并不是怀着宽恕的情感说出的话。当她听到他说，上帝也宽恕了他，也爱了他，唯一能让她崩溃的事发生了。

踏入教导所的大门时，她以为自己胜券在握。还有什么能比拥有万物之主的爱更高端的呢？可偏偏对方也拥有了最高端的爱。这一情节，是整部电影的最高冲突，李沧东通过这样的冲突来圈画出重点——看起来那么善良、美好、无辜的李申爱，到底怎么了？

导演探讨的不是罪犯的心理，也不是宗教崇拜，而是一种更广泛存在的幽微心理——人美化自己的冲动。

作为一个信仰上帝的人，申爱并没有修好最重要的一课——谦卑。其实她并没有信仰，她只是把信仰当作一个可以美化自己的工具。

无论什么事，但凡掺杂了优越感与炫耀的因素，大多不会有什么好结果。

电影在刚开始的部分，就埋下了伏笔。

申爱带着俊儿来到密阳后，她办了一个钢琴培训班。那天，金宗灿往培训班的墙上钉冒牌的钢琴获奖证书。申爱站在他的身后看着，双手撑在后髋，眉梢露出一丝嫌恶。她说："这是什么啊？我没得过这种东西。"

"哎呀，就当得过嘛。我们这个地方啊，只要挂上这个，消息就会马上传遍整个镇子。那样的话，就会有更多的人来报名学钢琴了。"

申爱一脸严肃地说："就算那样也不能弄个假的挂上啊。学生多不多，也不用金老板你跟着操心吧。"

有趣的是，她只是这样说说，并没有真的去制止他。证书就那样一直挂在了培训班的墙上。申爱既得到了挂假证书的好处，又表现出了正直的人品。她以为她与宗灿不同，她比他高级。确实，她与宗灿不同，她比他虚伪。

这样的幽微心事，不是申爱一个人有的。企图让别人以为的自己比真实的自己好，这几乎是人的天性。营造一个虚假的、更加美好的自己，似乎是对自己更有利的事，然而，无论营造的技巧有多高妙，那个虚假的形象，终究是一座监牢。

妨碍一个人对事物的理解力的往往不是智性的缺乏，而是他的骄傲。维特根斯坦曾富有调侃地指出："必须拆毁你的骄傲之殿。而那是困难得可怕的工作。如果有人以为那太痛苦，不愿降入自身之中，他就终究摆脱不了肤浅。"要做得体的人，或做某种得体的工作，都必须拆毁这种因骄傲、虚荣而营造的虚假自我。

承认自己，忠实于自己。这是生命的开端。

如果一个人，连承认自己的力量都没有，他不可能有力量去承认别人，更不可能去施与宽恕。

"回身倾顾"是爱的姿态

购物中心三楼的甜品店外,我和我先生在等位。

那天他带我来享受下午茶,为此我午饭只吃了几小口。就是那么巧,对面正好是一家火锅店,诱人的香味缕缕飘来,我听见了肚子"咕咕"的叫声。

我忍不住拽他的手臂:"别吃下午茶了。我好饿,咱们吃火锅吧。"

他不愿意,"专门带老婆来吃这个的,同事评价特别高,再等等吧。"

下午茶的翻台率低,很久才叫一个号。

我不耐烦地说:"为什么非要吃它,我这会儿就想吃火锅,为什么不能吃?"

他"蹭"地站起身:"不吃了,回去吧。"说着就走。走的时候还不忘挎起我的包包。

我跟在后面叫住他:"把我的包给我。你走那么快,我的手机和钱包都在里面,一会儿找不着你怎么办。"

那是一只玫红色的单肩挎包。说实话,一个身高一米八三,双肩健硕、胸肌圆隆的男人,背着这样一个包,样子挺滑稽。

他把包递给我。我从里面掏出他的 iPad 塞给他。他瞪圆眼睛不解地问:"为什么给我?"

我说:"太重啊。你的东西你自己拿。"

他皱起眉头:"你的包我都帮你背,我就一个 iPad 你都不帮我拿。不要了!"

说着,直接把 iPad 扔到了地上。

直接扔到了地上。在人来人往的商场里。

面对如此愚蠢的行为,你会怎么做呢?我不知道你会怎么做。反正我蹲下去把 iPad 捡了起来,两面看了看。没坏。商场当天做活动,铺了地毯。

人们从我身旁走过,又扭过头来看我。他们说着什么,好像和我有关,又好像丝毫无关。我竟然没觉得他扔我捡多没面子。我蹲下捡起的动作特别轻盈自然,甚至还有些芭蕾舞的优雅。之后,我挺胸抬头收下巴,迈出相当自信的步伐,追上了他。

他开车,我坐副驾驶。等红绿灯的时候,他还气嘟嘟的。我把手放在他的手背上,轻声说:"iPad 没摔坏。"

我转过头去看他,他仍旧目视前方,却两眼含泪。无需多言,已明了彼此的心意。我把目光收回来,看着前方,自豪地长舒一口气。曾经那么任性的我,已经能接纳他偶然做出的傻事,能接住他突然失控的情绪。

我们都记得这一天。从某种意义上来说,这是美好的一天。

一怒之下扔掉 iPad,这种不顾后果的愤怒看起来很强大,很强势。然而,这样的行为,实在应该理解为一时的鲁莽。

剥去事物一层层的表象,看见那个内核,看清那是个什么样的内核。不要被愤怒、戾气、鲁莽吓坏,不要被这种表面的"强势"吓坏。表象往往会欺骗人,我们不要急着只用眼睛去看,而不用心去看。

宽恕,不是去纵容或回避那些缺点、问题和伤害,而是去做坚定地斗争。爱的严肃性恰恰体现在这里——用你们共同联合起来的力量，同缺点、问题、伤害作斗争。

我没有指责我先生在公共场合不给我面子，没有抱怨他为什么不能控制自己的情绪，也没有恨他为什么要故意伤害我。他已经成年很久了，严厉的指责、抱怨、恨，都不可能帮助他变得更加宽厚，也不能使他更懂得如何处理自己焦虑的情绪。相反，温和地谅解与接纳，是在给予他更大的力量和信心。

其实，谁都能清楚地感受到和分辨出哪一样是爱。

爱，是"回身倾顾"的姿态。

人们在亲密关系中应该能得到安慰，而最大的安慰，便是宽恕。

谁都希望自己拥有平稳的情绪，保持最好的状态。不过，即使精神足够健康的人，他的情绪也时刻处于起伏变化中，就像大海的潮汐。C. S. 路易斯称它为波动定律。这是一种自然的心理现象。

我们无法要求对方的情绪永远波平浪静。因此，面对家人偶尔失控的情绪，不要故意夸大和激化。相信这种焦虑只是两段平静之间的焦虑，它会过去的。而你能做的最好选择，是用人的精神力量去克服你的感性冲动——那种以牙还牙、以眼还眼的报复冲动。去原谅、接纳和抚慰。

无论在哪里，无论在什么时候，都不应该忘记——爱，是一种高贵的情感。不要把因本能而起的杂七杂八的情绪，归到爱的名下。高贵是爱的血统。不过，千万不要把高贵理解为那种高高在上、精于挑剔、高看自己两档的自以为是。

真正的高贵，体现在"回身倾顾"的姿态里。它知道什么是好的，它见识过，它也能做到。但它并不因此挑剔、责怪、鄙夷，而是回过头，俯下身，携助安慰。

它时刻清楚自己的身份,并且同样清楚,它的带有奉献意味的作为,不是委曲求全。

"回身倾顾"本就是一种能力和威仪。

我们对爱的根本误解,还包含着这个方面——爱的姿态。

人们往往把"迷恋"当作爱,迷恋是仰望和渴求的姿态。在尘世间,在芸芸凡夫俗子中,你仿佛从那个人身上看见了神秘的光,你对他着了迷。张爱玲曾写过这样的句子:见了他,她变得很低很低,低到尘埃里,但她的心里是喜欢的,从尘埃里开出花来。

张爱玲把迷恋的感觉描述得很全面——一是低到尘埃里;二是甘愿如此,开心得不得了。不过,因迷恋而生的欢喜不会持续太久。爱情起初的热势会退却,到那个时候,人的眼睛对恋人的描画开始更加写实主义,失望是难以避免的。木心的诗句:"你的这点才貌,只够我病十九天,第二十天你就粗糙难看起来。"木心接着写:"别人怎会当你是什么宝贝呢?"

寒凉入骨是不是?

如果有人认为,最美的爱情,就是找到了那足够自己"病"一生的人,那他应该是真的病了。

《偷自行车的人》是意大利导演维托里奥·德·西卡享誉最高的作品。在这部影片里,我们将看见爱最本真的姿态——回身倾顾。电影的主人公有两个:爸爸——里奇,儿子——布鲁诺(七岁)。[①]

第二次世界大战后的罗马一片萧条,失业多时的里奇终于找到了一份贴海报的工作,这份工作要求他有辆自行车。为了能留住这份工作,妻子把嫁妆卖了,两人一起去买了辆自行车。

---

① 本故事源自电影《偷自行车的人》,由维托里奥·德·西卡执导。

第一天上班，自行车就被偷了。

第二天，布鲁诺跟着爸爸去找自行车。爸爸的朋友带着他们来到自行车配件市场，被偷的自行车很可能被拆分成零部件，拿到这里卖。

布鲁诺被分配找车铃，他接到任务后立即开始行动，在卖车铃的小摊儿上神色专注地这个翻翻那个看看。摊主"啪"地打了布鲁诺的小手，手里的铃铛被打掉了。注意看布鲁诺的神情，那就是小动物的神情，没有敌视和愤怒，也没有痛苦，那是瞬间的疑惑。下一秒，他挪动了两步，又开始认真地翻找。摊主直接把他轰走了。

如果我们不自视高明，便可以从孩子们那里得到许多启发，他们不会把人和事往很坏的方面想。你确实可以把这理解为一种不谙世事的单纯，可这正是孩子们比我们快乐的一个原因。

布鲁诺知道，找回自行车对爸爸来说是件大事，他尽心尽力地跟着爸爸奔波。

故事似乎有了转机。里奇发现，一个老头儿知道小偷的家在哪儿，可这个老头儿总是想尽办法躲着他们。大半天过去了，在布鲁诺慌忙跑去一个街角准备撒尿时，爸爸喊了一声："布鲁诺，快来，我看见那个老头儿了！"布鲁诺便忍住，跟着爸爸去追。好电影里的任何一个小细节都不是可有可无的。导演用这样的细节告诉我们，这是个多么好的孩子。

老头还是跑了。在里奇心灰意冷的时候，他打了布鲁诺一耳光。就因为儿子问他："为什么不让那个老人先喝汤，再领着我们找呢？"儿子问的话没有错，可里奇这时候的心被沮丧吞没了。布鲁诺哭了，他离开爸爸走到街的另一边，还说要告诉妈妈。

里奇让儿子坐在在桥上等，他去河岸上找。

当里奇下到河滩上四处张望的时候,他听到有人喊:"救命啊!一个小男孩掉河里了!"里奇想到布鲁诺,他惊慌地喊:"布鲁诺!布鲁诺!"没人应。他魂不守舍地跑去看打捞上来的孩子,是个少年。

他松了口气,多么大的宽慰!生命中最重要的,并未被夺去。

里奇也没心思找人了,他来到桥上,看见布鲁诺还在分手的地方坐着,手里拿着自己的小夹克。里奇让布鲁诺把夹克穿上,布鲁诺没听,他伸手要帮布鲁诺穿,布鲁诺躲开,自己穿上了。他还在生爸爸的气。

里奇抱起布鲁诺,让他坐在一个石墩上,笑嘻嘻地看着他说:"我们吃顿好的怎么样?"布鲁诺立刻笑起来,用力点点头。从早晨到现在,还没吃过东西呢。反正是看不见希望了,索性带儿子吃一顿好的,里奇想。

里奇拉着布鲁诺进了一家餐馆。这是他们第一次在餐馆里吃饭,布鲁诺觉得很新奇,快乐地向左看看,又向右看看。他看见一个女孩在吃面包,那个面包跟他平常吃的不一样,咬一口下来还能拉出长长的丝。原来这是拉丝面包,爸爸也给布鲁诺点了一份。

等布鲁诺开始享受自己的拉丝面包,他又转过身去好奇地看那个女孩在吃什么。女孩注意到他,递给他一个厌烦的眼神。那女孩的眼睛里已经没有了星光。天真与美善如消失的魔法,她还有个孩子的身形,却丢失了孩子的灵魂。

父子俩从餐馆里出来,布鲁诺跟着爸爸漫无目的地在街上走着。

在里奇准备接受命运的安排,奔波了一天却注定要两手空空地回家的时候,他无意中瞥见了一辆自行车。里奇又朝自行车仔细看了一眼,没上锁,孤零零的靠在墙边。几番犹豫,里奇下了决心。他把布鲁诺支走,猛地推起那辆自行车,拼尽全力飞快地骑。

"抓小偷！抓小偷！"声音从背后响起，里奇站起身左摇右摆拼了命地蹬。

几个男人还是追上了他。

布鲁诺挤过人群来到爸爸跟前。有人打了里奇耳光，布鲁诺哭了。他从地上捡起爸爸的帽子，拍拍上面的灰，低头拽着爸爸的衣角。自行车的主人看见了布鲁诺，对里奇说："你走吧，以后得给孩子做榜样。"

围涌的人群散去，夕阳的光照在这条拥挤的街道上。

里奇和布鲁诺被人流推搡着前行。沮丧、绝望、羞愧、无助、委屈，人生所有的辛酸暗淡吞没了里奇。他失魂落魄地迈着步子，一辆汽车蹭着他的肩膀开过去，像撞到了没有知觉的木头。一位原本满怀信心要奔向新生活的父亲，在黄昏降临的一个瞬间，失声痛哭。

布鲁诺一直抬头看着里奇，当里奇眉头一紧流下第一行泪时，布鲁诺赶忙握住了爸爸的手。大手和小手紧紧握在一起，这小手是多么大的安慰。

在这婆娑世界，人要受多少无名之苦、无端委屈。如果有人，无论你做了什么，无论你被世界如何对待，他都把你当作宝贝，愿意握着你的手给你安慰，你便拥有了世间的珍宝。

孩子对父母的爱中，通常包含着崇拜。布鲁诺总时不时抬头看父亲，父亲做什么他就跟着做什么。这崇拜里奇是知道的，里奇尽量维持着自己高大的父亲形象。

当里奇成了别人口中的小偷，被人羞辱，他在布鲁诺眼中的父亲形象会发生变化吗？当布鲁诺被围在人群里，看见爸爸被打了耳光，他会想"哦，原来你并不是我以为的那样好"吗？或者，他会在心里说"刚才你打我耳光，现在你也尝到被打耳光的滋味了吧"这样的话吗？

布鲁诺的心像一座被神明护佑的城堡，所有魔鬼与不洁之物没有溜进去的机会。布鲁诺的爱，因极为纯净而具有高贵的意味——即使我被你打了，我也从心底里希望，你永远永远不要尝到这种苦。

布鲁诺被围在人群里，看见爸爸被打了耳光，他从地上捡起爸爸的帽子，拍拍上面的灰。这真是个令人心碎的细节。你们打的这个人，他是我爸爸，你们这样羞辱他，可我敬他爱他，我甚至不想他的帽子上沾了灰。

孩子的心是多么柔软啊。

《偷自行车的人》是意大利新现实主义电影的经典代表，导演德·西卡除了让我们看见人生的艰难之外，还让我们看见了爱的姿态。

迎着夕阳，布鲁诺握住父亲的手，这是孩子的爱。也是回身倾顾的爱。

"好好看看孩子吧"，这是德·西卡用镜头圈画出来的重点。看看孩子是怎么看世界的，孩子是怎么承受、怎么原谅、怎么给予慰藉的。当父亲遭遇了一天的屈辱，失魂落魄地走在夕阳里，当眼泪在他的脸上滚落，布鲁诺握住了父亲的手。他那小小的心灵并不知道什么是倾顾，什么是宽恕，但他很清楚自己该做什么。因为，他的导师是爱。

藏在爱中的魔鬼

马尔克斯的小说《爱情和其他魔鬼》中，女孩和德劳拉有这样一段对话：

> 这些天里，女孩问过他，是不是真的像歌里唱的那样，爱情能战胜一切。
> "没错，"德劳拉答道，"可你最好别信。"

引人深思的对白。为什么德劳拉在答了"没错"之后，又要加上一句"可你最好别信"呢？

德劳拉是要表达两层意思：第一，真正的爱情确实能战胜一切；第二，真正的爱情几乎并不存在。

爱情，这种产生于两位成年人之间的情感关系，在马尔克斯的笔下，它要么是一种疾病（参考《霍乱时期的爱情》），要么是疯狂的魔鬼。其实，马尔克斯并不是在否定爱情本身，而是想坦诚地告诉我们：爱情是一座神圣华美的宫殿，可魔鬼们也看上了这块地盘，而且魔鬼们清楚，没有比这座宫殿更容易攻陷的地方了，猜忌、嫌恶、羞辱、嫉妒很快便占据了所有房间。太多爱情只是徒有其名。

对于爱情哲学家邓晓芒在《灵魂之旅》中也曾表达过非常严酷的观点：中国人还没有成熟到配享受真正的爱情的程度，他们的日常爱情都是"性欲＋儿童心理"这样一种代用品，快速地把爱情翻过去好做别的事。

爱情在青春期萌发,在成年期得到确认,这样的安排也许具备某种深意。

人度过了童年时光,又从青春期步入成年期,这一历程似乎是从天堂来到了真实的人间。经历过伤害,见识了冷暖炎凉,一路拼争,羞辱、攀比、恐惧、担心、绝望,走了又来,生活的背景渐渐被调和成了灰色。你不确定在什么时候爱已经走了,你甚至不知道爱已经走了。孩童时期笼罩着你的爱,已经被自私自利的自爱取代。"爱能给自己什么好处呢?如果它的意义是去更多地关心别人,还是自爱更实在些,人应该多为自己筹谋",人们有了这样的心思,以为自己更成熟了。

爱情在这个时候出现了。

爱情真是一项伟大的发明,它出现的时机,它的变化阶段,它的结果,都有很深的寓意。什么样的寓意呢?爱情是来帮助我们赶走自爱,重新找回爱的。

爱情最初是甜蜜的粉红色,渐渐的,一些肮脏的颜色掺杂进来,变成了恼人的脏兮兮的棕绿色。婚姻、家庭、孩子,通常是爱情的果实,但这些爱情的果实通常是酸涩的。棕绿色,酸涩,这绝不是人们对于爱情的期待。有些人以为这就是爱情的真相了,他们任由亲密关系停留在这个"粗糙难看"的层面。

而另一些人,他们会问:我们怎么了?我们的爱怎么了?

他们不断去找答案,最终发现,原来单单靠灵光乍现的爱情本身,是不足以结出甜蜜的果实的。他们得赶走自爱,重新把爱邀请回来。把爱邀请回来,把自爱的魔鬼驱逐出去的这个过程,便是征服出来一块新土地的过程。

征服，没有幸福能够直接拥有。你需要去挑战那些被魔幻现实主义作家称为魔鬼的东西。

挑剔，是回身倾顾的反面，是魔鬼们惯用的武器，几乎弹无虚发，让原本可以陶冶生命的爱，变成了诅咒。挑剔着来爱，是对自己亲密关系的诅咒，也是对自己的诅咒。

你可以什么都不做便一秒钟具备某种"高级感"。只要你学会挑剔的眼神，并伴随与之相匹配的肢体动作。双手交叉于胸前，下巴似要扬起却又微微收住，显示出一种对抗的张力，嘴角露出耐人琢磨的笑容。记住，不要引起让人觉得你很快乐的误会，确保让他清楚，你是出于良好的修养在忍受。现在说到重点，挑剔的眼神，眼睛弯弯似笑非笑，瞳孔中射出一道凌厉的光——我知道你不怎么样。

挑剔这种武器真是太好用了，只需要学会相关配套动作，你便打压了敌人的士气长了自己的威风。敌人是谁？就是本应该爱你，但却时不时让你如鲠在喉、泫然欲泣的那个人。反过来说也是成立的，就是本应该爱他，却时不时让他如鲠在喉、泫然欲泣的那个人。为什么要在他面前显露一种"高级感"呢？原因你是知道的，对于世俗的爱来说，越高级的人越值得被人爱。

我们来看哈代讲的一个故事。

新婚之夜，克莱尔握着新娘苔丝的手，恳切地说："亲爱的，我有件事得向你坦白。"[1]

如果一段话是以这样的句子为开头，那么听这段话的人，一般是需要做好心碎的准备的。

"你有事情向我坦白？"苔丝急忙问道。苔丝不仅没有不安，甚至

---

[1] 本故事源自英国作家托马斯·哈代的长篇小说《德伯家的苔丝》。

是带着喜悦和期待。

喜悦和期待？是的。那么，几乎只有一种情况能解释苔丝此刻的反常情绪——她也有事需要坦白，正愁不知如何开口。

"你没有料到吧？唉，你把我看得太高了。现在你听我说。把你的头靠在这儿，因为我要你宽恕我，请你不要怪我以前没有告诉你，我本该早就把事情说出来的，可我太害怕失去你，我不敢说。可是现在，我一定得讲了。我不知道你会不会宽恕我？"

"哦，会的。我敢说⋯⋯"苔丝急切地说。

克莱尔到底做了什么需要被宽恕的事呢？原来他在情绪低落的时候，曾在伦敦跟一个素不相识的女人，过了两天两夜的放荡生活。

苔丝听完克莱尔的坦白，紧紧握住他的手，算是回答。

接着，苔丝怀着与克莱尔相同的心情，向他坦白了自己和德伯维尔之间曾发生的那件难以启齿的事。苔丝的叙述很平静，她没有说任何为自己开脱的话，也没有掉一滴眼泪。她相信他能理解她，也能宽恕她，就像她宽恕他一样。他们犯过同样的错误，有了相互谅解的基础，那么，他们可以在彼此的宽恕中，放手过去，带着最纯真的心，手挽着手一起迈入崭新的幸福生活。

然而故事接下来的走向，完全出乎苔丝的预料。等苔丝向克莱尔坦白完了，就连反复申明和附加说明也都讲完了，克莱尔没说一句话，而是做了一个离题的动作——把炉火拨弄了一下。拨弄了炉火之后，他站了起来。

这时，她那番话的全部力量才显示出来。他的脸瞬间变得憔悴苍老了。为了集中自己的思绪，驱除杂念，他用脚在地上乱踏乱踩。他终于开口说话了，可他的声音，就像发音器官不健全似的。

"苔丝！"

"嗯，最亲爱的。"

"我该相信这番话吗？看你的样子，我该把这些话当成是真的。啊，你不可能是疯了吧！你要是疯了才好呐！可是你却没疯……我的妻子，我的苔丝，你拿不出任何足以证明你已经发疯的东西，是吧？"

苔丝看着无比痛苦的克莱尔，恳求道："像我宽恕你一样宽恕我吧！安琪，我宽恕你！"

"你吗？是的，你宽恕我了。"

"可你就不宽恕我吗？"

"哦，苔丝，这不是什么宽恕不宽恕的问题！你以前是一个人，你现在是另一个人了。天哪，宽恕两个字怎么对付得了这种荒诞无稽的戏法呢？"

他停了下来，思考着这一定义。然后，突然可怕地狂笑起来，笑得像地狱里的笑声一样恐怖，一样不自然。

接着，克莱尔十分肯定地说："我再重复一遍，我一直爱着的女人并不是你。"

为什么同样一种错误，苔丝毫不犹豫地原谅了克莱尔，而克莱尔却无法原谅苔丝，并陷入极度地痛苦之中呢？

"因为克莱尔受到了严重的打击。"

为什么克莱尔会受到严重的打击？

"因为他对苔丝爱得太深。所谓，爱越深，伤越痛。"

唉，我们真是被似是而非的流俗观念毒害太深了。

他痛苦，是因为他爱得太深吗？难道相比之下，反倒是苔丝对他的爱不够深吗？

作家哈代在这里已经交代得很清楚，他让克莱尔说出这样的话：

"我再重复一遍,我一直爱着的女人并不是你。"

他爱的并不是苔丝,更谈不上对苔丝爱得太深了。

那么,不是苔丝又是谁呢?是和苔丝一样美丽,一样温柔,却没有苔丝"污点"的一个虚构出来的女神。

爱中的第三者,最强大的第三者,是自己虚构出的第三者。

这个第三者是无敌的,因为她可以无限美好。以这个第三者为标杆,太容易对照出眼前这个人的黯淡、缺陷、粗鄙。当这个虚幻的第三者出现,它就有巨大的力量去阻止爱,阻止去爱他眼前的这个真实的人,这个必然有着各种缺点与复杂情绪的人。

去爱一个想象中无比完美的人,却讨厌眼前这个人,这叫什么爱呢?

没有能力爱眼前的这个人,却抱怨她不够优秀和完美,这叫什么爱呢?

爱一个想象中的完美形象,这是毫不费力的事。一个人在这样的想象中,还自以为自己的爱多么高贵,因为他只爱那优秀的和完美的人。还有比这更傲慢和无意义的爱吗?

当对方暴露出某种弱点时,不是对方变得陌生了,不是他变成了另外一个人,你也不应该趁机让自己远离他。正相反,这个弱点或者错误,有可能让你们的关系变得更深挚。当我先生默默地承受了我的怒气时,当我捡起 iPad 时,当布鲁诺拉住爸爸的手时,当半泽谅解近藤时,那些弱点、错误、无奈没有让两人的关系疏远,反而更心心相连了。

能够从苦难的角度去看待那个人,谁能说这是怯弱的放纵呢?这正显示出了爱具有的力量:眼前这个人,你看见了他的弱点、无助甚至不堪,但是你爱这个不完美的人。这样的爱,与那个精通挑剔的爱相比，与那仰慕一个虚构人物的爱相比，哪一个更强大、真实、有力呢？

克莱尔无法原谅苔丝，而苔丝能够原谅克莱尔，根本原因在于，他们对爱的理解在本质上是不同的。苔丝对克莱尔的爱，是能够回身倾顾的高贵的爱，这也是亲密关系中所必需的爱。克莱尔对苔丝的爱，则是柏拉图式的爱，那种被浪漫情节误导的，仰慕完美者的爱。

爱应该生长在严肃与真实之中，而不是生长在浪漫主义里。

如果爱的意义不包含宽恕与效劳，如果和爱相关的体验只是欢愉、轻盈、自由，这无非是把爱降格成为了一种带有娱乐性质的情感消遣。

克莱尔无法原谅苔丝，这固然与整个社会对于女性的压迫有关。但更为根本的是，克莱尔不明白，爱就是要他去反抗这些压迫，不然，他对苔丝的爱到底要体现在哪里呢？难道只是体现在"闪着星星般的眼睛仰望苔丝"这种事情上吗？

克尔凯郭尔曾指出这样一种可悲的颠倒：人们一而再再而三地谈论爱的对象应当是怎样的，如果他值得人去爱的话，而不是谈论如果"爱"要能够是"爱"，它应当是怎样的。

"爱要能够是爱，它应当是怎样的"，这才是我们应该再三思考的问题。

克莱尔认定自己是受害者，认定自己被眼前的这个女人害惨了。然而，在当时的情形下，谁是更需要帮助的人呢？

克莱尔认定是自己，他认定自己是受害者。如此一来，他就没有能力看见苔丝也在受苦，而苔丝受的最难熬的苦，正是由于克莱尔认定苔丝狠狠地伤害了他。

如果克莱尔能够明白，当初苔丝是被德伯维尔伤害了，现在苔丝正受着悔恨的煎熬,并且那沉痛的煎熬是自己有力量帮苔丝驱除殆尽的,那么克莱尔就有了宽恕的力量。唯有宽恕能让这种令人窒息的压迫感消失。那个时刻,才是克莱尔显现爱的力量的时刻。

如果克莱尔能对爱有这样清醒的认知,他就能够去安慰和帮助那个更可怜的人,他将体验到爱强大的力量。这无论对于苔丝还是克莱尔,都是巨大的幸福。

然而,永远不要低估人自我怜悯的倾向,不要低估绝望本身的引人入胜。

当人感到伤心时,便会马上认定自己就是受害者,无可争议的受害者。一旦有了这样的认识,占据他心灵的便是报复和惩罚。克莱尔为了惩罚苔丝,他离开了她,甚至离开了英格兰,去了巴西。

克莱尔确实感受到了巨大的伤害,可如果他能转念去想:苔丝从来没有想过要伤害自己,那是她最不愿意做的事。并且相信,她是自己最可信任的人,相信她无论过去还是将来,无论做什么事都不可能以伤害自己为目的。那么,他便有了穿越表象看见本质的能力——那过去的一切都不重要,只要现在我们能够相爱。

当我先生被我扔过去的风筒砸到时,他当然有理由认为自己是受害者。可他没有,他看见一个可怜的人被激怒了,他的原谅让我平静下来。当我先生在购物中心把 iPad 扔到地上时,我当然有理由认定自己是遭到当众羞辱的受害者,可是我没有朝那个方向想,我只是看到一个承受着巨大工作压力的人,情绪突然失控了。当近藤把证据交给大和田时,半泽当然可以把这个行为认定为背叛,他有理由说:"你就是一个叛卖者,我不得不与你决裂。"可是半泽看到的,是一个无比可怜的人,在为生活做着最痛苦的挣扎,他不能够撒手不理他,更不能再去羞辱他,报复他。

当你不把自己当作受害者，而是去看见那个真正需要帮助的人，爱才存在。

那时的爱，才不再是一种虚无缥缈，挂在嘴边或藏在心里的东西。

一年之后，克莱尔从巴西返回英格兰。他已见识过苦难，经历过死亡。他不再为自己哭泣。

他终于明白，从一开始就应该把自己的宽恕奉献给苔丝。他找到了苔丝，宽恕带领着他去正确地对待苔丝，也引导着他们去获得幸福。

可惜，一切太晚了。

克莱尔的宽恕到来的太晚了。苔丝在悔恨中杀死了诱惑她的德伯维尔。克莱尔之前的不宽恕，他的自叹自怜，他为自己留下的眼泪，带来的全是苦涩。

如果这个人，是我们爱的人，那么我们就应该更多地考虑怎样才是对待他的正确方式。

宽恕，所谓宽恕，也许并不存在。因为当宽恕真正到来时，它并不把自己认作为宽恕。它看到的不是那个人犯了什么错，而是那个人在受苦。它只想去理解，去帮助，并不觉得那有什么可宽恕。

没有伤害就没有报复。然而，在亲密关系中几乎不可能避免冲突和无心的伤害。如果我们能对伤害有更加理性的理解，不夸大它的影响，并相信自己的复原能力，就更有可能消解报复的冲动。

陀思妥耶夫斯基在《卡拉马左夫兄弟》中对阿辽沙的这一段描述，对我们认识"伤害"具有重要的启示意义：

> 阿辽沙确信，世上任何人任何时候都不愿意伤害他，非

但不愿意,而且不可能。这是他的信条,一旦确立便决不踟蹰,他就怀着这种信念毫不动摇地勇往直前。

紧接着,陀思妥耶夫斯基明确地表达了自己的立场:阿辽沙有这样的信念,并不是陷入了什么神秘主义。这样的阿辽沙甚至比任何人更贴近现实主义。

一种真正意义上的现实主义,摆脱了扰人心智的无谓幻想,摆脱了滋生怨恨的受害者心理。与其说完全没有人蓄意伤害他,不如说他不再"蓄意"接受伤害。

与你亲密相伴的人,你最可信赖的人,你是否能够相信,他们在任何时候都不愿意伤害你?非但不愿意,而且不可能?你是否能越过伤害的表象,看见那人心里的怒意和怨愤?你是否能越过怒意和怨愤的表象,看见那人心里的苦?

不要在爱中引入竞争机制

人们对于爱的理解,通常来说更接近希腊式。认为爱具有一种欣赏、仰望的姿态。柏拉图给出这样的解释:爱是一种追求,是自低向高的,是不完善的对较完善的追求。人与人之间所有的爱之关系,婚姻、友情,被这样分裂为"爱者"与"被爱者",而被爱者总是更高贵、更完美的。

他足够美好,高高在上,吸引你来爱。如此一来,这种爱的模式便形成一条巨链,低下者向上攀登,一边仰望更高贵更完美的对象,一边向上攀登。而那些攀到高处的人,仍旧不断朝更高的地方奋力攀登。

人们认为,在链条最顶端的人是最幸福的人,因为他们已经成为爱的目标和被爱的对象。由此可以看出,爱的理念与竞争原则是如何巧妙地结合在了一起。

舍勒的话总是那么深刻:"将爱的理念与竞争原则结合在一起,这是现代主义之爱的实质。"

亲密关系中暗含着竞争关系,这是现代社会中亲密关系不再亲密的一个关键原因。

竞争关系让人们失去了在亲密关系中本该拥有的安全感,而"安全感"本应该是亲密关系能够提供的最基础的情感体验。

"在全世界的范围内,找到一个可以完全恢复自我的地方,别的我不再要求。"这是易卜生对家的理解。那个被称为家的地方,因为在那里能感受到十足的安全，才能完全放松下来去恢复自己，从纷扰喧嚣中脱离出来，重新建立自己，然后，重新走向外部世界。

无处不在的竞争原则打破了亲密关系本应该提供的安全感。人们害怕自己失去竞争力（包括"爱情市场"上的竞争力）而选择花更多的时间往自己身上投资，而不是去为家人做些什么；孩子害怕在竞争中不够优秀，不配得到父母的爱，早早地就把爱和友情抛到一边，变得世俗且功利。

确实有这样的家庭。丈夫经常加班，在家里的时间除了休息和娱乐，就是阅读财经书籍和学英语，他愿意为家所做的事情仅限于点点手机买东西。辅导孩子，整理家务，一起出游，他是不可能去做的。为什么？因为这些需要经常性地付出整块时间的事，会耽误他学习和进步，会耽误他变得更优秀。这样一个被一条无形的鞭子抽打着不断向上拼搏的人，是真的没有闲情逸致去爱，去为另一个人付出。他恨不得每一分每一秒都用在让自己变得更优秀上。他已经被塑造成了一个精致的利己主义者。这样的人确实更有可能成为精英人士，他的工具理性让他更像是一部精致的机器。

一般来说，在选择伴侣时，这样的精英是值得警惕的，爱的能力在这些人身上很可能已经萎缩了。要和这样的人建立亲密关系是十分困难的，他们的人生似乎更需要成功，不需要亲密。可能说"不需要亲密"有些绝对，这么说吧，在他需要的时候可能会和对方亲密一下，一旦他没有这个需求了，就会十分冷静地背过身去。我没有用"绝情"这个词，因为他不觉得这是"绝情"。一个认为这么做太绝情的人，他还是需要克服自己的良知去狠下心来那么做的。可这对于"精英"来说，并不需要狠心，因为他的心已经变得像石头一样硬了。

一个人有着这样或那样的问题，这并不可怕，爱可以慢慢治愈那些问题。最可怕的，是人的心变成了石头。也就是说，如果一个人的心像石头一样硬，那么对爱的挑战是最大的。不过，也还是有办法。这个办法就是把他从他唯一信奉的竞争原则中拉出来，帮他在亲密关系中学会放松，学会爱。这很难，不过这是唯一的出路。

社会发展需要竞争，但竞争关系不是唯一的关系。这也不能怪"精英"，他生长的环境让他相信了人与人之间最本质的关系就是竞争关系。从小，他的生活就被定下了竞争的基调，就算好朋友也要比一下。"那个天天跟你玩儿的同学，他考了多少分？"这样的话他并不陌生，并且当他说出一个更高的分数时，家长粗暴的言行促使他暗下决心——往后一定要处处把朋友比下去。他渐渐地已经不知道人和人可以为彼此分担和高兴。其实在他心里最深的地方，藏着的是孤独。

与竞争原则结合的亲密关系是没有出路的。

在攀比和竞争中，人很容易就不爱了。我已经超过你了，你不再值得我追求了。随之而来的便是鄙视与冷漠。与张爱玲那句"爱一个人可以低到尘埃里"相对应的，是她曾写下的另外一句话：如果一个人不爱你了，那不爱中必然包含着看不起。这两句话放在一起，便很好地说明了柏拉图理论中仰望与鄙视的关系。如果仰望是爱唯一的姿态，那么鄙视就会源源不断地出现在原本应该亲密的关系里。

如果爱那个更好的、更可爱的、更优秀的人是爱唯一的可能，如果任由竞争关系留在爱里，那么一旦这个人看见了对方身上的缺点、问题、过错，便会流露出挑剔和鄙夷。宽恕很难出现在这样的爱里。

在爱的时候，我们应该一边爱着，一边审核着他是否值得被爱吗？一边掂量着他配得到什么级别的爱吗？还有什么比这种"爱"更让人难以忍受的呢？

如果任由竞争停留在亲密关系里，爱便只能成为一种世俗的情感。而所谓的世俗情感，是十分讲究利害得失与虚荣心的满足的。

爱之所以迷人和伟大，在于它"超越"的本质。爱本身就是对世俗性的超越和淡化。

爱有仰慕的姿态，也有倾顾的姿态。如果在某种情境下，你是那个更完整、更平静、更理智的人，那么，请你去俯身携助那个陷在麻烦里、需要你去关心的人。

能够回身倾顾，才堪称"亲与爱"。

如果人们仍停留在柏拉图看似合理的观念中，把竞争机制引入到爱里，人们便掉进了"配不配""值不值""亏不亏"的漩涡里。被这些问题困扰着，魔鬼便攻陷了这座爱的城堡。

在爱里丢掉竞争。时而仰慕，时而倾顾，这才是人与人之间爱的平衡姿态。

6

家庭幸福的艺术

彼此说些有益的话

我们在世间逗留为时不多，我们会做许多不好的事，说许多不好的话。因此，我们人人都要把握住共同交流的机会，彼此说些有益的话。

——陀思妥耶夫斯基

"魔法"和"巫术"

事情发生在新西兰的奥克兰机场。当时是午饭时间,我和恬恬想吃肯德基,我先生去排队点餐,我带着恬恬找到位子坐下来等。

过了一会儿,我先生找到了我们,可手里并没有端食物。还没等我问怎么回事,他先开口说:"这里人太多了,我们还是去别的地方看看吧。"

我难以置信地翻了一个白眼:"你都排那么久了,这不是白排了吗?现在正是饭点,哪里的人都不会少。再说,别的餐馆咱们也不一定吃得惯呀。你还是赶紧回去排吧。"

他不听,还是要再去找。

"行,你去找吧。我们在这儿等你,找到了来叫我们。"

他转身走了。

估计一时半会儿他也找不着能吃饭的地方,我索性把书拿出来看,恬恬掏出她的彩笔和画本开始画画。我漫不经心地翻了十几页书后,抬头休息一下颈椎和眼睛,无意中看见有个人和我先生很像,定睛一看,就是他。他又回肯德基排队了。

我把书往桌上一放,双臂交叉抱在胸前,右嘴角翘上去露出一抹冷笑。可下一秒,我突然意识到了我在做什么,心头一紧,眼眶发热,眼泪涌了出来——

旅行前做好周密计划的是他,现在跑前跑后的是他,回去写详细游记的还是他,难道我要做的就是坐在这里嘲笑他吗?

那一刻，我突然意识到，能坐在这里等他是多么大的福气！那是我有限的真正感受到幸福的时刻之一。

很久之后，我先生端着食物找到我们。他垂头丧气地坐下，等着我说："我早就说过直接在这里排队是最快的了，你非要到处去找，看看，最后还不是回来排。浪费那么多时间，我跟宝贝儿都要饿死了！这个可乐怎么这么难喝，没有普通的吗？"但是，我忍住眼泪对他和恬恬说："爸爸真能干啊！这次旅行爸爸安排得真好，我们很开心，是不是？爸爸买的鸡块一看就好吃！爸爸真会买！"

说完，我用食指擦擦眼角的泪痕，笑意盈盈地看着我先生。他似乎不敢相信自己的耳朵，表情里带着震惊，直愣愣地看着我。同时，默默把放在他面前的堆满鸡块的盒子推到我面前。我也不做推辞，先拿起一块大的递给他，再拿起一块送到自己嘴边，欣然享用起来。时至今日，我终于能够说出"对彼此有益"的话了，确实应该好好犒劳一番。

这样，我吃了大部分的鸡块，我先生喝了大部分的可乐，恬恬吃了大部分的薯条。真是心满意足的一餐啊！

请想一想，如果我当时不是说了那些话，而是说了他以为我会说的那些话，又会是什么样的情景呢？嗯，会有很多种可能。不过在那些可能性中，鸡块不太可能会被那么愉快地享用吧。

你看，语言有时候就是神奇的魔法，能改变人的心情，能改变环境的氛围，能影响故事的走向，更重要的，能加深彼此的爱。

"等等，我有个疑问。你是怎么一秒钟之后就有了不同的认识的？那个改变那么突然，这是怎么可能发生的？"

这真是个好问题，确实问到了点子上。这也是我准备要说的重点——言语习惯的改变究竟是如何发生的。

想要在亲密关系中总是轻松愉快地交谈，这确实不是轻轻松松就能做到的事。当然，刚开始的时候这没什么难的，难的是后来。因为到了后来，很多伴侣要不然总是争吵，要不然就是无话可说，真正甜蜜愉快的交谈可以说是少之又少了。

吃鸡块的故事是一个很典型的例子。似乎两种说话内容之间只有一线之隔，要对我先生说什么样的话，似乎只在我一念之间。我是怎么就突然福至心灵，想到不能再用以前惯用的方式跟他交谈了呢？

其实，坦率地来说，它并不像看起来那么偶然。"对彼此有益的话"与"刺痛人心的话"之间，有很长的距离，并不真只有一线之隔。就像一个成绩普普通通的小学生，平时考试都在 80 分左右，在没有付出更多努力的情况下，他是不可能突然灵光乍现考了个 100 分的。所有的神来之笔，都离不开之前的积累和努力。是之前的所有的阅读、思考、观察、反省，让改变切切实实地发生了。

这是一个复杂的过程，咱们一步一步来。我得先捋一捋那些不堪回首的往事，以及，数一数那些不得不挖出来的"不幸"种子。

语言不仅是神奇的魔法，有时候也是小小的巫术。说到小小的巫术，没有人比我有更深刻的体会了。我几乎被一句话整整折磨了近十年。

这是一句什么话？这句话是谁说的？为什么他要对我说这样一句话？

事情是这样的。在我研究生快毕业的时候，我去我的老师家吃饭。相传我老师的先生深通《易经》，善解命理。在饭桌上，我一时兴起，就请师父（与"师母"相对应）帮我算一算。师父闻言，放下手中的筷子，严肃地眯起眼睛，先是看看我的面相，又侧过身，看看我的耳朵和后脑勺。之后，老先生很认真地说："你将来，生活在中下等。"

我差点岔过气去。中下等？师父您确定吗？我可是刚被评为本届优秀毕业生，拿到了一所高校的工作录用通知。我可是没准备好要过什么"中下等"的生活啊！

带着震惊与忐忑，我恳切地问师父："师父，可有破解的办法么？"

师父露出温和的微笑，宽慰我道："放心，凡事都有破解的办法。你，有没有考虑过，跟着你老师继续读博呢？"

天啊，我应该早来老师家吃这顿饭的，这样就可以早做读博的打算，将来就不用为生活在中下等而担忧了。现在可好了，中意的工作已经敲定，一切都来不及了。

就这样，我没有读博，而是跑到深圳和我先生结了婚，在学校里当起了老师。从那往后的日子里，"你将来生活在中下等"这句话就忠实地追随着我。

当我先生准备从之前的公司离职自己创业的时候，我慌忙劝说他不要离职，不然我们的日子就会急转直下，我们就要过"中下等"的生活，这不可怕！等我先生耐心听完我的解释后，他质疑我是否真正接受过高等教育，是否还能理智地运用因果逻辑。一句话，他完全没有把我说出来的任何一个字当真。结果，他的小公司办得有声有色，他干得很开心。

后来我怀孕了。我又想，咱家宝宝估计得有问题，不然，好好的日子怎么会变成中下等呢？等恬恬刚生出来，果然，她只哭了一声就不哭了。哎呀，恐怕是个哑巴吧？我躺在产床上惊慌地问助产士："为什么我的孩子不哭？她是不是有问题？快，你赶紧拍她几巴掌！"助产士在忙着擦洗恬恬，并没拍她，而是冷冷地瞟了我一眼，那眼神就像我是一个神经错乱的人。接着,她一边包裹恬恬一边说:"你想什么呢?宝宝好得很呢。各项指标都检查过了,测评结果满分。"说着就把包好的恬恬塞到了我怀里。

你可能会问,那么,你到底有没有过上"中下等"的生活呢?

这应该怎么说呢?我自己对我目前的生活其实是很满意的,无论是物质、精神还是情感。可这句话的威力就在"将来"——"你将来会生活在中下等"。就算我的一生真的安安稳稳地度过了,可如果我一直被这句话搅扰着,那我果然还是在过着"中下等"的生活,至少在精神上,所以,你看,师父这句话的逻辑是相当严密,没有纰漏的。

不过,我后来想明白了。在"没过上'中下等'的生活我就没办法死心"这件事上,我不能怪我师父。当时,很可能我师父就是感觉他接收到了某种神秘力量传达的天机,他只不过是如实相告。或者,我师父就是单纯地希望我能接着读博,想推我一把,帮我在求学之路上更进一步。只不过,他老人家用力稍微猛了一些。

后来我才明白,只管努力去生活,在充满生机的努力过程中去获得幸福,至于命运允许我走多远以及走多久,都不是我该操心的事。不过,这样朴素又深刻的哲理并不是我现在准备讲的主题,我是想通过这个小故事来说明,一句话可能会有多么大的威力。

很多时候,人们忘记了自己语言的威力。人类的语言,是这个世界上最有力量的声音,它可以是神奇的魔法,也可以是小小的巫术。它可以发动一场战争,也可以说出"我爱你"。

亲密关系中的语言环境,是一个人一生中最重要的生活环境。

如果说,家庭是人生的第一所学校,那么,这所学校每天都在实施的一项重要教学内容,便是语言教学。在父母对孩子进行的所有教育里，至关重要的就是语言教育。不是你要求孩子说什么、怎么说，而是你都对他说了什么以及你是怎么对他说的。那些话中有多少是优雅的、智慧的、温柔的、满怀爱意的、表达理解的？又有多少是轻率鲁莽、怨恨刻薄、羞辱指责、强加控制的？

  你所说的话，你说话的方式，最终内化成了孩子看待世界的方式。

  亲密关系中的语言环境，直观地反映出了亲密关系的质量，并且深刻地影响着亲密关系的未来。

好好说话，在爱中是一种艺术

朱天心的小说《初夏荷花时期的爱情》腰封上的推荐语是：一笔写尽所有男人和女人的爱情结局。

所有男人和女人的爱情结局，这是一个什么样的结局？用《海盐和鼠尾草》中的一句歌词来总结——从斑斓相遇，看穿黑白结尾。

这是一个具有实验色彩的故事。

男女主人公因纯真炽烈的爱情建立了家庭，养育了一双儿女，工作体面，生活讲究。可等人到中年，他们的情感状态却是：感情淡薄，无话可说。

这不是他们在恋爱之初预料到的结果。像角色扮演游戏一般，作者让男女主人公屡次重新开始，将他们投入到不同的场景、情节、对话之中。可无论如何，人到中年，他们的情感状态仍旧是：感情淡薄，无话可说。

当初那么强烈的激情，终究没能转化成持久的爱恋。命运甚至没有掀起波澜，没有意外，没有灾祸，也不需要第三者，单凭琐碎安稳的日常，就足以收走当初的欢欣甜蜜、心醉神迷。

要把最初的爱，放入持续的日常中，放入从今往后每一天的交谈里，这几乎是不可能的。通过之前的阅读，我们已经清楚地了解到，最初的爱自身并不具备时时重焕生机的能力。

似乎所有婚姻总会走到这一天。

清晨，你醒来，感到莫名又浓重的忧伤。日子好像在不断地重复，如果就是这样重复下去，那些恼人的事还会一来再来，争吵和冲突还是会发生。真正的相互理解、相互关心似乎已经不可能，更不要谈什么相互欣赏。你并不是那么介意争吵，也不是那么介意重复，你清楚这些是生活避免不了的。

你介意的是，你最重要的生命关系，似乎丧失了突破和新生的可能。

你当然不会因为这些事而放弃婚姻，显然没到那个地步，可是，你真的感觉不到亲密了。你只是靠着惯性起床，去做一天该做的事，时间就这样过去。你想跟他谈谈这些事，谈谈你的感受，可他说："是你想太多了，我觉得一切正常。"

你的话、你的情绪被堵了回去。他说这些话的时候，甚至不会看你一眼。在他看来，这是根本没必要花时间谈论的事。他说出这样的话，也是你能预料到的，本来就是因为和他没有办法沟通，你才会有这种透不过气来的感受。

细想起来，你们的生活也算优渥，该有的都有了，你们不过是常常话不投机，或者无话可说罢了。

可是，就是这看起来不足为外人道的"无话可说"，让你追求的幸福无迹可寻。

"无话可说"，这应该就是亲密关系名存实亡的标志了。

"死亡"这件事，如果不出意外的话，通常来说都是悄悄发生的。这种"不知不觉"，是最让人不寒而栗的。

无论当初多么情真意切，多么相谈甚欢，"感情淡薄，无话可说"还是会在不知不觉间坐稳了江山。当初的"完全在一个频道上""我说上一句，他自然地接出下一句""从来不吵架，根本吵不起来""在一起总是特别开心，总有说不完的话"，这些都是暂时的，给点时间，甚至不需要给太多时间,"感情淡薄,无话可说"就会悄无声息地出现。

这几乎是情感发展的自然轨迹。为什么?

这种变化是如何发生的?

其实很早的时候,通常是幼年时期,"不幸"的种子已经被埋进了许多人的心里。遇到合适的土壤、阳光、水分,它便会生长发芽。怎么埋进去的?通过语言。细致一点来说,更可能是语言中的语气,一个字一个字、一句话一句话地埋进去。否定、焦虑、自我怀疑,顺着说话人的用词和语气,一点一点钻入他的耳朵,渗进了他的血液里。这就是语言的小小巫术。

也是在很早的时候,"幸福"的种子被埋进了一些人的心里。家人在他还是婴儿的时候,就开始温柔地和他讲话。喂奶的时候,换尿布的时候,洗澡的时候,哄他睡觉的时候,都会和他温柔地说话,说的内容并不重要,他也听不懂,重点是温柔的语气。

小宝宝在妈妈子宫里长到 6 个月的时候,耳朵以及大脑的听觉通路就已经发育完成,他们能听到妈妈心跳的声音,血液在血管中流动的声音,妈妈肚子"咕噜噜"的声音,以及妈妈说话的声音。从那个时候开始,小宝宝就已经在熟悉妈妈的语音、语调、语速,并且更重要的,他们开始学着感知妈妈的情绪了。

你可以做个试验,在人们讲话的时候,用食指堵住你自己的耳朵,这个时候对方讲什么你听不清,不过你能听出来对方说话的语调、语速以及情绪。

大提琴家马友友在接受采访时说:"我不是在用技巧拉琴,我是在用情绪拉琴。"我们都知道,拉琴当然得练习技巧,技巧不过关肯定不行。不过只用技巧也是不行的,就像不带感情地背诵课文一样,谈不上有什么艺术性。所以，在技巧之上，要注入情绪，因为最终还是要用情绪去感动人。有一首歌的歌词是这样的：让我生气的不是你说话的内容，而是你说话的方式。就是这个方式，更具体地传递出了你的情绪。

有时候，我们会用自己的语言干蠢事。我们似乎身不由己地就说出一些傻话，那些对谁都没有益处的话。就拿我自己来举例子吧，我对我女儿说过很多傻话，其中最傻的一句就是我说她讨厌。

面对如此愚蠢的语言，恬恬是怎么做的呢？

有一天，她写了张字条放入我每天背的包里。字条上的内容是这样的：

妈妈你好！今天我从你那里学会了一个新词"讨厌"，我等不及要在我同学身上用了。而且，我也会用在你身上。祝你有讨厌的一天。

有这样一个女儿还有什么话好说呢？只能在无尽的反省中度过每一天吧。

这是威胁吗？应该是，但也不是。因为她说的是实话，如果我总是对她说讨厌，那么，她就很可能不仅对我说讨厌，还会对全世界说讨厌。

后来我是怎么做的呢？吃饭时，当她再次不小心把食物洒出来，如果我还是没能忍住要想要说她讨厌，在"讨"字即将突破舌尖与上齿的阻挡冲出来的时候，我在最后时刻转变了情绪，用一种近似撒娇一般的语气说："讨厌……啦！"

这个时候，恬恬一定不会用生气和愤怒的眼神看我，而是会换做另一种眼神，那种"妈妈你还好吗"的眼神，并抱歉地把洒在桌上的食物收拾好。这样一来，她就不会觉得"妈妈真的很烦我""我很烦妈妈烦我",而是会想:下次吃饭时我可要多加注意,看我把妈妈逼成什么样了。

这当然是权宜之计,不过它至少说明了,在语言内容不变的情况下只是变换情绪,就会令对话产生不一样的效果。在说话时,首先需要调整的就是自己的情绪。把情绪调整对了,说出来的话就不会有大问题。

如果我们能在孩子小的时候,就用温柔的语气和他说话,哪怕只是些简单琐碎的只言片语,也一定能温暖孩子的心,让小小的他感受到一种无限又深刻的安全和稳妥。

安全和稳妥,这正是人在生命之初该有的感受。如果一个人,在他生命的背景里有安全和稳妥做底色,他更有可能敢于到那些广阔而未知的领域去探险,正是那些超出自己眼界和见识的地方,让他的世界变得更加开阔明朗。

问题在这里:有多少父母,在他们自己内心深处感受到一种安全和稳妥?有多少父母,有能力常常温柔又愉快地和孩子聊天?有多少人,在人到中年为人父母后,还能时时感受到最真切自然的快乐?

如果他们的生命已经被埋下了"不幸"的种子,如果否定、焦虑、自我怀疑已经流淌在他们的血液里,他们怎么能够对孩子说出轻柔愉快的话来?他们怎么能够把"幸福"的种子种在孩子的心里呢?

你的心里种下了多少"幸福的种子",又被埋下多少"不幸的种子"呢?

看到这里,你的心情可能变沉重了。不用担心,别忘记我们可是"严肃的乐观主义者"俱乐部会员。我们不担心,我们去找办法。

我们先来识别出那些不幸的种子,把它们挖出来,然后种下幸福的种子。生活可以和我们一起发生美好的改变。

让我们再回到"无话可说"这个问题，为什么曾经相亲相爱的两个人会变得无话可说呢？不是一下子变成这样的，其实中间还有一个必然的步骤——"语言攻击"。

亲密关系中基本的交流轨迹通常是这样的：相谈甚欢——语言攻击——无话可说。

为什么互相之间会出现的语言攻击？因为人们的心里或多或少被埋下了那些具有黑暗能量的话，那些种子要生长，要蔓延。在社会关系领域，人们会把这些带刺的枝蔓小心地藏起来，但在亲密关系里，它们就探出头来。像所有的物种一样，这些种子也有繁衍扩散的本能，你想要连根拔起不容易，这绝不是几句话的问题，它们在人的思维里生长了那么多年，已经形成了一个庞大完整的生态系统。

话与话之间，思维方式与表达习惯之间，对他人的认知与对自我的认知之间，对爱的理解与对自我的维护之间，所有这些因素都处在这个统一完整的生态系统中，彼此交织缠绕、扶持滋养、约束激发。需要改变的不只是某句话、某种表达方式，或者说，如果你想改变某种表达方式、不再说某句话，你还需要让改变发生在更高的层面。

不过，首先需要面对的问题是，有太多人，他们根本没有意识到自己说的话有问题，根本不认为自己的语言面貌、语言习惯需要改变。由此一来，要改变语言系统就无从谈起了。

我身边的一位朋友告诉我，有时候她真想把她先生说的话录下来。我另一位朋友，移居到了美国，她告诉我，她先生有一天冲她喊："I will video you！"（我要把你录下来！）

为什么要录？因为人有些时候就是意识不到自己在说什么，意识不到说出那些话的时候，自己是什么模样。

指挥家小泽征尔在谈到钢琴家内田光子时，深感佩服地说："想不到日本也能培养出如此优秀的钢琴家。"等到具体评论内田小姐的琴声时,他说:"琴声很干净。她的听觉的确敏锐。"之后再次发出赞叹:"她的听觉实在很敏锐。"在这位世界闻名的指挥家看来,敏锐的听觉是弹出清晰干净琴音的基础,也是成为一名优秀钢琴家的关键。

保持敏锐的听觉。听见自己在说什么,听见自己声音的大小、音质的色泽,并判断出它给耳朵带来什么样的感受。人们十分在意自己的味觉,要尽量吃到美味的食物,也在意自己的嗅觉,家里除了保持空气清新外还会用香氛,视觉更不用说了,视觉几乎是人最在意的感觉。可是听觉呢?

人们怠慢听觉太久了,先不说人们说出来的话给对方的心灵带来了什么感受,我们至少可以先考虑给对方的耳朵带来了什么样的感受。如果我们在意听觉,我们就会在意自己说出来的话,在意自己说话的方式。

无论在地球的哪一个角落,大家共同分担着这个难题——在亲密关系里,说出对彼此有益的话是多么不容易。如果人们不留心听自己说出的话,如果人们不明白,在亲密关系中自己的表达有多重要,就很难说出对彼此有益的话。

爱,终究要落地,要具体到日常里,要能给人真正的安慰和温暖。而安慰、温暖,更多的时候需要落实在语言里。

爱,需要我们说出对彼此有益的话。

亲密关系的纽带就是交谈。语言行为,是亲密关系中最重要的行为。语言直接表达一个人的心意,直接深植人心。

很多事情可以外包出去,然而你对他说的话却不能。工作忙,可以请人打扫家,可以请人做饭,但是每天你对他说的话,一定要你对他说。

一位爸爸出差了，他每天晚上给妻子打电话的时候，总会说一句："替我亲亲咱们的小姑娘。"也总会跟五岁的女儿说上几句"幼稚可爱"的话，那些话总能把女儿逗乐，她知道她的爸爸好爱她。爸爸没有在家的这些天里，妻子和孩子仍然能感觉到他的爱，虽然他除了打几分钟电话之外，什么都没做。这就是语言的魔力。

你记得和他一起吃拉面的那个晚上，你记得他说过的话，还有他眼睛里的星光；你记得和他共赴宴席的那个晚上，你也记得他说过的话，还有他眼睛里的冷漠。那时，你想起一句歌词：满堂盛宴，不如一碗细面。

语言可以把水变成酒，也可以把酒变成水。这就是语言的魔力。

你是说话还是沉默，你为什么要说，又为什么要沉默？你说出的话是一种什么样的面貌？阴暗的，还是灿烂的？尖刻的，还是温暖的？模糊的，还是明确的？愚蠢的，还是慈悲的？

最终暴露我们灵魂的，是我们说出口的话。我们与语言的关系，是一种十分本质的关系，容不得轻慢。"思之严格，言之庄重"，这是德国哲学家马丁·海德格尔的箴言，这是他对待语言的态度。我们又是以何种态度对待自己的语言呢？

不得不说，我们对于语言的态度，普遍过于轻率了。很多说出口的话，其实只是随便说说，没有诚意，没有心肝。

我们不知不觉、脱口而出的那些话，像蚕茧一样把自己一层一层地缠绕起来，也把我们最亲密的人缠绕起来。它让最亲近的人也产生隔膜，让心和心无法贴合，无法有情绪、情感、思想的相互流动。

压抑和隔膜就这样悄悄发生了，最终所谓的家，只剩一个空壳子，里面没有了生命的奔流涌动。这对于很多家庭来说，是让人沮丧却又无奈的事实。

在成长的关键时期，你听到的那些话，它们不是一阵风。虽然现在你找不回来那些话了，好像它们都不存在了，可它们真的不是一阵风、一口气，它们曾经进入你的耳中，落入你的心田，生根发芽，并伺机繁衍播种——从你口中说出的话，又到别人心中生根发芽。不管我们愿意不愿意，在我们不具备理性思考能力，或者当我们的理性思考能力尚在成型的时期，那些话到底还是给我们造成了影响。

如果我们能反思一下自己生长的语言环境，能认识一下那些话的意味和意义，我们还能潇洒地说，我们在自由地思考、独立地表达吗？我们还敢说，我们有良好的语言面貌吗？如果你从来不曾痛苦地发现，啊，原来我的语言面貌是残破不堪的，原来人做到真诚是这么困难，如果你从来不曾满怀勇气地告诉自己："我要打碎原有的语言系统，因为那根本不是我的，而是世俗的语言系统；我要重建真正属于我的语言系统，我要在乎我说出的话，我要关心那些话所引领的方向。"那么，你凭什么说你有好的语言面貌呢？

如果语言不是一个人情感和理性的显现，如果它们只是压抑、冲动、偏见和世俗陈规禁锢的结果，那么这样的语言从说出口的那一刻起，便是不值得去倾听的。

这样的语言，从人的口中说出，却像一架冰冷的机器发出的声音，跟这个人没有什么关系，它没有带着他的温度、关切和思索，不可能含有什么真正的营养与能量，从这样的语言中不可能孕育出可能性与新生性；那些表达习惯，那些词句，在一种强大的惯性中不断地重复自己。

不断地重复，没有修正与新生，就是死亡。

人们说出口的话非常具有迷惑性，因为那些话看不见摸不着，似乎只存在于说出口的那一小段时间里，而时间总会过去，所以人们很容易对说出口的话掉以轻心，以为不过就是一句话，说过，听一听，就过去了，可事实却不是那么简单，你常常听到的那些话会内化成你的语言。

坦率地说，无论多么强烈的激情，也不可能直接进入人的精神层面，引发语言上的根本变化。

人们应该清醒地认识到：无论多么强烈的本能之爱、情欲之爱，无论爱情、父爱、母爱，都不会直接转化出高贵圣洁的心灵。而未能进入精神与心灵领域的情感，未能落实到语言里的爱，是无法在一个人生命中长久停留的。

需要铭记的是：任何一种亲密的爱，都既是感官性的，又是精神性的。

我们往往被强烈的感官操控，不论是美妙的还是糟糕的，却忽视了爱精神性的层面。

而正是这个精神性的层面，更多的标志着你属于你。是这个部分，让你找到力量去铲除"不幸"的种子，种下"幸福"的种子，从苦难中寻得光明。是这个部分，让你时时从旧有的环境中分离出来，去创造属于自己的新环境。也是这个部分，让你从旧有的语言缠裹中剥离出来，一个字一个字，一句话一句话地，救出自己，让自己重生。

要说出对彼此有益的话不容易，要改变自己的语言面貌不容易，那意味着，要让改变发生在自己的精神和心灵层面。唯有进入这个层面，这个人和他的爱，才拥有了第二次的诞生。

可惜，世界上太多的男男女女，把感官性的爱和物质层面的条件当作了爱的主体。没能认识到，爱要时时重焕生机，需要突破自身的拘囿，进入更高的层面。不能仅仅指望着靠本能层面的情感，让你们说出对彼此有益的话。

让爱落实在日复一日的言语中，让爱历久弥新，要打破"感情淡薄，无话可说"的魔咒，要拔除"不幸"的种子，不是不可能，只是不容易。

有很多事等着我们去看见，有很多话等着我们去说。

"正常就好,何必快乐"——真的是这样吗?

恬恬四岁多时,我们带她去香港麦理浩径徒步。一起去的是我师姐夫妇和他们的两个女儿,大女儿隽隽比恬恬大两岁,小女儿惟惟比恬恬小半年。

麦理浩径是全港最长的远足径,共 100 公里,分为 10 段。我们选择了第二段,全程 10 公里左右,有山有海,是麦理浩径风景最美的一段。

路程走过了大半,我们在一片竹林里发现一家小吃店,大家在阴凉里落座后各自点了甜品。一勺双皮奶入口,凉风缕缕吹来,真是心旷神怡,顿时我的疲劳消去了大半。

正当我浑然放松的时候,恬恬不知何时已站到了我身边,一脸认真地问:"妈妈,我们三个小朋友谁走得最好?"

刚入口的双皮奶,差点没被我吐出来。

从什么时候开始,小孩子可以如此直言不讳地问这种问题了?难道为了解除心中的疑惑就可以置大人的颜面于不顾吗?虽然我知道你走得最快,你没有要爸爸抱,你摔了也没有哭,一句话,我知道你走得最好,可是我还是不能直接说你走得最好,好吗?而且我一点都不喜欢这种比来比去的问题。

所以,我先是咳嗽了一声,然后镇定地吞下那口双皮奶,说出了这种情形下大人们的标准答案:"宝贝,你们三个都走得最好。嗯,你的芒果西米露要快点吃哟,我们不能停太久。"

恬恬并没有回到自己座位上的意思，她继续站在我身边，脸上是一副研究者才有的严肃神态："妈妈，'最'就是只能有一个。你只能说一个，你觉得谁走得最好？"

我仰天翻了一个白眼——还能不能让妈妈愉快地吃东西了？为什么还要坚持问下去？好，你非要一个答案，我可以给你一个答案。

我把勺子往双皮奶里一插，十分肯定地说："宝贝，我觉得惟惟妹妹走得最好。你可以快点回去吃你的西米露了吗？"

恬恬的眼睛顿时流露出惊讶和疑惑："妈妈，你说的是走在最后的惟惟吗？是哭的那个惟惟吗？"

"对啊，宝贝。我们这里只有一个惟惟。"

恬恬更惊讶了："妈妈，为什么是惟惟呢？"

"因为她最小啊。恬恬，你快点吃好不好？不要让大家等。"我有点不耐烦了。

"可是恬恬妹妹还最矮呐！她的腿最短！走得最好的明明是恬恬！"隽隽大声说。

就在那个瞬间，我和师姐的眼神很不巧地碰在了一起，彼此勉强笑笑后，迅速把目光转移到了面前的食物上。

男性们呢？爸爸们呢？在这样尴尬的情境里，他们不需要说些什么吗？他们认为不需要。两位爸爸坚定地保持着中立的立场，眉飞色舞地聊着股票。

夜里，回家的的士上，恬恬又忍不住轻声地问："妈妈，你真的觉得是惟惟妹妹走得最好吗？"

此时听到她的问题，我突然有些心疼。一个这么单纯的小女孩，就是单纯地想知道一个答案，她到底错在了哪里呢？我让自己靠在后座上，转过脸去看着她，很认真地轻声地说："不是惟惟。走得最好的是你,宝贝。"

等我说完,我看到了在黑暗里泛着光的眼泪。那是我第一次看见一个四岁多的小女孩默默地流眼泪,不是哇哇大哭,是默不作声地流泪。

她长长地呼出一口气,那不像是委屈,更像是一种很深的惋惜。

"妈妈,那个时候,你为什么不说是我呢?你为什么就是不说是我呢?"

是啊,为什么不说是你呢?为什么我不能给出心里真实的答案呢?这其实也是孩子们心里的答案啊,为什么不能向孩子们做一个确认呢?

因为我想"正常"。因为"都好"才是这种问题最正常的答案。事实、我真实的想法、我女儿的感受,这些都被排在了后面,"正常"才是最重要的。

什么才算正常答案?大家都会这么说的答案。如果在那样的场合,让我当着大家的面,看着我女儿说:"宝贝,你走得最好。"这太奇怪了,我都想象不出那会是个什么样子。我没见谁说过这样的话,我也说不出这样的话来。

英国作家珍妮特·温特森的回忆录名字叫做《正常就好,何必快乐》(Why be Happy When You Could be Normal),这是她母亲对她常说的一句话。

温特森夫人是很真诚地问她女儿这个问题的——正常就好,你为什么非要快乐?

对温特森夫人来说,过正常的生活、标配的生活,是唯一正确的选择。很多人像温特森夫人一样,把"正常"放在了第一位,把"别人会怎么看""会不会很奇怪""会不会有人说"作为行事的第一准则，为此不惜放弃自己最本真的想法和最真实的快乐。甚至一些人，早已把世俗常规和别人的看法认作是自己的想法。快乐总会过去，自己的想法又有多少人在意，可别人对自己认可、别人觉得自己正常太重要了，不然要怎么在这个社会上生活下去？

然而，很多时候，"be normal"（正常）看似是铠甲，实际却不过是禁锢。

珍妮特·温特森看明白了这个问题，她做出了自己的选择——我就是要快乐，我可以不要你口中所谓的"正常"。

她的小说和回忆录大多是她向内进行的自我探索。她发现，无论如何都活不成别人眼中的珍妮特，干脆跳出正常、跳出规范，书写属于她自己的故事。

珍妮特·温特森曾经很不快乐，她怨恨自己没有办法让母亲满意，好像自己来到这个世界是一个错误，这让人想起电影《被嫌弃的松子的一生》中，松子反复在墙上写下的那句话："生而为人，抱歉。"几乎每一个人或多或少都有过类似的感受：我们是否让父母失望了，我们是否真的配得上现在的位置，我们是否还是不够好。

阅读和写作成为珍妮特的安慰和出路，是书籍让她看见生命之光，帮助她从更深刻的角度重新认识这个世界和人的生命，建立起一种新的与世界相处、与自己相处的模式，并最终改变了她的语言体系。

她不再问自己"我让他满意了吗""我够好了吗"，而是实实在在告诉自己——"我要快乐，何必正常。"

其实，她本就没有什么不对，也没有什么不好，更没有什么"不正常"。

源代码，不幸的种子

如果你喜爱动物，如果你看见过小高山岩羊第一次跟着妈妈一步一步跳下岩崖峭壁时的那种信心，就会相信，大自然把最宝贵的礼物送给了每一个生命：那种从内心深处，对自身生命力本身的信赖。这信赖，是所有生命体得以在各种艰辛考验中生存下去的基础动力。

然而有两句话，阴阳相成，相化相生。这两句话像两句源代码，让一个一个原本独一无二的大脑，变异成批量生产出来的一个；让一个一个可以培植出信心和勇气的心灵，被否定和怯懦吞没；让大自然原本安置在每一个动物体内的对自身生命力本身的信赖，被焦虑和不安取代。

这两句话就是——"别人会怎么看你"以及"你看看人家"。在所有"不幸"的种子中，最具毒性和侵染性的就是这两句。

我们一句一句，细细来谈。

在"麦理浩径的对话"中，我说出那个"正常"的答案时，几乎没有用自己的脑子思考，我像是被一种强大的惯性控制着，我只能说这句话。因为在世俗常规里，你不可以说自己好，你的孩子是你的，你也不可以当众夸奖自己的孩子。唯有如此，你才正常。

为什么不可以说自己好？为什么不能当众夸奖自己的孩子？因为这样才谦虚，或者更准确地说，因为这样才"看起来"谦虚。世俗常规要求人谦虚，或者，至少要看起来谦虚，这样人们才更容易接受他，这样他看起来才正常。为什么？因为他不出格、不出众，因为他让自己显得平庸，这样能让大家都好受。

表达这种谦虚的人，或者让自己看起来谦虚的人，往往并不是真正的谦虚。真正谦虚的人从不会自我贬低，他有能力给自己一个合理而得体的评估，他只是不再把别人眼中的自己看得那么重。而这个假谦虚的人却刚好相反，他特别在意别人怎么看自己，他需要别人觉得自己谦虚；他害怕和别人不一样，更害怕因为显得不一样，而被别人孤立。

当我说出"你们都走得最好"时，我就是这样一个"害怕和别人不一样"的人。我给出的这个看似谦虚的答案，只能说明我太在意别人怎么看我，我需要别人觉得我好。为此我可以对自己不真实，我可以放弃事实和我女儿的感受。

"希望别人说自己好"是一种普遍的、根深蒂固的心理诉求，它直接促成了"讨好"和"迎合"的心理倾向。最后"讨好"和"迎合"变成一种强势的心理习惯，它让人说不出自己的意见，给不出不同的答案，也学不会拒绝别人。它让人几乎忘记了：我是一个人，我可以独立思考，我应该有独立的立场。

那么问题来了，人为什么要渴求别人的认可呢？

这来源于一种深刻的对"别人"的恐惧。其实在一个人很小的时候，他就已经模糊地意识到"别人"的重要性了。

我们来看看子轩五岁时发生的两件事：

大年初五，亲朋好友们来家里团聚，妈妈让子轩给大家表演才艺，他弹了一首《小星星变奏曲》。叔叔伯伯、姑姑阿姨们相互交换着欣赏赞叹的眼神，一边点头一边鼓掌，还给了红包。子轩的爸爸妈妈不禁喜形于色。子轩发现，爸爸妈妈此时的开心，是他单独弹给他俩听的时候没办法比的。子轩还弄不清楚这是为什么，不过没关系，类似的事情还会一再发生,总有一天,他的整个认知系统会明白,那就是"别人"的力量——他俩觉得自己好,是因为"别人"觉得自己好。

爸爸妈妈带子轩看《超人总动员》的那个晚上,子轩被爸爸狠狠地教训了一顿,甚至动用了家法——一根从香港买回来的有机藤条。

事情经过是这样的。电影院门口有夹娃娃机,子轩想让爸爸给他夹一个,爸爸觉得电影快开始了,就没同意。子轩执拗劲上来了,拽着爸爸非要夹,爸爸更是不肯,他就拽着爸爸的衬衣不松手。爸爸掰他的手让他松开,把他弄疼了,他愤怒地吼起来,扯着爸爸的衣服转圈,两人扭缠在一起。这时,爸爸的一位同事碰巧也来看电影,微笑着跟爸爸打招呼:"这么巧啊,儿子这么大了。劲儿不小嘛。"爸爸转身看见同事,脑袋像被雷轰了一般。

这是他最后悔生儿子的一次。

当时的子轩不明白,那晚为什么爸爸会那么生气,他还没有足够的智商和生活经验,支持他识破"他的撒泼"和"爸爸同事碰巧经过"这两件事之间的微妙联系。不过,没有关系,类似的事情还会发生,总有一天他会领悟——原来那晚,爸爸多出来的百分之七十的凶狠,是拜这位爸爸的同事所赐。

世俗生活一定会提供足够多的机会,让一个人明白"别人"的重要性。在他长大成人的日子里,有足够多的机会听到那些相似的话:"你这样别人会怎么看你?""你知道别人会怎么说你吗?""你把我的脸丢尽了!"

脸丢在了哪里?"别人"那里,如果没有"别人"看见,就不会那么丢脸。同样的,所谓"面上有光",这"光"也是来自"别人"那里。

如此一来，这个"别人"就逐渐成为了这个人一生中最重要的人。

"别人怎么看"，与这个人几乎所有的快乐和不幸息息相关。这个"别人"也成了他最"敬畏"的人，给了他无限的恐惧和折磨。这恐惧感在一次又一次"别人会怎么看你"的指责中，在一次又一次的得意、自豪、疼痛、羞耻的经历中，被深深刻进了他身体和心灵的记忆。

这样的话一遍又一遍，这样的事一次又一次，"别人会怎么看"，这句话被成功设置在了他的大脑里。这一天终究会到来——无须另一个人的提醒，他已经学会自己反问自己："别人会怎么看我呢？"

总有一天他会明白，就算别人什么都没有做，什么都没有说，也有可能成为评判他的可怕尺度，以一种诡异的方式"指责"和"压抑"着他的存在。至此，他已不需要大脑的介入，对别人的"讨好"和"迎合"已经被设定为自动模式。至此，他已可以和自己的灵魂说再见了。

对别人的在意，对别人赞许的渴求，当然会促使一个人做出良好的行为，但这种良好的行为，却不能说是出自一个人良好的动机。他的所有动机都来自于这一点——渴求别人对自己的赞许。他所表现出来的谦虚、善良、关心、忍耐多少添加了做给人看的成分，当他表现出这些好品质的时候，他自身并不充分具备这些品质。

任何一种真正的好品质，都以把对方、把事情放在自身之前为基础，可这个人却是永远把自己放在第一位，把别人对自己的赞许放在第一位。这实质上表现出的是一种精神性的匮乏——他太缺乏一种对自我的健康认知，他需要通过别人的赞许来让自己好过。

可这样的人怎么可能好过呢？"别人"那么多，"别人"的喜好又

211

实在难猜,"别人"的心意也太难琢磨。所以,这个人实际上是无限焦虑的。

无限焦虑也就意味着无限痛苦。让这么一个惊恐地、奴性地顾忌"别人会怎么说"的人,让这么一个无限焦虑又无限痛苦的人,去好好爱他身边的人,从他口中说出对彼此有益的话,这一定是不可能的。他努力维持着正常的表面就已经够不容易了。很多时候,他对家人说的那些话,是力不从心、心不在焉的。他最有可能说出的,还是那一句忧心忡忡的——"别人会怎么看你"以及"你这样,别人会怎么看我"。

"讨好"和"迎合"是对自身人性的绞杀。习惯"讨好"的人,不仅能假装出某种品性,甚至能假装出某种感受。

喜欢也好,厌恶也好,冷淡也好,热情也好,只要是一个人真实的感受,如实地接纳它们都没有问题。问题在于,一个人并没有某种感受却装出那样的感受。有时候,人甚至都不知道自己在作假,那假装的姿态甚至骗过了自己,连情绪和身体全都沉浸在一种假装出来的状态里。

那些还能慢慢感到不适、不妥和痛苦的人,是还没有完全被世俗陈规和别人的眼光绞杀的人。这不适、不妥和痛苦的感觉,有可能让他警醒,让他想想到底哪里出了问题,让他有可能找到那一句话——"别人会怎么说你"。

尊重自己真实的感受,尊重自己的生命。要摆脱对自己的作假,先从察觉到自己在"假装"开始。

不要自欺欺人,不要对自己撒谎。不要自惭形秽,去承担真实的自己,去破除那个透明的无意义的茧——纠结于别人怎么看自己。

请时时记起古罗马诗人贺拉斯的这句话:

使一个渴求赞许的人，闷闷不乐或者兴高采烈的话语，却是多么的无足轻重！

纠结于别人的看法，丢失平和的心境与独立自主，这才是真正的损失。

自然之神与缪斯女神慷慨赐予人间的那些美妙礼物，唯有平静无失的心，才得享受。这世间，没有比失去平和的心境与自我的灵魂更大的损失了，没有比这样的损失更令人不安的了。

人一生所做的许多事，付出的所有努力，工作，阅读过的书籍，亲密的情感，旅行途中的风景，所有这一切，不是为了给"别人"看，它们都有一个十分本质而深刻的意义——解放你自己。

突破自我，解放自我，让自己不断成长，这本身就是所有生命的意义，也是所有生命本身负有的使命。每一个人，应该把活出自己的个性，作为自己的首要任务，而不是活得让什么人满意。

"葆有我心"才是拼尽一切应该去努力坚守的。看见自己的心意，坚守自己的心意，伸张自己的心意，这是唯一的道路。

没有任何事情比失去自己更可怕，没有任何事情比活在这个身体里却不能拥有自己更可怕。

"葆有我心"，这是立足于世界的起点，也是建立关系的起点。否则，所有的努力只会堆砌出一座海市蜃楼，所有的关系都是假关系，因为那个自我是个假自我。

还记得动画电影《冰雪奇缘》的主题曲 *Let It Go*（随它吧）吗？当公主 Elsa 的不同被暴露出来，当她没有办法再假装"正常"，她独自一人登上了北山。她选择不再假装，她扔掉了手套，不再掩饰自己，不再隐藏自己，不再假装感觉不到自己。她唱出：

I don't care what they're going to say.（我不在乎他们会怎么说。）

Let the storm rage on!（让风暴怒吼吧！）

The cold never bothered me anyway.（寒冷再也不能烦扰我。）

曾经控制她的恐惧再也不能让她害怕。她终于明白要突破局限、突破自我，她终于感受到"自己与风和天空同在（I am one with the wind and sky）"，她以"我站在这里（Here I stand）"踏出一座城堡，一片属于自己的天地，挥手换上了冰雪般晶莹闪烁的露肩长裙，变成了自己灵魂领地的女王。

让我们从电影里回过神来，看一看生活的现实。

请你想象这样一个场景。妈妈在看《诗词大赛》节目，电视上是一个 5 岁的小男孩在背古诗，提问到的古诗他每首都会。这时 7 岁的儿子从书房来到客厅，想要倒杯水再回去接着去写作业。

请问，凭你的生活经验，你认为这个时候，妈妈最有可能对儿子说哪一句话：A. 写累了吧，休息一会儿，去凉台透透气；B. 你看看人家，比你还小两岁呢，你能背出来几首？

在类似的场景中，你听到的是 A 还是 B？如果是 A，恭喜你，并诚恳地邀请你怀着同情心接着往下看。

如果你的答案是 B，那么你觉得妈妈为什么要这么说？

如果你去问妈妈，她可能会说："我是为了你好啊，我想激励你好好学习。"可问题是，孩子听到妈妈这句话后，会去好好学习吗？会立马拿出《唐诗 300 首》开始背古诗吗？大概不会。

相反的，孩子会感觉很糟糕，这个糟糕的感觉让他许久不能平静,写作业都会受到干扰。为什么会有糟糕的感觉?因为妈妈觉得他不如别人,并且对这个小生命更有危害性的是:这也让他觉得,自己好像真的不如别人。这个感觉具体包含哪些情绪?羞愧、自责、怨怒、嫉恨。这些都是非常糟糕的情绪,对一个小孩来说,这些情绪绝对不是养分,这是在让他习惯自我否定。自信是养分,好奇是养分,勇敢是养分,可是,自我否定把自信、好奇、勇敢都赶跑了。

那么问题来了,为什么小男孩无法接收妈妈"激励他努力学习"这个信息,却接收到"觉得他不如别人"这个信息呢?

因为后者确实是妈妈最直接和最强烈的感觉。"你不如别人"是妈妈最真实的感受。一个人说出这句话,有时是带着气愤,有时是带着不甘,有时是带着沉痛,但都隐含着一种快感——他让自己暂时跳出了被评判的范围,获得一种高高在上、评判别人的快感。

当你说了刺痛人心的话,就不要再说"我是为你好"了,因为你连起码的尊重都没有真正做到。

人们在说话时,往往注重语言里传递出了什么内容,却忽略了那些话带给人什么样的感受。可感受不重要吗?当家人亲切地说"累了吧,休息一会儿",孩子的心是更踏实和安宁的,等他再接着去写作业,他也有平静的心让他更加专注。当他听到"你看看人家"这样的话,当他带着羞愧、自责、怨怒、嫉恨回去书房时,要他怎样平静自己的心情呢?

如果你爱他,不要只跟他说些看似很有用的道理。要关心、在乎他的感受,当他感觉到温暖、安定,满怀信心,他才更有可能把手头的事做好。

我们再来看这个问题:什么样的人常常觉得身边这个人"不行""不够好""比不上别人""配不上自己"?什么样的人需要这种廉价快

捷的优越感？

是那种从内心深处已经判定自己不如别人的人。

这样的人已经失去了欣赏、信任自身生命力的能力。他最害怕的就是失败，他需要不断用成功证明自己的价值；他也敏感于亲人的失败，因为他们也被用来证明他自身的价值。

然而，生命最不可能取消的就是失败，这是生命进化的有力工具。那些害怕失败的人，却总能处处看见失败，他看不见真正的希望。

那些生活在阳光里的人，那些允许自己犯错，允许别人比自己优秀的人，则是那些从内心深处信赖自身生命力量的人。"你看看人家"这样的话，已经被排斥出了他的语言系统。他们不会对别人说出这句话，更不会对自己说出这句话。他们十分清楚，就像自己的生命一样，身边这个人的生命，一样具有独特的价值。就算他在许多方面比不过别人，可他仍然能够通过自己的努力，做出贡献。

我不清楚这些人是如何让自己生活在阳光里的，也许他十分幸运，出生在这样一个家庭：围绕在他身边的人，知道该对他说些什么话，知道该用什么样的眼神看他，知道该如何好好听他说话。

但更可能是另外一种情形：在他成长的环境里，有阳光也有阴影，他感受过暖流沁心的美好，也感受过冰刃锥心的刺痛。那原本对自身生命力的信赖感，也曾被片片击落。幸运的是，他发现这信心是不可以被击碎也不可能被真正击碎的。他凭着"对他人的悲悯"和"对自己深切的爱"，把失落的信心一片一片补回去。阴影和黑暗仍在召唤他，他知道它们有多强大，可他也清楚不能回去，因为"你看看人家"这样的话，不仅会毁了他的一生，也有可能毁了他所爱之人的一生。

那些说出"你看看别人"的人,从本质上来讲是绝望的,他虽然常常对身边的人说出这句话,可他更经常隐秘地对自己说出这句话。这是他语言系统中最重要的话,是他的核心语言。他认为生活就是建立在攀比之上,这是他从幼年时期就认定的道理。那个时候,他身边,也有一个对他来说最亲密的人,那个人常常绝望地、愤怒地、瞪着双眼对他说出这句话——你看看人家。这句话一遍一遍地回响在他的耳边,终于有一天,这句话成为了他的人格基石,成为他做所有事情的动因。

从此以后,焦虑像一株顽固的寄生植物,侵入他的大脑和神经系统,长久地伴随着他的人生。他以为焦虑的出现,是因为自己还不够成功。可是无论多么大的成功,都无法赶走焦虑,因为这不是成功与否的问题,它已脱离物质层面侵入了人的心灵。那些话像病毒一般,分裂衍变出更多的话和情绪,它让这个人在犯了一个小错误的时候,无休止地对自己说"完了,完了",它又让这个人致力于一种报复式的胜利。

这样的人当然是痛苦的,这种痛苦往往转化成莫名的愤怒,一种遏制不住的愤怒,他唯有把它发泄在自己的亲密关系里,因为只有这里看起来是安全的。那些看似是对妻子/丈夫的愤怒,对孩子的愤怒,其实是一种深深的对自己无能的愤怒。

一个人,有正常的智商,有一定的体力,总会以某种方式做出贡献,怎么可能会是一个"无能"的人?可他却在潜意识里认定自己"无能"。看到别人获得任何一点成绩、名利,都会对他造成刺激和伤害,让他自惭形秽,让他陷入自我否定、自我怨恨的泥潭。

他再也不想听到"你看看人家"这句话,他清楚那是一种羞辱,没有谁想要被羞辱。他不允许自己犯错,在他看来,所有的错误必然指向无能。

可人必定会犯错，从错误中学习，是人学习与成长的一种主要方式。然而，错误具备的这种美好意义，因为他惧怕犯错的可怜心态而荡然无存，只化身为沉重的打击。

不断地自我否定和恐惧也会驱策他努力学习、努力赚钱，但这些努力与健康的进取心没有半点关系，与真正的幸福也没有半点关系。

"你看看人家"，这句话把人的目光收束于世俗欲望的层面，那些被标好价码的东西最骇人的伎俩就是——诱骗一个人放弃自己。许多人的一生搁浅在了这个浅薄的层面，心灵无法得到来自精神生活的营养。人生只剩下琐碎，没有了超越的可能。

学习也好，我们所做的其他事情也好，都是一次难得的冒险。是冒险，就有可能顺利，也有可能遇到挫折。冒险的乐趣在于体验和发现，如果你有好奇心，如果你葆有学习之心，无论如何，你总会有体验和发现，你总能认识一些东西，学习一些东西，做出某种贡献。

可"你看看人家"，总是能把所有事情，都纳入到证明自己和攀比的系统中。"学习"——人最美好的能力之一，这个本应致力一生、永无止境的活动，在证明自己和攀比中，被异化、降格和消解了。

一个人好好学习，尽心工作，难道是为了证明自己吗？难道是为了比过别人吗？是为了再也不要听到"你看看人家"这些话吗？很不幸，在很多人的潜意识里，就是这样。

往往不是失败把一个人毁了，不是犯错把一个人毁了，也不是"无能"把一个人毁了，而是那人对自己"无能"的愤怒和指责，把这个人推入了深渊。

就像你永远不可能杀死一个影子一样，你永远无法征服一个假象。

你只需要认识到那是一个影子,那是一个假象,你无须和它纠缠打斗、耗费气力。"无能"就是这样一个假象,吞没人心、销骨噬魂。它通过人的语言被安置在人的头脑里。这个被设置为循环播放的声音,让人看不见真正意义上的世界,让人没有办法尽情发挥激情和才能。当一个人陷入对自己的怨恨与愤怒,当一个人习惯于说自己不行、说对方不行,真实的生活就被涂抹上了一层充满悲剧意味的黑色。

去理解，而不是去评判

在"麦理浩径的对话"中还有一个值得我们深思的部分，当我听到恬恬的问题时，为什么会一下子就不高兴了？

从这个问题出发，我们可以发现理解与评判之争。

我的潜意识在第一时间就判定出这是个"坏"问题：不仅陷我于不义，而且在小朋友之间制造攀比，不顾其他小朋友的自尊心，伤害友谊。

当我做出这样的评判，我的整个思维系统就开始排斥这个问题。我开始厌烦、回避。真正的沟通，在开始的时候就已经停止了，我不可能给出任何走心的答案。

你可能会说："你的想法没有问题啊，她本来就不应该当着大家的面问这样的问题。一个人问这样的问题，就是不礼貌，就应该制止，就不应该回应。"

我清楚，有不少人和我当时的看法是一致的，我本来就是遵从了那个最"正常"的看法。可那不是一个有着人性温度的看法，也不是一个怀抱理解的看法。它暴露出的，是在世俗陈规的惯性作用下，人想要去评判的冲动。

如果我们愿意思考得再深入一些，就会发现，我判定"坏"问题的那些理由，都是从人性的狭隘和脆弱出发的，并且都在预判，甚至强化人性的狭隘和脆弱。

是隽隽听不下去我说的那些毫无意义的话，她直截了当地指出来

"走得最好的明明是恬恬"。是我自己的心丢失了开阔和平静，不能把一个问题单纯地当作一个问题来认真回答，我说的那些话，既不真实，也不自然。

我绕来绕去故意避开真实的答案，在孩子们眼里，这是多么难以理解的事。我竟然想不到，我看到的就是孩子们看到的。我竟然想欺骗她们，以一个看似高尚的理由——照顾大家的颜面。可这是真正意义上的照顾吗？孩子们真的很脆弱吗？我故意闪烁其词、讳莫如深、偷换概念，不过是我在误判和强化人性的狭隘和脆弱，或者，只是由于我自身的狭隘和脆弱。

隽隽脱口而出恬恬走得最好，这对她完全不是问题，没有任何障碍。她没有"无能"的体验，没有"你好就必然说明我不好"的因果错觉，她没有那种受伤害的自我价值感。

恰恰是从这里，我们看到了一个小女孩健康又强大的自尊。健康的自尊就该是这个样子——从不因为别人的出色而感到自惭形秽。他们不介意比较，他们能在比较中发自内心地欣赏别人，因为他们能发自内心地欣赏自己。这健康的自尊，不仅让他们远离了对别人的嫉妒，同时也远离了自我怨恨。

在我写这一部分内容的时候，我和恬恬一起重新回忆了当时的一些片段。

我问她："当你问妈妈谁走得最好时，你有没有想过，如果妈妈说你最好，隽隽会不高兴？"

恬恬十分坦然地说："我没有这么想过。"

我又问："如果是隽隽走得最好，她这样问妈妈，你会不会不高兴呢？"

"我怎么会不高兴呢？如果她走得最好，我希望她妈妈能肯定她。

我也会为她高兴，因为她真的走得最好啊。"

孩子们还有这样的胸襟，在她们短短的人生经历里，偏见还没来得及形成。他们可以像为自己的才华高兴那样，为别人的才华高兴，也可以像为别人的才华欣喜那样，为自己的才华欣喜。这是对生命和美最为本质的欣赏，就像满怀欣喜地欣赏日出、长颈鹿、大海和瀑布。

恬恬会记得隽隽对自己的肯定，她一点都不会介意隽隽说的"矮"，她们心智清明，都很清楚这些词并没有什么不好的含义。就像隽隽明白，恬恬问妈妈那个问题，只是想得到妈妈的确认，并没有要把自己比下去的意图。成年人言语之间的阻隔和障碍，并没有出现在这两个小姑娘之间。是我失去了胸襟，小瞧了孩子们，小瞧了自尊，小瞧了友谊。

法国哲学家阿尔贝·加缪曾说过："真正的艺术家什么都不蔑视，他们迫使自己去理解，而不是去评判。"

一个真正怀有爱和好奇心的人也是如此。他让自己第一时间"去理解"，而不是"去评判"。加缪用了"迫使"这个词，确实得用"迫使"。很多时候我们需要逼迫自己去理解，因为人们有一种做评判的习惯性冲动。

我被一种根深蒂固的惯性拖着走，我没有迫使自己去理解，没有试图去克服评判的冲动，因为我根本没有这个意念。这一层的认知还没有被我打开。

我根本不知道，人需要在理解与评判之间做出选择，并且要去选择更难的那一个。我也不清楚，所谓"理解"的意义就是在这里：当你很想去评判的时候，你迫使自己去理解。

"要学会理解对方"，"要学会换位思考"，这些话谁不是听得耳朵都磨出茧子了？关键问题还是那一个——如何才能做到？如果根本不清楚为什么理解对方会那么难，就不可能做到理解。如果不能意识到我们有多么爱评判，就不可能去克制评判。如果拒不承认我们做出评判的依据是多么狭隘和靠不住，就不能生出想要去克制评判的念头。

那么，我们又是依凭什么来评判的？

我们的好恶，我们的习惯，我们的情绪，我们的偏见。当我们开始评判，当我们没有迫使自己去理解，从我心里到你心里的桥梁，就已经坍塌了。

世俗陈规替自己掌舵，听任评判的本能性冲动，愚蠢便浸入了人们的语言。需要警惕的是，愚蠢与残忍往往只有一线之隔。

这是我身边的故事。

何婷的儿子三岁多了。一个周末，何婷给儿子买了顶帐篷，儿子在帐篷里玩儿了一个下午，何婷想看看他到底在里面玩儿些什么，准备拉开帘子钻进去，这时儿子正好想出来，两个人的头"嘣"撞在了一起。

"啊！——"何婷惨叫了一声。

她故意把声音叫得特别大，作出特别痛苦的表情，因为她想训练儿子说"对不起"。她忘记在哪个育儿公众号里看到的：夸大自己的痛苦，可以帮助孩子们更容易辨认出痛苦，从而帮助孩子更容易学会道歉。

在何婷等着儿子向她道歉的时候，儿子疑惑地问了句："妈妈，有那么疼吗？"

何婷一时没忍住，一巴掌拍了过去。

儿子呜呜地哭着跑回房间，关上了门。

何婷一边敲门一边生气地喊："你给我出来！妈妈都叫得那样儿

了,你该说什么?你好好想想你该说什么?是不是该说'对不起'?!你都这么大了,不知道心疼妈妈吗?!不知道要说'对不起'吗?!"

儿子在里面边哭边说:"妈妈,你也撞到我了呀,我没觉得很疼啊!妈妈你叫那么响,我就想问问是不是有那么疼啊!你就打我!呜呜呜,妈妈,你真的很疼吗?呜呜……"

何婷回到客厅,在沙发上坐下来。她好像突然明白过来——确实没那么疼啊,我那是在欺骗他啊。我也撞到他了呀,我应该说:"宝贝儿,对不起,妈妈想看看你在玩儿什么,有没有撞疼啊?"……

何婷的失控源于她的评判。她认定"有那么疼吗"这句话就是不怀好意,就是漠不关心,儿子说出这种话就是白眼儿狼。可当她转念去理解,当她能够去理解,笼罩着整个家的紧张气氛,被一扫而空,这对她和她儿子来说是多么好的事情。

何婷等儿子把门开了,她抱住还在哭的儿子,心疼地说:"对不起啊,刚才是妈妈错了。"儿子仰起脸看着她,一边抽泣一边说:"妈妈,我也错了,呜呜。妈妈你还疼吗?我给你揉揉吧。"何婷把儿子抱得更紧了。

若理解只是迟到而不是缺席,受了伤的心,还是有可能完好如初。心并不会死去,如果人能在一次又一次的心碎里,找到关心和理解。

只有看见"评判"与"理解"之争,扼制住评判的冲动,迫使自己去理解,那个时候,才有真正的沟通,那个时候说出的话,才有可能带来智慧和安慰。

让我们回到"麦理浩径的对话"。如果当时我能试着去理解,就会有一些发现。理解是开放性的姿态,发现需要开放的空间。如果我想着去理解恬恬,想着孩子问这个问题总归有她的原因,就不会粗暴地断定那是个"坏"问题,而会发现,她不过是想要给自己一个更加客观的确认。这次徒步,恬恬对自己有了一个模糊的认知,她努力了,感觉自己很不错,她想得到我的肯定。

四到七岁,是儿童的竞争敏感期,孩子们在这个敏感期,通过确定自己能够胜任一些事情,逐步树立起健康的进取心,在未来的生活中,能更从容客观地面对竞争。

这些儿童敏感期的知识,是我在准备迎接一个新生命时就已经学习过的,并且,在恬恬长到相应的年龄段,又不止一次地温习过。可遗憾的是,"评判"还是轻而易举地夺过了统帅权,它把本该发挥作用的知识屏蔽在黑暗里,反而从人性的阴暗与狭隘中汲取能量,难怪它所到之处带来的是压制和破坏。

由此看来,有比知识更高一层的东西,是它在更高的层面调度知识,如果它本该在的位置空了,人的话语权就会被世俗陈规、浅薄的好恶和似是而非的道理,轻而易举地剥夺。

那么,那个更高层面的东西是什么呢?我们一步一步来看。

"你们都走得最好"这类话,有一个共同的特性:模糊。

不要区别出来,不要讲得太清楚,没必要那么认真。含含糊糊、朦朦胧胧对大家都好。这样反理性的观念是从哪里来的?来自于人的伪善和精明。再往深里看,不过是怯懦。不得罪人,不过是因为害怕。

语言上的模糊不定,不亮出自己的想法,显露出的是一种人格的萎缩,是思维与语言的发育不良。

克尔凯郭尔说:"听见他,你就看见了他。"

人有时候就是害怕别人看见真实的自己,就是不想人们看清楚自己,所以潜意识里就没准备把话说清楚,就没准备亮出自己的观点。

为什么不想被人们看清呢？

因为觉得自己的观点也许不那么明智，因为不想为自己的话负责。所以，能模糊一下就模糊一下，能藏起来就藏起来。

一个人身上的自私和狭隘，这个人自己最清楚不过了，而虚荣心是不允许它们暴露出来的，"模糊"便成为一种很好的包装。模糊自己的语言，潜意识里拒绝让自己的语言清晰明了，如果一个人有了这样的语言习惯，那么，他必定也是如此思维。他逐渐没有办法直中要害、直抵核心地看到事情的真相，他甚至会觉得真相并不重要，重要的是做出来的样子，要给人看的样子，要把样子做好看。

模糊看似是对自己的一种保护，可它实在保护不了什么，因为模糊直接与愚蠢相连。

人性的怯懦诱惑人寻求模糊，而自找模糊是在亲手埋葬智慧。

任何深刻的思索与细密的思辨，无不以清晰的思维能力为基础。

模糊最终不仅会带来许多真正的麻烦，还会让自己越来越看不清自己，越来越远离自己。模糊的语言其实是在消解、稀释一个人的自我。一个根本无所谓自我的人，当然用不着对这个自我负责。

克尔凯郭尔说的没错，听见他，你就看见了他。语言是一个人自身的显露。

我曾习惯于通过模糊的语言把自己藏起来，可这个世界并无藏身之所。我说出来的话，还是把那个怯懦、自私、狭隘的自己，完完全全暴露了出来。终于有一天，我听见了自己说的话，看见了那个渐渐被模糊的语言消解掉的自己。"要把自己找回来啊，要让自己清晰起来啊。"我对自己说，不然，所谓的活着就如同影子一般，没有立场，没有力量，形同虚设。

到此为止，我们已经能够看清楚，在麦理浩径途中我的所谓"正常"的答案，不过是些标准市井气的圆熟、敷衍和伪善；不过是我怯懦地放弃了用自己的大脑思考，让一种巨大的惯性和世俗陈规帮我做决定；不过是我没有心胸和力量去相信和理解。

如果时光可以倒流，我愿意在麦理浩径的路途中，在那片凉风习习的竹林里，在同行者的面前，坦率又从容地告诉的我女儿："恬恬，你走得最好。"

这或许是个不那么"正常"的答案，但它至少在我和孩子们的眼里，是最应该的答案。我们都清楚，这句话不但不掺杂一丝一毫的自命不凡，反倒显出一种广阔的胸襟和强大的信心。

这是一种自由的表达，一种新的话语，它突破了世人眼光的拘囿，不需要从世俗那里获得准许。

这才是真正对彼此有益的话。

什么是正确的话语模式？

有些时候，激荡的情绪如滔天巨浪，吞没你所有的理智与情感，你说出了那些话，那些不仅是对他有害，也确实对你有害的话。你清楚自己失控了，你做了情绪的奴隶，你这样反省。你跑到书房，拿出日记本，写下那些你发誓要记在心里的话："下一次，一定要冷静，一定要数到 10。"

你满意地把本子合上。"没有关系，"你对自己说，"一定会有改变，我明白要自我修炼，一切都会好起来。"你长长舒一口气，肩膀松下来，你随手翻着本子看。突然，你坐直身子，出现在眼前的几乎是一模一样的话，十几天前写下的，你再往前翻，神色越来越惊恐——原来类似的话，你已经写过一遍又一遍。绝望漫过全身——原来并没有什么"改变"！

是什么来解放你？是什么给你真正的自由？是什么让你不再轻易遭受情绪的奴役？是什么让你说出你真正想说的话，真正应该说的话，那些真正对彼此有益的话？

你到底要告诉自己多少遍，才能真正不再那样说话，不再说那样的话？是什么一次又一次灭掉你的理智，绕过你的记忆，蔑视你所有的爱，好像它们子虚乌有，夺你之口说出那样的话？是什么有这么强大的力量，让你一次又一次写下来的话，一笔一划想要刻在心里的话，都成了废话？是什么那么强大又邪恶，让你对本应该用天地间所有的温柔去爱的人，说出那样冰冷绝情的话？

你仍旧说，是冲动。冲动是魔鬼。

可有些时候不是这样，那些时候你没有失控，你十分冷静地对他说了一些话，那些话一字一句把他推出去，把他抛到荒野上。任凭呼呼的风吹透了他的心，可你无所察觉，或者不以为意。

当你们的两颗心不再相偎相拥，当你们瞥过去的眼神更多的是不在乎，相比冲动让你脱口而出的气话，某些看似冷静的话更寒冷刺骨。

我们来看看泰洛斯和他儿子的故事。

当泰洛斯被问及活着的动力时，他答道："是我的儿子罗根。他没什么出息，可我愿意为他做任何事。"[1] 你能从他的眼睛里看见诚恳。

然而，精确刻画出泰洛斯的却是这一幕：

黄昏，泰洛斯走到他的私家泳池边，那里能看见山和海。他的独子罗根正躺在太阳椅上，举起酒杯。

泰洛斯脸上闪过一丝厌恶，他把双手插进裤袋："你来这里做什么？这里已经不再是你的家了。"

罗根从躺椅上起身："爸爸，记得你怎样教我在水下憋气吗，你把我扔到水里，在摸到池底之前不准上来？"

泰洛斯扬起下巴："我父亲教我学游泳的方法，跟我教你的一样。可我没有成为吸毒的废物，对吧？如果你来是为了钱，感伤往事的废话可以省了。你一分钱也拿不到。戒掉毒瘾再回来，我们再谈。"

"我以前戒掉过，我回来想求你帮我，你怎么跟我说的？"

"我说你坚持不了多久。果然你还真没坚持住，不是吗？我让佣

---

[1] 本故事源自乔森纳·诺兰导演的电视剧《西部世界》。

人给你五分钟时间离开。"泰洛斯转身准备离开。

罗根紧追过去两步,恳求道:"爸爸,爸爸,我已经沉入水下了,我看到水底了,你不想看看我看到的东西吗?"罗根的眼泪逼出眼眶。

父亲扭头看了他一眼,转身走了。

这是泰洛斯最后一次和他的独子对话。六个月后,罗根吸毒过量身亡。

真正对罗根造成影响的,不是那句"他没什么出息,可我愿意为他做任何事",而是"我让佣人给你五分钟时间离开",泰洛斯没能让他的爱结出果实。后一句才是更真实的泰洛斯,后一句才是泰洛斯真正想对罗根说的话,是这一句话给了泰洛斯真正的定义。

这是一个未来世界的故事,泰洛斯是西部世界公司的老板,这个人工智能公司拥有复活人类记忆的技术。泰洛斯一次又一次让自己和儿子的记忆复活,在他与儿子之间创建了无数不同的道路,可无论如何,终究还是会到这里。最终,泰洛斯还是对罗根说:"我让佣人给你五分钟时间离开。"

当泰洛斯说"我愿意为他做任何事"时,是在撒谎吗?他不觉得是,没有人觉得是。

当然,没有人真的可能为另一个人"做任何事",我们可以把泰洛斯的这句话理解为"我爱我的儿子,我愿意尽我的一切努力去好好爱他"。在亲密关系中,我们大多数人都怀抱这种想法,这也是人们建立起亲密关系的基础。

我们知道,想和做是两回事。"想"的时候,基本是在一个舒适的状态,没有真正遭遇问题;而做,就要真刀实枪地面对那些大大小小的挑战和难题。

当挑战、遭遇没有出现时,我们以为事情没那么难,我们可以让爱战胜一切，可只有当挑战和遭遇迎面撞击过来的时候，人性隐藏起来的自私、狂妄和怯懦才会暴露出来。

湖水在平静的时候，看起来清澈见底，可当风暴激荡起波涛，湖底的沉渣就会翻涌上来，这时，湖水看起来就没那么纯净美好了。

与想象中的爱比起来，实实在在去爱，是一件十分严酷和令人生畏的事情。读一年级的时候，有一天恬恬回到家，跟我说她剪了一个男同学的头发，老师要我跟那位男同学的妈妈道歉。当时，我就切实地体会到了爱的艰难。

人们对自己的本性，有着一种想当然的理解。人们真诚地对自己、对别人讲述自己的想法、感受和故事——他们是什么样的人、为什么要做那样的事，可他们其实是在撒谎。

不是他们要故意撒谎，而是他们实在并不清楚自己到底怎么回事。即使湖底沉渣被翻搅上来，他们也浑然不见自身的浑浊，还埋怨那是风暴的事。可风暴终究会来。

有风和日丽，也一定会有风雨飘摇。有好运，也一定会有厄运。从外而至的福祸，始终变换流转，可人性本身，不会自己改变。我们自身的构成，永远不会自动改变，那些永恒回归的劫难、灾祸，大多是由自身招致的。

尽管泰洛斯通过高科技让他与罗根之间遇到的事情发生了变化，可真正的改变，并没有发生，就像无数次在日记本里写下的那些话。

哲学家伊曼努尔·康德在《实用人类学》中说："人有自由，以及相反地，没有任何自由，在人那里，一切都是自然的必然性。"

为什么？为什么泰洛斯无数次地改变路径，最终还是会走到那段对话？

可以看出，路径不是问题，遭遇不是问题。问题是泰洛斯的话语模式。

我们来仔细看看泰洛斯的话语模式,其实这也是我们很多人的话语模式,到底有什么问题。

泰洛斯看见太阳椅上的罗根,露出厌烦的神色(注意这个厌烦的神色,这在亲密关系中并不陌生)。

当泰洛斯直截了当说出刺痛人心的话——这里已经不是你的家,罗根还是想把自己的话说出来。他想给自己机会,也还对父亲怀抱一丝希望。他说的话是:"爸爸,记得你怎样教我在水下憋气吗,你把我扔到水里,在摸到池底之前不准上来?"

罗根为什么要说这一句话,其实答案就在对话的结尾。罗根想告诉父亲:爸爸,我现在就溺在水底了,我已经没有办法呼吸,爸爸,我好绝望,爸爸,你能让我上岸吗?你愿意拉我上岸吗?

当我们耐心地看完父子间所有的对话,会发现,这就是罗根想对爸爸说的话。

可当泰洛斯一听到罗根提起游泳的事,他就开始暴怒,开始反击。他预判罗根这些话,是要为指责他养子无方做铺垫,准备把责任推到他身上,好向他发泄怨恨。所以他此时的反应,不是听儿子把话说明白,而是急着反击——我父亲教我学游泳的方法跟我教你的一样,可我没有成为吸毒的废物吧?

你听过类似的对话吗?你有过相似的预判和反击吗?

我们来看这样一个场景。老两口从老家来儿子的家里过年。他们刚到的那天傍晚,饭桌上六岁的孙子问:"奶奶,你和爷爷什么时候回去啊?"

你可能已经猜到了奶奶的反应,确实如你所料,奶奶脸色骤变,面露不悦:"我椅子还没坐热你就盼着我回去吗?这也是我的家,你妈妈没跟你说过吗?"

听到奶奶这样的话,孙子愣了一下,说道:"奶奶,你为什么要说这些话呢?我是想你和爷爷多住几天啊,我担心你们会马上回去呀。"

为什么不能把一个问题,就单纯地当成一个问题?为什么要急着预判?

因为怯,因为怕。

大多数情况下,预判、预设与人的怯懦相连。"我怕你指责我,抱怨我""我怕你们不欢迎我,不接受我"。

当一个人开始怕,他就丧失了从容。他急于保护自己,他就开始反击。一个人为什么那么好斗、好强,为什么那么着急保护自己?

因为在他的生命中,缺乏一种必要的踏实和稳妥。这种稳妥和踏实的感觉,在他生命的早年时期已经被破坏了,在他成年后又没有得到有意识的重建。他更多的,是靠着危机感与恐惧感让自己奋力生活。

战斗与防卫成为他的惯用姿态,他认为,这是一个人生存于这个世界所必须的姿态。即使面对最亲密的人,甚至是在睡梦里,他也放不下这种姿态。这样的人,太久没有感受过真正的从容,那种如银鸥滑翔于天际、如蓝鲸悠游于深海的从容。这是一切生命,本该具备的健康又舒展的姿态。

很多时候,怯懦会披上傲慢的外衣出场——我清楚你什么意思,我知道你真正想说的是什么,我根本不需要听下去。

其实他很有可能预判错了。不过在他看来,说错了不会怎样,总之不能让别人对他的不敬得逞。在这里我们能看见怯懦,那个藏得很深的怯懦。

不难明白，在狂妄和怯懦之间，人们宁可希望别人说自己是狂妄的，狂妄至少代表了某种"力量感"；而怯懦，对于一些人来说，他们已经怯懦到无法面对自己的怯懦。

泰洛斯害怕儿子怨恨自己教子无方，这几乎是他最害怕的事。没有把儿子教育好，是他潜意识里认定的最大失败。所以，他在对话里掐灭任何可能指责他的苗头。

那位奶奶又害怕什么呢？害怕儿子建立的新家庭不接受自己，所以她先把这样的话声色俱厉地说出来。可这些傲慢所代表的"力量感"，不过是来自于人性的弱点。由怯懦变种的力量，是在摧毁亲密。

其实，我们更应该相信这句话：多的是我不知道的事。

这样你才愿意去听、去了解、去发现。听觉，是更具智性的感觉功能。听，是对话中更重要的行为。不过，听，需要更多的从容。可从容，对很多人来说太难了。

如果一个人，葆有从内心深处对自己生命力量的信赖，他就有了从容，他就有能力把对方的话听全，如果他有疑惑，他就会坦诚地去问。

"罗根，你为什么提起学游泳的事？"

"乖孙子，你为什么问奶奶这个问题？"

如果他们问，他们就清楚，那个对他们来说最亲近的人，其实并无恶意。

没有办法，在泰洛斯与罗根之间，罗根已经在毒海里挣扎了，而这位看似更健康、更健全、更有力量的父亲，他也并没有改变自身的能力。也许这样说更有道理：泰洛斯不是没有这个能力，而是他怯懦到从来不敢面对自己的问题，狂妄到不认为自己需要改变。他们陷入了永劫回归。

那位奶奶还有希望，孙子的回答表明他有清晰地看见问题的能力，他没有被奶奶的不高兴吓坏，他能说出自己真实的想法。如果他的父母能够看见老人的担忧，如果他们是从容和有安全感的人，就会给老人更多的安全感。如此一来，老人紧握的双手就会慢慢放松下来，真正的幸福会向她靠近。

我们再来看泰洛斯接下来的话：如果你来是为了钱，感伤往事的废话可以省了。你一分钱也拿不到。戒掉毒瘾再回来，我们再谈。

前一句还是他的预判，他以为罗根这次来是为了钱，后一句是他给罗根开设的条件。

罗根说："我以前戒掉过，我回来想求你帮我，你怎么跟我说的？"

泰洛斯接下来的这句话非常典型：我说你坚持不了多久，果然你还真没坚持住，不是吗？

在亲密关系中说对方"不行"，认定对方"不行"，即使这一次行了下一次还是不行，泰洛斯表露出一种畸形的优越感——"看看，被我说中了吧"。锦衣华服裹着的，是一个贫瘠、柔弱的灵魂。我们往往就是从一个人对待弱小者和卑微者的爱中，看出这个人自身生命力的充实和强大。

我们再来看泰洛斯和罗根最后的对话。泰洛斯说："我让佣人给你五分钟时间离开。"

即使到这个时候，罗根还是没有放弃，他还有求生的欲望。他追过去对父亲说："爸爸，爸爸，我已经沉入水下了，我看到水底了，你不想看看我看到的东西吗？"

罗根接着自己最初的那句话，把自己真正想说的说出口了。可爸爸已经没有心思听，他冷冷地瞥过去一眼，算是对儿子最后的回应。

那一瞥在说明什么？在无声又确定地传递一个讯息：你令我失望了。

那样冷冷的一瞥，那种厌恶的神情，在你的亲密关系中出现过吗？

我也曾无数次地问过自己这样的问题：为什么我总是不能好好和恬恬说话？为什么我总是想对她发怒？为什么我总对她不耐烦？这在很长时间里成为我最大的苦恼。

我以前以为，爱我先生是我遇到的最难的事，可是更艰难的考验在后面。

虽然我极不愿意承认，但真正的难点就是在于：与成人相处还能达成基本的互惠互利，还有道理可谈，与孩子相处却通常不是这样。至少是，某段时间、某种程度上的牺牲时间、牺牲精力、牺牲工作、牺牲兴趣、牺牲消遣，以及对我来说最要命的牺牲睡眠。这样的牺牲，对谁来说都不容易，更何况对于那些相信个人奋斗、独立自主的个人主义者。

放下"合我意",在爱中找到正确的位置

七年前,我带恬恬坐高铁回老家,那是我第一次带她坐高铁。当时恬恬两岁多,本来是不用买票的,我还是给她买了一张。我给她准备了绘本、涂色本还有小手工,想着足够她忙活一路了。

上车把她安顿好后,我戴上耳机,选好音乐,把头转向窗外,准备好进入音乐与风景的美妙世界。

当我刚沉入一首曲子,望着窗外一晃而过的山丘和田野露出迷之微笑时,恬恬爬到了我身上:"妈妈,妈妈,你能跟我一起涂这个吗?"她把涂色本举到我眼前。

我把她拨拉下去,说:"这都是给小朋友涂的,你自己涂吧。"

重新调整好情绪,扭动一下身子让自己坐舒服些,调整好表情,我做好准备进入下一首曲子。哇,马友友版本的《黄金狂喜》,电影音乐大师莫里康内的代表作。这首曲子最适合在奔驰的列车上欣赏了,快好好享受呀——

"妈妈,妈妈,请你一定要给我讲这个《大卫不可以》!"

我又被恬恬扒住,一秒钟掉回了现实:"宝贝,你一定不可以在妈妈听音乐的时候打扰妈妈,知道吗?"我瞪大眼睛紧绷着脸地说。

停了两秒钟,她突然转过脸来,很严肃地看着我问:"妈妈你爱我吗?"

我压住心中的不耐烦说:"爱,怎么会不爱呢?你是妈妈的宝贝,

妈妈最爱你了。快，快，赶紧看书。"

"不，你不爱我。你现在就不爱我。"

说罢，她默不作声地从我身上下去，回到了自己座位上。

她为她的这个新发现十分难过，耷拉着脑袋，撇着嘴巴，小鼻子和小肚子一鼓一鼓的。她在调整呼吸，努力不让眼泪掉下来。

不管怎么说，恬恬终于安静了，正好可以接着听《黄金狂喜》呀！

哪里还有心情听什么狂喜。

我把耳塞摘下放到小桌板上，表情凝重地看着窗外。恬恬说得没错，我并不时时刻刻都在爱她。刚才我就没有在爱，我只是嫌她烦到了我。为什么会这样？我怎么能当一个嫌弃孩子的妈妈？我到底该怎么做？我沮丧地把头靠在窗子上。

"妈妈，你不开心吗？妈妈，你刚才不爱我，可过一会儿，你就又爱我了。我知道的。"恬恬认真地看着我说。

哦，我的小乖乖。我伸出手把恬恬抱到我的腿上，让她坐在我怀里。我把下巴靠在她暖融融的小脑袋上，陷入了沉思。

对于我们这一代的至少一部分人来说，他们并不需要下一代来当精神寄托，不需要下一代为生命增光添彩，也不需要下一代来养老送终。他们相信个人奋斗，以及通过自己的努力获得的个人成就和高品质生活。在这些人看来，孩子或多或少打扰到了自己的生活。要他们每时每刻面临这种牺牲，如何才能不产生荒芜自己宝贵生命的焦灼感？

对于上辈人来说，他们相信，养儿育女的牺牲终会换得回报。当然，子女的回报也是不一定的事，但强大的世俗观念已经让他们深信，只有有了孩子的人生才算完整。

而在年轻一代的人看来，人生是否完整有着多元的答案，绝不是有没有孩子能决定的。他们已经不再看重上一代所期盼的回报，但是，又没有高尚到完全不需要回报。所以，对于这一代来说，养育孩子是更大的考验与挑战。这个问题几乎每时每刻都在困扰着他们：到底为什么要生养孩子？到底还要不要生养孩子？

我们不能简单地说一句自私了事。这解决不了问题，这是一个精神层面的问题。它最后就是对爱本身的质疑——作为一个独立的个体，爱，终究还是必要的吗？

"爱是伟大的""爱是无私的"，我也是从小听着这样的话长大的。曾经以为，所有的爱情都是美好的，就像所有的母爱都是伟大的一样。可事实是，美好的爱情是美好的，伟大的母爱是伟大的，而人性的自私，终究是要承认和面对的。

爱，如果到最后是要压抑自我、牺牲自我，那么，不管世俗的语言给它多美的描绘，它都不会真正值得歌颂。

爱与自我价值的实现，到底是一种什么样的关系？

我曾听到过这样一句话：当天使来到人间，你一定认得出她，因为她长了一张你孩子的脸。

是不是很诗意？这句话很好理解，不过是在表达：孩子是父母的天使。

请你认真想一想，真的是这样吗？

如果你有孩子，你觉得你的孩子常常是你所说的那种天使吗？如果是，那么，樱桃画报那篇《如何假装成一个好妈妈》，就不会成为阅读量突破千万的爆款文章。

可能相比之下，对于那些养育学龄前孩童的父母来说，这句话通常更贴近现实：醒来是魔鬼，睡着是天使。

那么，孩子到底是不是父母的天使？

在历经无数的痛苦之后，在无数个不眠之夜苦苦沉思之后，我发现，孩子确实是天使。不过，不是我们通常理解的那种天使。

从文艺复兴时期开始，艺术家们就特别青睐一个题材——天使与雅各摔跤。高更有一幅名画就以雅各与天使的搏斗为主题。在艺术之都巴黎，有一座著名的教堂——圣叙尔皮斯教堂，也是以一幅巨大的天使与雅各摔跤的壁画闻名遐迩。

艺术家们喜欢围绕这个题材进行创作。人神搏斗，肌肉的爆发力，紧张的氛围，情绪的张力，为艺术家们提供了苦心寻求的"惊心动魄的一瞬间"。

我所说的天使，就是这位与雅各摔跤的天使。

雅各是个什么样的人物呢？他相信自己的奋斗、自己的理智。他把一切目的，都局限于自己的利益。

在他对于自由与幸福的定义中，不怎么包含义务的观念。雅各用一碗红豆汤骗取了兄长以扫的长子权，又在父亲弥留之际假扮哥哥，欺骗失明的父亲获得了临终祝福，因为这件事，雅各被以扫追杀了半生。

后来，雅各想要与兄长言和。他派了一批又一批随从先渡过雅博河去见以扫，他又遣自己的妻儿渡过河去。为什么要做这样的安排？因为在他看来，他自己的性命比他们的都重要。

当随从和妻儿都过了河，雅各一个人在河的这一边时，半夜，有一个人过来要和雅各摔跤。这个人其实是个天使，他们摔了一天一夜，不分胜负。

天使发现用人的力量胜不过雅各，就摸了一下雅各的大腿窝，雅各就瘸了。这时雅各才发现，与自己摔跤的不是人，没有人有这样的能耐，他一定是个天使。

雅各拽住天使不放，强迫他给自己祝福。天使给了他祝福。

雅各得到了祝福，渡过了雅博河。有些事在他心灵上起了效用，让他变得与以往不同。他赶在妻儿的前面与兄长相见。以扫抱住雅各，并亲吻了他。

这个故事的启示隐含在三个地方。

第一个地方是，摔跤前和摔跤后的雅各，从内心发生了根本性的变化。

雅各有天赋、有手段、有毅力，这也让他有了骄傲，开始不可一世。认为只要我付出了努力，我就应该得到我想要的。"雅各"本意就是抓住，他想要抓住名利、抓住恩赐、抓住荣耀。他很努力也很奋进，加上出众的天资，以致他傲慢地认为，只要他想要的，理所当然就是他的。但是，天使摸了一下他的大腿窝，他就瘸了。雅各从此成了一个残疾人，这对他的狂妄造成了打击。

天使来与雅各摔跤，就是要拔除他的自以为是和狂妄，这是天使造就他的方式。

第二个地方是，天使与雅各摔跤，一天一夜难分胜负。这说明，这个搏斗是个漫长的过程，是没有办法速战速决的。雅各的自以为是和狂妄是很顽强的，但最后天使轻而易举地战胜了他，拿走了他的自以为是和狂妄。

第三个地方是，当天使战胜了雅各之后，他赐福给雅各，告诉他，你从此不再叫雅各，而要叫以色列，意为"神护佑的人"。

所以，天使来到雅各身边，先是搏斗，而后是造就和祝福。

当我明白了天使与雅各摔跤的意义，我也明白了为什么要把伴侣和孩子称为天使。

天使确实带着祝福，但他先要和你"摔跤"。

我希望自己是温柔优雅的，我希望在别人眼里是知性温婉的，我也在努力维持这样的形象，可恬恬总是有能耐让我面目狰狞、凶相毕露。以致我常常痛心地感慨，是恬恬毁了我的"一世英名"。

可是，我默默怀念的没有恬恬的前半生，不过是自己想当然的前半生。

我考上了名牌大学，和心爱的人结了婚，凭着自己的奋斗在这座城市安家立业，这三件事曾让我多么骄傲振奋，却也在暗地里助长了我的狂妄。我以为，就凭这三件事打下的基础，凭着我的心智和努力，我一定会幸福。我怎么可能不幸福呢？

可事实是，有很长一阵子，我真的感觉不到幸福，也不再像读书时那么爱笑，仿佛从高空坠落到了谷底。读书的时候，想着只要我足够努力，就能有美好的未来。可当愿望一一实现，却发现并不是那么回事。到底哪里出了问题？

为什么看起来我一切都有了，却没能拥有幸福？

亲人和好友觉得我不知足，他们常说："你已经够幸福了！"

确实，从表面看来一切很好，还有什么不满足的呢？我很清楚，问题不是出现在表层。我曾以为是情感层面出了问题：如果我先生能懂得如何爱我，如果他能懂得如何理解我、体贴我，我就真正幸福了；如果我女儿懂得珍惜我的爱、懂得感恩，我就真正幸福了。

其实很多时候，人们找不到幸福，不是物质层面的问题，也不是情感层面的问题，问题出现在人的精神层面。

还记得我之前问过的一个问题吗：有比知识更高一层的东西，是它在更高的层面调度知识，这个更高层面的东西是什么呢？

到此，我们可以问出另一个问题：有比情感更高一层的东西，是它在淬炼情感，提升情感，这个更高层面的东西是什么呢？

这个更高层面的东西，就是属于精神领域的理性。

那么，新的问题来了：理性的敌人是谁？是什么要试图凌驾于理性之上，是什么能轻易得逞？

还记得泰洛斯看见儿子罗根时的表情吗？他的表情是厌恶。为什么？

这也是亲密关系中很多人的疑问——为什么会对原本应该相亲相爱的人心生厌恶？

那些语出伤人的话，都出于同一个根源：厌恶。为什么会有厌恶？

原因很简单：因为他不合我的意。

你不合我意我就不开心，我就烦躁、暴躁，我就没有办法好好爱你，我就说不出好话来。

"你令我失望"，说白了，就是"你不合我的意"。

你不合我的意，我就想要羞辱你、漠视你、惩罚你。这其中简单的因果关系就是：你不合我的意，我就不爱你。抱歉我说得这么直接，听起来很绝情，可这就是太多亲密关系中隐秘的实情。

让我们看得再深一层：为什么他非得合你的意？为什么你非要他合你的意？合你的意就那么重要吗？比爱还重要吗？

是，很遗憾，对于太多人来说，合我的意才是幸福，所以"万事如意"是最美好的祝福。

不过，生活的事实却是如此："合我的意"是一个巨大的陷阱，是亲密关系致命的陷阱。

华枝春满，天心月圆，当然非常美好，但这也是短暂的。花有未开的时候，也有凋落的时候，月亮更多的时候不那么圆。你亲密关系中的那个人，他很多时候可能不合你的意，你的孩子更多的时候也不是"别人家的孩子"，你要怎么办？

我们应该时时清楚，要另一个人"合我的意"，是一个人最大的狂妄。要另一个人活成你理想中的模样，是对他自由意志的伤害。通常这样狂妄的人会说："我都是为了你好，我想你变得更好。"然而，这句话的出发点不是爱，而是狂妄。

是狂妄想要凌驾于理性之上。是狂妄让爱当替罪羊，是一个人的狂妄让他以为，是爱在妨碍他自我价值的实现。狂妄当然要这样包藏心机，致爱于死地。因为爱是它的死敌，是爱中那个与你搏斗的"天使"，要揪走你的狂妄。

是狂妄让人说出愚蠢又残忍的话，那些对彼此无益的话。

狂妄让一个人把"我"和"我的意"看得最重，可是没有谁、没有什么事能够时时合你的意。狂妄对所有不合自己意的事和人都心生厌恶。

如果真想在亲密关系里说出对彼此有益的话，首先要把自己放在对的位置。

把自己放在爱之下，放在理性之下。让爱，让理性，规诫、驯服自己的狂妄。

这个规诫、驯服就是解放。唯有如此，人才可能谈得上真正的自由。

泰洛斯想要改变他与儿子的结局，我不否认他的诚心，他也做过数不清的尝试，可等待他的，是宛若永恒一般的失败。他说"我愿意为他做任何事"时，是认真的；他说"我让佣人给你五分钟时间离开"时，也是认真的。

他心里有爱，他心里也有狂妄，只不过他让自己的狂妄凌驾于爱之上。这是他所不自知的。他让一种模糊却强烈的自我感觉，凌驾于爱和理性之上。

改变不会发生，如果他自身没有从精神层面发生改变。自由不会出现，如果狂妄没有被爱与理性驯服。

有些时候，人并不是多么复杂的动物，看似复杂，实则简单至极。在特定的场景里重复着相似的话，就像被编写了相同的代码一样。表面的冷静或者冲动不是关键，人的话语模式和更加深层的东西相连，不会自动发生改变。

作曲家肖斯塔科维奇曾说：请在我们脏的时候爱我们一下，别在我们干净的时候爱，那时我们不缺爱。什么样的人，能够挣脱"狂妄"和"厌恶"的限制，自由地去爱这个不那么干净漂亮的人，爱这个犯了错的人，爱这个看似有些讨厌的人？是那个让爱和理性规诫自己的人。就像克尔凯郭尔说的那样：恰恰是通过这一步，显示出了他爱的是另一个人，而不是他自己。

这样的爱真正体现了人性的力量，它越过那些"脏""错误""讨厌"来到他应该爱的人面前，说："没有关系，让我握着你的手，游过水底。"

这是泰洛斯应该说，却没能说出的话。这是对彼此有益的话。

黑柳彻子女士的《窗边的小豆豆》这本书里，讲了这样一个故事。[①]

每当校长先生看到小豆豆，就会说：

"你真是一个好孩子。"

这时候，小豆豆就高兴地笑，蹦蹦跳跳地说：

---

① 本故事源自日本作家黑柳彻子的儿童文学作品《窗边的小豆豆》。

"是啊,我是一个好孩子。"

于是,小豆豆也觉得自己的确是一个好孩子。

确实,小豆豆身上有好多好孩子的优点。但同时,小豆豆也有不少缺点,当她看到奇怪的事情、有趣的事情时,为了满足自己的好奇心,经常做出让老师们大吃一惊的事情来。

可能大家对小豆豆的抱怨和担心的声音,已经通过小学生的家长或者老师们传到校长先生的耳朵里了吧。所以,每当校长先生有机会,就要对小豆豆说:

"你真是一个好孩子。"

如果仔细听这句话,就会发现,"真是"这个词中,含有非常深的意义:

"虽然别人觉得你有好多地方不像一个好孩子,但是,你'真正'的性格并不坏,有好多好的地方,老师理解你。"

校长小林先生一定是想把这个意思传达给小豆豆。在经过了几十年之后,小豆豆终于明白了这一层意思。不过,当时的小豆豆虽然还不能理解校长话中真正的含义,但在她心中,也怀有了"我是一个好孩子"的自信。

或许正是这句宝贵的话,决定了小豆豆的一生。

"你真是一个好孩子!"这句话到底什么时候最应该说呢?当孩子的表现令你满意的时候,当她把事情做得完美的时候,并不是最需要这句话的时候。当她被人抱怨,当她没把事情做好,当她处在情绪波动期不耐烦、使性子的时候,才是最需要这句话的时候。但这个时候,大人们往往对孩子说的是另外一些话。

当小林校长听到别人对小豆豆的抱怨和担忧时,他一心想的,不是让她知道"她还不够好",而是一有机会就告诉她"你真是一个好孩子"。

那对你最温柔的人，就是在你没能把事情做好，可他依然想办法告诉你"没关系，只是这件事没做好而已"的人。有这样的人在身边，让生活中避免不了的失误、失败不至于影响你对自己的正向认知，你仍旧有充足的勇气和信心去好好生活。

你真是一个好孩子。在不那么容易的时刻要想到这句话，确实不容易。在闲暇而宁静的夜晚，坐在桌边或靠在床头看见这样的话，你可能会说："嗯，正是这样呢。我要常常对孩子说这句话。"在他把事情做得很好，你对他说出这一句话是容易的。可那些艰难的时刻呢？当我们看到一条道理时，通常不是在事情发生时，在那样平静的阅读时刻，我们确实相信那些道理，可当处于真正需要那条道理的时刻，却早已将它抛之脑后了。或者，即使想起来，那条道理在你激烈的情绪面前是那样苍白虚弱，无能为力。为什么呢？

因为你并不是真的信他"真是一个好孩子"。

小林校长是从心底里相信小豆豆就是个好孩子，这不是因为小豆豆总是表现出好的行为，而是他清清楚楚地确信：每个人心中都有好的种子，只有她知道自己是好的，才可能让那颗好的种子发芽。小林校长明白，越是有人指责、抱怨小豆豆，越是得让小豆豆确信自己是个好孩子。

小林先生是带着爱去看小豆豆的，所以他总能看见那好的。而我们大多数人只相信自己看见的，或者只选择相信我们看见的一部分，对于那潜藏起来的我们暂时未能看见的，我们是不相信的。真正的爱能让人眼明心亮，让人看见更多，并且正如克尔凯郭尔说的那样："爱能陶冶出爱。"

"你真是一个好孩子"，让我们约定时时对孩子说出这句话吧。

被误解的词：敏感

关于敏感，我和童话家安徒生有一样的认识：敏感是一种高贵的品质，也是建立亲密关系所必需的品质。敏感从来都不是幸福的敌人，曾经流行一时的所谓"钝感力"倒是反智慧、反生命的。

你还记得豌豆公主的故事吗？那位在暴风雨里被淋成落汤鸡的姑娘，敲开了城堡的大门，自称自己是公主。她当晚睡在十二层鸭绒垫子上，还是感觉到了床垫下那一颗小小的豌豆。王子说，这正是他要找的真正的公主。

《豌豆公主》是安徒生最重要的童话之一，这位伟大的童话家到底要在这篇童话里表达什么呢？我们细细来看。

故事一开始就告诉我们，一位王子想要找一位真正的公主结婚。王子跨上骏马，四处寻找。他见识过美得令人窒息的公主，见识过把竖琴弹奏出天籁之音的公主，见识过能像他一样把马起得飞快的公主，也见识过聪明过人的公主。不过，他总觉得她们身上缺了点什么。

王子落落寡欢，他回到了自己的城堡。王子到底要找什么样的公主？什么样的品质才是王子认定的必需的品质呢？在王子看来，一位真正的公主是敏感的。敏感，是豌豆公主区别于其他公主的核心品质。

那么，敏感是不是意味着娇气柔弱和养尊处优呢？我们接着来看细节。那天夜里，下着倾盆大雨，闪电和雷声让人十分害怕，安徒生一连用了好几个词来形容天气的可怕。就是在这样的夜里,响起了敲门声,老国王去开门,门外就是这位公主,雨水顺着她的头发和脸颊淌下来,她浑身湿透了,鞋子里也灌满了雨水。

她告诉老国王她是一位公主,她听说这里的王子在找新娘,就赶来见他,她的马车和仆人们走了很远的路都很累了,不愿意在雨夜里赶路,留在了附近的一座城市里。

她情愿一个人在雨夜里赶路,她并不害怕。她想尽快见到王子,她猜王子也想尽快见到她。她那么勇敢又坚定,独自冒着暴风雨来到了王子的城堡。

敏感与勇敢并不是我们以为的那样对立。

王后通过十二层鸭绒垫子和一粒豌豆认出了她是真正的公主,在他们看来,或者在安徒生看来,真正的公主的决定因素不是美貌,不是才华,也不是学识,而是细腻敏锐的感受力,也就是敏感性。同时,安徒生十分诚恳地告诉人们,敏感确实会带来不适感——公主难受得几乎一整晚都没睡着。这是敏感的代价。

最后的结果我们都知道,王子娶了豌豆公主。安徒生在故事的结尾提醒人们:请注意,这是一个真实的故事。

这当然只是个童话,没有人会认为这是一个真实的故事。安徒生不过是怀着真诚的心来告诉他的读者们,他所发现的真理——敏感是珍贵的,也是高贵的。安徒生本人,也是出了名的敏感。如果了解安徒生的生平,你会知道他因敏感糟了多少罪,可他仍然把敏感当作自己宝贵的品质,好好守护着。安徒生和其他伟大的创作者一样,深刻地知晓敏感对于创作、对于生命的意义。

安徒生曾对一位朋友说:"我用我的一切感情和思想来写童话,但是同时我也没有忘记成年人。当我为孩子们写一篇故事的时候,我永远记住他们的父母也在旁边听。因此,我得给他们写点东西,让他们想想。"

《豌豆公主》是一篇寓言式的童话,这篇童话更多的是写给孩子们的父母看的。

很多时候,为人父母却没有办法好好爱孩子,没有办法好好跟孩子说话,好好听孩子说话,一个根本的原因是,他们丢失了敏感,他们把彼此的关系变成一种"粗糙"的东西。比如一个小孩子咬手指,指甲被他咬得很短,妈妈拿起他的手嫌弃地说:"真恶心啊。"如果这位妈妈能敏感到儿子的内心,她是怎么也不会说出这样的话的,就算是"为了儿子好"也不会。

恬恬六七岁时,有阵子特别不愿意承认错误。有一次我辅导她读英语,她把单词读错了,我纠正她,她却反驳说:"妈妈,我就是你读的那样呀,是你没听清楚吧。"这样的话让我胸闷气短,怒不可遏。一天晚上,我们俩面对面坐在床上谈心,我说起了这件事,我告诉她我真的很苦恼,问她为什么会这样。她突然哭着喊出来:"因为我怕你觉得我笨!"她终于把藏在心底最深处的话告诉了我。

如果我是感觉更敏锐的人,从一开始就不会去骂她了,谁会去骂这样一个弱小的需要帮助的小女孩呢!

隔着十二层鸭绒垫还能感觉到那一粒豌豆,这当然是艺术的夸张,可就是需要这样的夸张来说明觉察真实的不容易。有时候真实就像那一粒小小的豌豆,藏在一层又一层厚厚的迷惑人的表象下面。你能觉察到吗?

隔着层层迷惑人的表象,还是能感受到对方内心最本真的感受,这就是安徒生想要我们保留的敏感。

从安徒生的这篇童话中,我们可以看出两点:第一,敏感是高贵的；第二，敏感是建立亲密关系的基础品质。需要说明的是，敏感并不是多疑，也不是受迫害妄想症。很多时候人们在用到"敏感"这个词时，他们想说的其实是后面两者。我们可以回到安徒生的故事，公主确实感受到了床垫下有东西，一晚上没睡好，皮肤都青了，不过，她并没有疑心有人要故意害她，更没指责任何人。

还存在另一种情况，一些人并没有误解敏感，但也还是认为敏感是需要被克服的，这些人是把敏感当作了成功道路上的负累；或者换一种说法，他们认为敏感是奢侈的。总之，世俗社会往往鼓励人丢掉敏感，去变得麻木，似乎人变麻木了更省事，更接近快乐，更有助于达到一种乐观主义。

这是多么大的误解。麻木是感觉系统的迟钝和退化，它确实能让痛苦不那么尖锐，不过，因麻木而得的乐观主义，实在是一种粗糙的、怯懦的乐观主义。这可不是我们所追求的严肃的乐观主义。

丢失了敏感，就削弱了生命的感知力，这是一种主动降低自我配置的做法，就像把图像的蓝光品质降低到了标清。人们实在不应该因为害怕痛苦而牺牲自己的敏感，因为"痛苦"本身就蕴含着无价的宝藏。

奥斯卡·王尔德曾写下这样的句子：一个孩子、一颗星星的诞生，都伴随着疼痛。

对生活切入肌理的认识，生命的更新与成长，往往是以痛苦为起点的。如果一个人为了防止心痛而让自己的心变硬了，生命的成长与更新就再也不可能了。

现在，属于你的痛苦是什么？为了不必感受到痛苦，你付出的代价是什么？如果你愿意试着去抚摸这痛苦，试着去理解痛苦中的自己，也许会有一个新天地为你展开。

需要清楚，蓄意隔绝痛苦、屏蔽痛苦，这样的道路是通向封闭、麻木和冷漠的。如果一个人连自己的痛苦都没有力量去看清楚，他不会想要走进对方的痛苦，更不要说给予安慰了。你永远没有办法从一个封闭痛苦、毫无敏感的人那里得到直抵心灵的安慰。

如果那些"难受""不适感""痛苦"能给你带来警醒、突破和新生，难道不是应该好好面对吗？

我们再来看看，为什么敏感是建立亲密关系必备的品质。

有敏感，才有清晰；有敏感，才能看见。一个人想要建立任何一种良好的关系，都是以自身的独立、理解和真诚为基础的。与独立、理解、真诚这些美好的品质相比，敏感是更为基础的品质，也可以说，要达到独立、理解和真诚，是需要以敏感为前提的。那些没有被损害的最纤细的感觉，能够察觉出最细微的含混与虚假，让人有能力区别出表象与实际，区别出表面的好和真实的好。是这些细微的感觉，让人能够清晰地感受到自己，也让人能够清晰地感受到别人。

敏感让人把自己与别人区别开来，如果没有这个区别，就不可能有独立，而如果人最终没能得到独立的品质，就没有办法在自己身上找到真正的自我。敏感也让人把自己与别人结合起来，如果没有了细腻的感知，人与人之间的情感通道、情绪通道就无法接通。

敏感的人像拥有某种隐形的神经纤维束，就像阿凡达的那条长长的发辫，那条发辫可以和他们的坐骑翼兽的触角相连，这样他们就可以心意相通、自由飞行了。这些神奇的神经纤维束，能接通对方的情感和情绪，能感受到对方最细微、最隐秘的情绪涌动，这使得理解和关心成为可能。敏感是理解和关心的基础。

所以，请不要因为害怕痛苦、害怕伤害、害怕麻烦而丢掉敏感。

是敏感让爱成为可能。安徒生确实讲了一个真实的故事。

记住话语里的阳光

四年前,恬恬四岁,澳大利亚黄金海岸的一个主题乐园里,我和我先生在等她玩儿一个迷你跳楼机。跳楼机很小,孩子们的身高体重差异有些大,为了保证长排座位能够保持平衡,有位小伙子专门负责给小朋友们安排座位。

等轮到恬恬的时候,我们走到跟前,听到这位金发碧眼的澳洲小伙说:"Hi sweetie, may I have you stand here please?"(嗨,小甜心,我可以请你站在这里吗?)本来我和我先生都是抱着胳膊,斜脚站着,这句话让我们顿时肃然起敬。

你可能会说:"什么嘛,这就是一句很普通的话嘛。"

是,这句话看起来顶多也就是更礼貌了些,不过,魔力的效果在于他说话的语气。

那是我们听到过的最温柔的语气。一种由内而外、从心灵深处流露出来的温柔。原来人可以这么温柔地说话!

那天天气很好,天空是澳洲特有的澄澈的蓝,阳光照在小伙子金色的头发上,发出暖暖的光。孩子们笑着围在他的身边,都十分乐意接受他的安排,他们仰着头看着他,眼睛里闪烁着快乐的光芒,显然他们都很喜欢这位大哥哥。这是温柔的魔力,它让游乐园真正成为一个乐园。梦幻,美好,满是欢乐,远离忧愁。

那句温柔的话,成为我们从澳洲带回来的最好的礼物。当即,我和我先生便做出决定,以后也要那么温柔地对自己的宝贝说话。

可后来的事实是，我们只学会了叫她"sweetie"（甜心）。我们只学会了这个词，却学不会那种语气。这个问题困扰了我很久，我发自内心地想要温柔地对待我的家人，温柔地和他们说话，可这对我来说实在太难了。

在历经无数次的失败之后，我才明白过来：温柔对我来说当然难了，不可能不难啊。不仅对我，几乎对所有人来说，温柔都是一件很难的事。

如果把温柔看作是很容易做到的，很容易遇到的，那实在是对温柔的误解。遇到假温柔容易，遇到真温柔很难。

如果把温柔浅显地理解为一种性格，那实在可以算是对温柔的不尊敬。温柔不是一种性格，而是一种人性的品质，并且是一个人所能拥有的最好的品质。这品质位于人性金字塔的顶端，唯有真正独立、勇敢、自信、谦卑的人，才有可能具备真正的温柔。

温柔这么好，当然有着强大的吸引力。没有人不喜欢温柔的人，温柔最能抚慰人心、给人力量。

温柔是爱最重要的表现形式。难怪许多人的择偶标准，第一条就是温柔。

我也知道温柔的价值，当初为了俘获我先生的心，我让自己看起来既文静又温柔，可能是因为我确实是真诚地希望自己是温柔的，所以也就有了几分神似。后来我们结了婚，我先生不止一次地对我说："你骗了我，当初你可不是这样跟我说话的。"

坦率地说，我也不是有意要骗他，我也想就这么一直温柔下去。可单单有想要温柔的想法是不够的，温柔需要更加坚实和深厚的东西，那些是我当时没有的。

那时我还不知道，我离温柔有着十分遥远的距离——我仍旧需要依靠别人的眼光来认识自己。我根本没有温柔的根基。

你一定记得白雪公主中的那位王后,她需要一遍又一遍地从镜子那儿确认自己是最美的。

想起十年前,我总是变着花样地问我先生:"你真的爱我吗?"

之后又紧逼着问:"你为什么爱我呢?我哪里好呢?"

我现在还能回忆起当时的心情,我热切地期待着他对我的肯定。我不知道自己好不好,只有他说我好,我才是好的。每个人都希望有良好的自我感觉,可是,当这个良好的自我感觉,需要从别人那里获得,生命就陷入了惶恐和嫉妒。那时候的我,像白雪公主的继母一样,听不得我先生说任何一个女人的好话。这样的人没有办法欣赏另一个生命,因为他都没有欣赏自己生命的能力。

没有健康的自我认知,认识自我需要依赖外界眼光,把生命耗费在维持表面的好上,这样一个没有根基的人,不可能拥有真正的温柔,也不可能有充沛的精力去爱。

王后当然是童话故事里最可怜的那一个。她整天惴惴不安地等待着镜子的评价,她那么焦虑,那么嫉妒。她根本不知道生命为什么美好,才会不把别人的生命放在眼里。她不知道,镜子的评价已经是一种对自己精神上的奴役。

曾经我也一样,我稀里糊涂、理所当然地把对自己的认知交到了别人的手里。

温柔,以个体人格的独立为前提。想要温柔,首先得摆脱精神上的奴役,不然很可能会像白雪公主的后妈那样暴戾。所以,尽管这很不容易,可这是无论付出多大代价,都值得去做的事。

人们一上来就想要最好的东西,那怎么可能呢?从来珍宝都在险远处,温柔就是这样的珍宝。不经过对原有人性的怀疑,不经过对自身阴暗面的抵抗,不经过对人性弱点的反叛,不经过艰难地从"别人"那里赢得自己、获取自己,就没有办法从根本上去尊重生命,也就没有办法摘取人性皇冠上的宝石。不经过任何努力就想拥有的,只能是个样子。

温柔从来不是一两个词、一两句话的事,它关乎到人整个内在与外在的语言系统。它需要这个人对世界,对自己,对人与人的关系,对语言的意义,有一种更为本质的理解。它需要人更换另一套思考与表达的语言体系。

我终于明白我的起点在哪里,它很低,不过至少我开始懂得了真正的温柔,也终于看见了真实的自己。

为了温柔,我们需要踏出的第一步便是——把自己从他人眼光的束缚中解放出来,把自己从自欺、与他人的黏连和攀比中解放出来,从"别人"那里赢得自己、获取自己。重新珍视大自然赐给所有生命体的礼物——内心深处对自身的生命价值本身的信赖。

温柔需要最强大的能量,它需要一个人是真正快乐的。一个真正快乐的人,是对自己和世界有良好感觉的人。这需要一种实实在在的强大自信,实实在在地相信:无论我在哪里,无论我在做什么,凭我的努力和爱,我总能以某种方式做出贡献。

"要对得起自己的苦难。"这是陀思妥耶夫斯基给我们的忠告。同样的,要对得起自己所看见的美景以及那些说给你听的温暖人心的话。

记住话语里的阳光,每个人都有机会听到那些能带来纯粹欢欣的话语,它们可能简单又暖心,就像雨后青草的气息,记住它们吧。记住人们眼角眉梢的笑意,就像记住照耀在你身上的阳光。

皇后镇,湛蓝的瓦卡蒂普湖边,树荫下斑驳的阳光里,几个快乐的年轻人在练习走平衡带。平衡带离地一米高,绑在两棵树上,我们从一旁经过,恬恬很好奇,便驻足观看。一位留着漂亮胡须的小伙子走过来,向恬恬伸出手臂,温暖的笑容,温暖的语气:"嗨,小可爱,你想试一下吗?"恬恬愉快地把自己的小手放在了小伙子的手掌里。

蒂卡波小镇,好牧人教堂外,我和我先生看到门口的标牌:开放时间,上午 9 点 30 至下午 8 点。新西兰夏季的日落时间在 9 点半至 10 点之间,虽然看起来天色尚早,可实际上我们已来晚了 5 分钟。一位老太太从教堂里出来,热情又愉快地邀请我们:"进来吧,你们还可以快快地拍几张照。"她先生已经在门口等她收工了,那位老先生抱着他们的小泰迪犬站在门口的位置耐心地等着我们。岁月在这两位老人身上是那么温和友善,他们日渐衰老的皮肤里闪烁着时间沉淀下来的光芒。

澳洲一个小镇的自助加油站,我先生刚开始拔不下来油枪,旁边一个正在加油的老太太看到了,她马上过来给我先生演示操作的方法。原来很简单,只需要先往前顶开一个锁扣。怕我先生尴尬,老太太特地说了一句:"这东西确实不好搞。"

坎贝尔小镇,我先生把车停在路边准备拍照,一位跑步的老先生跑过来跟我们打招呼,聊了几句,最后说:"顺便说下,你们这样停车是会挨罚的哦。"原来澳洲停车要求比较严格,停车方向必须跟道路行驶方向一致,老先生明明就是专门跑过来提醒我们的。

从你口中说出的话,确实能令人感受到甜蜜温暖涌上心头。爱与表达,都是要讲策略的,言语表达中,蕴藏着数不尽的令人感受到幸福滋味的方法,需要去运用那些方法。当你开始在意自己说出的话,在意言语表达中的美妙艺术,那么,从你心里生出的那些词句,不论它们是像微风般轻盈地飘入人的耳朵,还是落在纸上、屏幕上,都会变成一粒粒抚慰人心的种子。

一对夫妻吵架了，两人在气头上一时没办法沟通。妻子平静下来后，给丈夫发了一条微信，内容是这样的：

亲爱的，我确实应该先确认好时间再带你过来，这样我们就不用在书吧外面等半个多小时了。这件事让你那么生气，你说我"就是不靠谱的人""做什么都不靠谱"，这些话真的很让我伤心。我不喜欢这种说话方式，它好像从整体上否定了我，让我感觉很不好。你以后别再这样说话了，好吗？不过，不管怎么样，就像那首歌里唱的，我宁愿和你吵架，也不愿爱上别人。

丈夫看到这条微信时会是什么心情呢？他从字里行间又会读出什么样的内声部呢？我猜，他很可能会感到有些句子在闪闪发光，之前紧张压抑的气氛已经烟消云散了。并且，他在感到一阵轻松的同时，也会感到一种直接抚慰人心的力量。在吵架的那天，他俩真正明白了这句话的含义——后来那些冷漠绝情的气话，不能夺走你们的爱。

在妻子的微信里，"亲爱的"就是它本来的意义，它在表达"亲"和"爱"，而不是因随意使用已被稀释得平淡如水的"嗨"。这些话的主旋律是"无论如何我爱你"，副旋律是"如果你怎么样做，我会更开心"。当丈夫听出了话语美好的主旋律，他就能在美好的情绪里，细心体会话语中的副调部分。这些话在温暖地帮助丈夫说出更细腻体贴的话。

我们要学会留意话语里的内声部和主要旋律，要时时记住自己内心最本真的想法，并用合适的方式说出来。

语言也是有质地的，有些质地硬，有些质地就更为柔软。比如"要不要"与"好不好"，"你要不要开空调？"，"我帮你把空调打开，好不好？"，后者的质地就更为柔软温和。另外，我们对一些表达产生的实际效果还是应该有更清醒的认识,比如当你的家人没有把某件事情做到令你满意的时候,最好不要摇头,更不要撇嘴和用舌头与牙齿发出"啧啧"的声响。我们真的可以做更好的更有风度的事。在对方已经感到抱歉的时候,还要禁不住摇头实在是自己的修养不够。

说到这里,我不禁想起了《莫斯科绅士》中那位优雅的大堂经理安德烈。

根据种种迹象,安德烈已经判断出,他和主厨的老朋友伯爵阁下已经逃出酒店了,可主厨就是不信。不久之后,他们俩都收到了伯爵写的告别信,此时这位主厨才喘着气说道:"是真的!"

接下来,小说里是这样叙述的:

作为一个审慎而彬彬有礼的人,就算是这种情况,安德烈也不会说:"我早跟你说了吧。"他只是微笑着说了一句:"这么看来……"

我想,我们还是不要急着去抱怨对方没有风度,也许他只是还没有机会见识什么是风度。

需要特别提醒的是,说话时不要咄咄逼人,它显露出的是凶狠,而凶狠是最不应该出现在亲密关系中的。在亲密关系里,任何时候都不应该用凶狠的词语、语气说话,而是去看见更深层次的情绪。如果是伤心,那就说出你的伤心;如果是痛苦,就请说出你的痛苦;如果是生气了,那就表达出你的生气。所有这些情绪,都不必转化成凶狠。凶狠直接让一个人丑陋。

我们可以是美好的人,并且可以一天比一天美好。眉宇与嘴角间的亲切表情,能细致地雕刻出一个人温暖的容貌;从肺部出发的气流,经声带与口腔的震动共鸣,可以呈现出旋律优美的乐音。言语本身就在日复一日地塑造一个人的外形。如果我们能留意说话的细节,那么整个人都会变得更加细腻美好。

我们可以把每天说出的话当作练习,一点一滴地改变自己的语言面貌。不要带着压力,就把和家人的聊天当作学习的过程。你可以鼓励自己每天说出三句对彼此有益的话,如果你做到了,就小小地庆祝一番,并把那些话记下来。如果在一些特殊的时刻,也就是那些不怎么如意的时刻,你仍旧说出了对彼此有益的话,就完全有理由大大地庆祝一番。

就像爱生气的人总能找到生气的理由一样,快乐的人总是能说出令彼此都快乐的话。这两类人中,谁是更有智慧的呢?

总之,让我们的家充满"好声音",而不是"糟糕的声音"。让我们的语言成为"神奇的魔法",而非"小小的巫术"。

爱能陶冶彼此成为更好的人

编剧教父罗伯特·麦基曾说："若无冲突，故事中的一切都不可能向前进展。"在真实的人生中，冲突同样发挥着推动作用。往往就是在冲突中，一个人更深层次的人格特征会被另一个人的言行激发出来。

我们先来了解一下接下来这个故事的背景。

法汗的父亲曾抱着刚出生的法汗说："这是一位电脑工程师！"[①]这是他为法汗定下的人生目标。在印度，IT 工程师确实是最有钱、最有地位的职业。法汗一路遵从父亲的想法从帝国理工大学计算机专业毕业，可他的梦想是当一名动物摄影师，这才是他真正有能力和有热情从事的职业。然而，法汗的父亲是个强硬派，从来都是说一不二，一直以来，法汗不敢让父亲知道自己的想法。

准备去软件公司面试的那天，法汗收到了匈牙利摄影大师寄给他的邀请信，请他一起去巴西雨林拍野生动物。影片中有一个法汗打开邀请信时的特写镜头——一开始他的脸上是灿烂的笑容，渐渐地，笑容变成了痛哭。

法汗并不是生来就刚强的人，没有谁是生来刚强的。在朋友们的鼓励下，法汗决定放弃面试，去跟爸爸坦白。

[①] 本故事源自印度电影《三傻大闹宝莱坞》，由拉库马·希拉尼执导。

（一）

法汗的房间，父亲打开崭新的笔记本电脑，那是他给儿子的惊喜。这对他们夫妇来说是一笔不小的开销。

母亲：电脑很贵吧？

父亲：在这么自豪的时刻，不能吝啬。你觉得法汗会喜欢吗，嗯？

（二）

法汗站在了房间门口，听到了对话。

父亲意外地发现法汗回来了。

父亲惊讶地问：你没去面试吗？

法汗低着头：我没去。

父亲露出难以置信的表情。

法汗接着说：爸爸，我不想做工程师。

父亲十分震惊。

（三）

法汗把邀请信的事告诉父亲之后，热切地说：如果能把热情所在当作事业，工作起来才会有快乐。

父亲愤怒地说：你在丛林里能挣到钱吗？！

法汗：钱不多，但能学到很多东西。

父亲严厉地皱着眉头：五年后，当你的同学都买了房买了车，你会恨自己的！

法汗坚定地说：当工程师只能给我带来绝望，那时我会恨你的。我情愿恨我自己，爸爸。

这句话彻底激怒了父亲。父亲咆哮：全世界都会笑话你！标榜你为失败者，因为最后时刻你放弃了！卡普尔先生认为你在帝国理工很有前途,他会怎么想?!

法汗眼里含着泪:给我买空调的不是卡普尔先生,让我睡得很香的不是卡普尔先生,让我骑在肩上逛动物园的不是他。为我这么做的人都是你啊,爸爸。你的感受对我才重要,卡普尔先生对我不重要,我都不知道他姓什么。

父亲的愤怒进一步升级,怒吼:你以为自己是情景剧里的英雄?!

(四)

母亲赶忙阻止冲突的加剧,沉痛地说:别说了,他现在很乱,如果他像拉朱一样做出傻事(跳楼)可该怎么办?

父亲失望地离开法汗和母亲,走到客厅,坐下:那我们不说了?我一个字都不能说,不然他就会跳楼!

(五)

法汗看着父亲,坦诚地说:不会的,爸爸,我不会去自杀,我保证。

法汗走到父亲跟前,跪下来,拿出钱包,温柔地说:我朋友兰彻让我把这照片(父母的合照)放到我钱包里,他跟我说,如果有任何自杀的念头,就想想你们俩看到我的尸体时,你们的微笑又会变成什么。

父亲看着法汗,眼神里充满惊讶。

法汗:我要说服你,爸爸,(把钱包放到一旁,双手放在父亲的膝盖上)不是用自杀来威胁。(双手握住父亲的右手,亲昵地摇晃两下)爸爸,我做了摄影师会怎么样呢?(温柔地看着父亲,父亲的强硬已被他彻底融化)住小一点的房子,开小一点的车。但是我快乐,我会非常快乐!无论我对您做了什么,都是因为我真的爱您。以前我什么都听您的,就这一次,让我听自己的吧,爸爸!

(六)

爸爸默默地把手从法汗的双手里抽了出来,朝房间走去,法汗看着父亲的背影:爸爸,爸爸,请别走好吗?

镜头转向法汗的房间,父亲把新电脑合上,轻声说:把这个还回去。

他背对着儿子,抬高声音,腼腆中带着自豪:儿子,专业相机多少钱?这个笔记本的钱够换一台吧?不够的话你尽管问我要。

此时,父亲背后的法汗泣不成声。

儿子走来紧紧抱住父亲,父亲也激动地流下泪来……

在这一幕中,冲突主要集中在第三部分。爸爸试图说服法汗所运用的策略,是我们之前做过详细分析的——"你看看别人"和"别人会怎么看你"。当法汗表示"别人买房买车不重要,全世界都笑话我也不重要,让权威人士失望了也不重要,那些都不重要,爸爸你才最重要"时,爸爸说出了最具攻击性的一句话——你以为你是情景剧里的英雄?

这是一句嘲讽,嘲讽的修辞功能是羞辱,想要通过羞辱激怒对方。父亲的这句嘲讽用在了效果最佳的节点上,用在法汗眼含热泪剖白心迹之后。

父亲做好了迎接回击的准备,他已表明了姿态——你该来什么来什么,我等着!

我们可以体会一下,一个成年男子,他决定坦白自己对父亲最深的情感,他鼓足了勇气,在说这些话的时候他眼泪都流出来了。换句话说,此时,他把所有防御的外壳都卸掉了,他让父亲看到了自己柔软的内心。就是在这个时候,父亲说出那句"你以为自己是情景剧里的英雄?",有多少人能受得住这句话呢?多少人听了这句话后不会摔门而出呢?

"爸爸,不是我不和你沟通,是你根本就不值得我和你沟通!"在那样的情形下,更容易脱口而出的,是这句心灰意冷的话吧。

可是我们来看法汗,他丝毫没有觉得自己受到了攻击。他透过十二层垫子感觉到了那粒豌豆,透过一层层冰冷和坚硬的表象,他仍旧确定的是爸爸的爱。

他确定,在父亲所有愤怒的下面,是他的焦虑和担忧,在所有焦虑和担忧的下面,是他对自己的爱。那个爱埋得太深太深,愤怒和不理解却占据着表层,中间还有尤其坚固的部分——面子,傲慢,别人怎么看。

法汗没有退缩,一向温和的法汗坚持了下来。那一刻,他从父亲的愤怒中看见,他是在害怕,在担忧,父亲也在受苦。

这时母亲出来解围,提醒父亲:你够了,别刺激他了,别逼他跳楼。

可是,父亲的愤怒像一列飞奔的火车,傲慢驱驰着它加速前进。他是不会停下来的,他的傲慢和自尊心不允许他这么做。

多少人误把傲慢当作尊严来守卫,这是多么大的误解。我渐渐认同了纪德的判断:"人并没有本质上的善恶之分,有的只是傲慢的多寡。"人心性中的傲慢,发酵出多种不同的情绪和行为模式,可最终的结果却毫无例外地害人害己。

为了捍卫那不受威胁的傲慢,父亲愤慨地说:"那我们就不说了?

我一个字都不能说,不然他就会跳楼!"说着便扭头走开,坐到一边去了。这样一个难以沟通的父亲,会冷却多少孩子的心。可是法汗没有被这一切征服。那些言辞看似雷霆万钧、寒光凛凛,却不过是些人性的弱点。

法汗已经从这个低纬度的世界中突破出来,站在了一个更高的维度。就像二次元的人无法对三次元的人构成伤害一样,父亲的愤怒和冷酷并没有对法汗造成打击。

法汗对爱有着更立体和深刻的理解,这种理解让法汗拥有了真正的"自由意志",那种对自身的完美拥有。法汗能有这样的表现,能说出这样的话,是因为他已经有所积累,他在好友兰彻的影响下,学着从世俗眼光的束缚中挣脱出来,去努力成为一个真正独立的个体。

当父亲拿"别人将怎么说"来胁迫他时,他很清楚那些"别人"根本不重要,那些"别人怎么看"根本不重要。世界上有太多人,惊恐地、奴性地顾忌着"别人会怎么说",可法汗不再是他们中的一个。他已经摆脱了这种普遍的可悲的观念,这是"对自身完美拥有"的第一步,也是最根本的一步。

法汗坚信,自己有权利成为一个真正的"自己",他不再担心自己在别人头脑里的样子,这就摆脱掉了一个人可能有的许多忧虑。因此,他的内心比父亲更为安定,也更为踏实和有信心。

法汗走过去,来到父亲身边,轻轻一句话,就击溃了父亲坚硬冰冷的傲慢:"不会的,爸爸,我不会去自杀,我保证。"

父亲惊呆了,半天回不过神来——法汗不是该反击吗?或者心碎地离开?他怎么会说出这样的话来?法汗给他看照片,跪下来握着他的手,他第一次知道原来爱可以这样。谁会想到,一向温和退让的法汗,竟接住了父亲一句又一句逼迫人心的狠话,最终,让爱在一个极其圆满的状态中达到了顶点!

法汗的力量,源于他心中的一个信念——我应当爱。这个人,是我应当爱的人。

若非如此,他在任何一个节点上都有可能溃败下来,滑入怨恨的深渊。任何一个节点,都可能成为他最后一次的努力,让他愤怒地吼出来:"凭什么?凭什么我已经放低姿态了你还要伤害我?凭什么我试着理解你,你却不理解我?凭什么我要去爱你这样冷酷的人?"最后,又回到了那个老问题:你这样一个人,真值得我爱吗?

从来没有什么天作之合,也没有什么天生一对。伴侣不是天生的,血缘上的亲人,也并不一定就是真正"亲密"的人。

爱和亲密,是陶冶出来的。对于这一个陶冶的过程,我们所有人都是新手。

怨恨是很容易滑下去的深渊,而陶冶是向上的攀登。

会有挫败感,会有许多许多次的挫败感,而每一次的挫败感都可能成为你绝望地滑下去的理由。支撑你继续攀登的,唯有这一信念——我应当爱,这是我应当爱的人。

法汗那样艰难地,一步一步挺进去爱,他最终成就了自己,并从父亲的身上陶冶出爱来。

"爱,陶冶。"这是克尔凯郭尔的话。爱陶冶彼此成为更好的人。

法汗没有屈服,没有生父亲的气,没有抱怨父亲的不理解,没有被父亲的讽刺激怒。无论父亲多么生气、愤怒,法汗都在坚持自己主张的同时,坚定地表达着爱。所以,在父亲盛怒之时,握住父亲的手,他能做到,用心去贴父亲的心,他能做到。

法汗最终从剧烈的冲突中突破了出来,父亲深沉的爱也在冲突中被反射了出来。

C. S. 路易斯在《返璞归真》的结尾曾描述过这样一类新人：我们不时会遇见他们，他们的声音、面孔与我们不同，更洪亮、更平和、更快乐、更容光焕发，在大多数人停滞不前的地方，他们迈出了新的步伐。

法汗就是这样的新人，在大多数人停滞不前的地方，迈出了新的步伐。他在严峻的冲突中，说出了对彼此都有益处的话。

让我们进入另一个故事。

你是否有过这样的经历，你听到了某句话，那句话像击中了你的心脏一般，你感觉到暖意沁人心脾。那是谁说的？那又是一句什么样的话？对我来说，电影《末日崩塌》里，金说出的那句"闭上你的眼睛"，就是一句直击人心的话。[2]

金是这部电影中出镜不到十分钟的角色，他是一位地震学家。当地震引发的洪水朝胡佛坝冲过来的时候，金正在胡佛坝的桥洞中测量地震波。他看到了测震仪的指针越过红色警戒线，便以最快的速度跑到了桥头。他是有机会逃到安全地带的，但他看见了一个小女孩，他停下来抱起她。在洪水冲垮堤坝前的最后时刻，金的腿被坍塌的石块夹住了，他奋力把小女孩抛到了同事的怀里。在生命的最后一秒，金看着小女孩，温柔地说：

"Close your eyes."（闭上你的眼睛。）

随后，金的身影消逝在了洪波里。

那句温柔的话，是金留给这个世界的最后一句话。如果有天堂，那句话会是他的灵魂得入天堂的凭证。

"Close your eyes." 真是让人震撼。应该是这样的，应该是这句

---

[2] 本故事源自美国电影《末日崩塌》，由卡尔顿·库斯执导。

话。虽然，对我这样的普通观众来说，实在出乎意料，我认知系统中一些蒙昧的区域被照亮了。我以为他会郑重其事地说：好好活下去！

我能猜到"好好活下去"，却猜不到"闭上你的眼睛"。这两句话到底有什么差别呢？可能最直接的差别就是："好好活下去"显得英勇宏大，不过，"闭上你的眼睛"才真正击中了你的心。

这种真实的感受是没有办法假装的。那么，为什么这句话能击中内心，而另外一句却不能呢？也许个中缘由在于，"闭上你的眼睛"是有真实感的，而"好好活下去"却像是想象出来的想当然的话。

村上春树在《我的职业是小说家》中说："假如读者能从我的作品中，感受到一星半点像温泉浴那般深刻的暖意，那可真是令人喜悦的事。因为我就是为了追求这样的'真实感'，才不断地读许多书，听许多音乐。"

我理解村上春树的感受。我是在三十岁之后才开始追求"真实感"的，才开始发觉"真""真诚""真实感"有多么珍贵。在此之后，才开始有意识地在假象环生的生活与艺术中辨识"真实感"。我爱克尔凯郭尔、陀思妥耶夫斯基、加缪的作品，就是因为深刻的真实感和真诚。人是可以相通的，人是可以越过时空的河岸相视而笑的。能穿越表象，穿越生死，穿越黑暗，穿越时空，让人与人心意相通的，就是真诚。

被那些故事和文字包围的时光里，我像泡在了村上春树所说的温泉浴中，虚假的外壳慢慢一层一层地脱落。就像在大雪的天气踏进温泉池一样，最初，你的皮肤开始变暖和了，暖意一层一层往里渗透，这时会有一种清晰的感觉——你胸腔里的气是冷的，整个呼吸系统是冷的，身体更内在的部分是冷的。但是不必担心，慢慢的，暖意终究会一点一点浸入你的内心。阅读那些心爱作家的作品时，我的感受就是这样。

可是，要呈现出真实并没有那么容易，就像村上春树说的那样，"真实感"是创作者用生命呈现出来的。我们大部分人并不是作家，也没有创作的需求，可真实感对我们来说同样十分重要。

真实感，来自于一颗真诚的心灵。真诚是你个体生命的呈现方式，只有你是真诚的，你才有可能把你这个独特的生命在这个世界上呈现出来，你才开始感觉到自己真实的存在。

让我们回到金的故事。在金身上，我见识到了一个人的个性所能发展到的极致。为什么这么说呢？这就需要先来理解这样两个问题：首先，一个人在危急时刻能毫不犹豫地献出生命，这是很难做到的，金是怎么做到的？其次，能够在生命的最后时刻，从容不迫地说出那样温柔的话，这几乎是不可能做到的，为什么金能做到？

要回答这两个问题，我们需要看看日常生活中的金。

金的年龄在30左右，有一副亚洲人的面孔，高大强壮，是那种眼睛和皮肤都闪着阳光的人，是我在影视作品中见过的最快乐的人。他热爱自己的科学事业，充满活力，做事自信果决。如果用一句话来形容金，那一定是这一句：他真正地热爱生命。

就是这么一个人，毫不犹豫地献出了自己的生命。虽然金出场只有十分钟，却是整部影片的高光点。这个情节之所以打动人，是因为它的真实感。观众相信金这样的人是真实存在的，因为他被塑造出了一个完整的人格，人们相信这样一个人能够在那样的情况下说出那句话。

从更深的层面来看，金这个人物有一套属于他自己的哲学背景。

编剧们把自己认同的哲学理想，把自己对于生、死和爱的理解倾注到了金的生命里。一个能勇敢到舍弃生命，细腻到说出"闭上你的眼睛"的人，一定有着强大哲学信念的支撑。从金这个人物形象中，我们可以看到这样一种信念：热爱生命，肯定生命。

这是哲学家尼采和作家加缪共同的哲学信念。尼采说："哲学思想最后的目的是什么，是肯定生命，肯定自己的生命力与生命意志。"加缪说："人不能去忍受永无止境的寒冬，正确的哲学思想一定是通向健康的生活的。"

遵循这样一种哲学信念去生活的金，他身上一定透露着勃勃生机，他一定有着阳光一般的眼神和肤色，因为他有一颗金心。

一个肯定自己生命的人，才有条件从根本上去肯定另一个人的生命。一个真正做到了热爱生命的人，必然对生命有着本能的敏感，这敏感能够让他准确地察觉出别人的感受。金具备这种必要的细腻感受力，他不是根据自己的勇敢，而是根据女孩的弱小来判断出她的感受，他理解她的感受，这是他能说出那句话的根本原因。

"说了这么多，可金还是不在了，这样的哲学有什么好的呢？那么年轻就去世了，还谈得上什么热爱生命呢？"

这么说吧，金虽然献出了自己的生命，但对于他来说，他活着的每一天，都是生机勃勃地活着。

活着的每一天都在生机勃勃地活着，这是多少人能真正做到的呢？特别是对于三十多岁的人来说，生活与世界的荒诞感、无意义感像一面墙一样压过来，人最终成熟到失去了对未来的好奇心与想象力，对于这样的人来说，他活着的每一天还怎么能够生机勃勃呢？

对于每一个人来说，最值得担心的问题，不是有一天终会死去，而是如何在活着的每一天，真正活着。

我们再来看金离开世界时的那一幕。在那个片刻，他几乎是心情畅快的。他做到了带着畅快的心走向死亡，因为他清楚，如果这一切行为是带着恶劣的心情和阴郁的情绪去做的，就完全失去了它的价值。这让我想起维特根斯坦去世时的情形，他的好友来看他，他对好友说：告诉他们，我过了极好的一生。他也是畅快地走向了死亡。瑞·蒙克在《维特根斯坦传》中这样写道：不是他征服了痛苦，而是他没有被痛苦征服。同样的，不是金征服了灾难，而是金没有被灾难征服。

极好的一生，不是没有痛苦、厄运、灾难、挣扎，而是在所有这些苦难面前，这个人的心灵终于愉快地做出决定：冷静地承担自己和命运。

金在救小女孩时没有丝毫的犹疑。危急时刻，大多数人凭本能所放弃的这个选择，对他来说却是唯一的选择，在他那里只有两个字"应当"——这是我应当做的事。他十分清楚，在他的生命中有些事是应当做的，是别无选择、必然如此的。所以，在他活着的每一天，怯懦、计较、担心、犹疑才打扰不了他。

也许对于大多数人来说，这都是一个遗憾：在别无选择的地方自作主张，在应该争拓出一片自由之地时沉默，退避。

克尔凯郭尔曾说："生活是多么严肃，多么可怕，它惩罚性地允许任性的人自作主张。"面对别无选择的事，自以为是地认为还有选择，那么，到底做还是不做，这样做还是那样做，这就让人掉进了多样性的陷阱中。

在这个陷阱里，人们通常会抓住一根绳索——"于我何益"。仔细掂量着自己的好处，认为以此为基准，才能做出最明智的选择，却未能察觉怯懦、计较、担心、犹疑已经吞噬了他。他的整个世界就是他自己，这个逼仄的空间压抑了生命力。生机勃勃的活力，新生的无限可能，还有能滋养生命的爱，离他越来越远。

他需要突破，需要从自身中突破出来，见天地、见众生，然后转过身，看见自己。

说些对彼此有益的话，这当然不容易。一个人，如果没有铸起内在的精神基石，建立起一个完整的"自我"，那么，那作为最外在的言辞，是很难保持好的面貌的。稍微有点风吹草动，人的语言就可能变了模样。对自身价值的信念，对自身的完美拥有，最大的自由意志，这些也都是基础，而所有这一切，源于你开始有哲学层面的思考，你思考过爱、生命以及死亡。

得有事情发生在你的心灵层面，你的心真正受到过触动，受到过陶冶。

当你的心受过触动，受过陶冶，你的爱也在日复一日之中陶冶出了对方的爱。你给他的温暖又回过来温暖你，你们相互温暖，那时你也能说出完全不同的话，你的家终于有了爱的庇佑。

终于有一天，你明白，爱没有你想象的那么脆弱，那么容易消逝的本就不是你的爱。真正的爱里一定包含着这样的信心：当睾酮和雌激素、催产素和孕激素、多巴胺和血清素的分泌高潮退却之后，在大自然那双推动爱与物种繁衍的手隐去之后，你知道，真正属于你的爱才开始登场，它在看似结束的地方开始，后面才是真正看你们的了。

还是需要提醒一下，我在这里谈论亲密关系里的语言环境有多重要，不是要你揪着对方的气话不放，更不是支持你把一些问题推到某些话头上。而是想真诚地告诉你，尽管我们彼此都说过那些刺痛人心的话，那些傻话，不过，从今天起，从现在开始，让我们把握住共同交流的机会，说些对彼此有益的话。要对爱有信心。能够让爱重焕生机的人，本就是精神性的强者，这在于你认清了一个事实：起初那些甜蜜炽热的情话，不能证明你们的爱；后来那些冷漠绝情的气话，不能夺走你们的爱。

　　爱恒久存在。在你的眉宇之间，在你的言语之中，爱那么具体又温暖地存在。

家庭幸福的艺术

重建你与自己的关系

但首先，你必须照亮自己的灵魂，照见它的深刻与浅薄，虚荣与宽宏，并要说出，你的美貌与平庸，以及你与这转动不止、变换不休的世界有何种关系。

——弗吉尼亚·伍尔芙

爱自己是终身浪漫的开始

某天早晨我去小区的农贸小店买菜，店门口仍旧摆出了甜玉米的摊子，一个女人站在摊前剥玉米的外皮，估计也是刚送完孩子过来买菜。

我过去，边挑玉米边跟她搭话："这玉米还是十块钱三根吧？"

她转过脸来，盯住我问："你看我很像卖菜的店员吗？"眼神和语气里是明确的敌意。

"哦，那倒没有。不过请您过来看一下，来，来。"

"看什么？"她皱着眉头不解地说。

"您过来看看就知道了。"我微笑着邀请她。

她一脸疑惑地随着我来到农贸小店里面，我抬起手来指引她看卖菜的小妹，嘴角露出一抹笑意说道："看到了吗？人家卖菜的姑娘顶多也就二十来岁。您呢？少说也四十了吧。"

说完，我把下巴一收，双肩一挺，姿态优雅地走出店外，继续挑玉米。

啊哈，这一局完胜是不是？是时候说出这句话了：我这个人从不记仇，有仇我当场必报。

等等。如果是十几年前，我会觉得上面那样的操作是最完美的，不过这十年的时间并没有白白过去。我看过的书，我的朋友，我见到的风景，所有一切我经历过的美好事物，像一线线阳光融进了我的身体里，让我对事情的看法更立体也更温和。

这位女士确实流露出了敌意，但那敌意瞄准的对象不是我，而是世界和她自己，"我"不过是个幌子而已。你看我很像卖菜的店员吗？这句话不是一个问句，她并不想要对话或者交流。她是在指责我——你凭什么这么问?! 心理学界对指责的定义是：一种发泄痛苦与不快的方式。所以，我没有接收她的敌意，也没有反击。也就是说，那天接下来发生的事情是这样的——

她转过脸来，盯住我问："你看我很像卖菜的店员吗？"眼神和语气里是明确的敌意。

我转过身看着她，认真地说："我没有觉得你像其他人。不过，你为什么要这么问？"

她听到我的问话，先是一愣，之后表情变成了愤怒，把手上的玉米一甩，瞪了我一眼，疾步走进店里去了。

我知道她还在生气，不过等回到家，平静下来，也许她真的会想一想："是啊，我为什么要这么问呢？"

真正的问题不是别人看你像什么，别人以为你是什么，而是你认为你是谁，你怎么看待你自己。

可能你会好奇，那位女士是不是像我们通常看到的在菜场卖菜的阿姨呢？一点也不像。她盯住我时，我细细看了她的样貌：脸上的皮肤白细，是在细致管理和照料下的状态，眼睛大圆，鼻梁直挺。可以看得出她在做保养，也十分在意自己的形象。不过，就我真实的感受来说，她的容貌给我留下的印象仅限于形状、颜色和质地，它们组合起来并不具备某种统一的气质。她想要，也需要和一些人区别开来，她觉得自己是不一样的，是更高级的，更美的。然而那时，她向清晨的世界显露出的，是焦虑。

没有什么好意外，更用不上惊愕。坦率地说，身边有太多焦虑的人，我也是经过很长时间才从焦虑的阴影里挣脱出来，而且一不留神，焦虑的阴影又会想要漫过来。

被焦虑笼罩的人，状态低沉，自我认知偏低，做事纠结摇摆、瞻前顾后，遇到什么情况或问题很轻易就丢失了平静。对焦虑的人来说，不是"发生"了什么事，或者"遇到"了什么问题，"发生"和"遇到"这些词不足以表达他感受到的冲击。在这些人的感觉里，事情是有重量和体积的，像泥团一样一件一件砸过来，是会让他的身体、心或者脑袋难受的。比如我说的那句话，这玉米还是十块钱三根吧，对于一些人来说，它就是极普通的一句话而已，没什么大不了的，可对焦虑的人来说，这句话就像冲他扔过去的泥团，让他浑身难受。

简单来说，焦虑的人是非常不快乐的，他们被痛苦折磨着，几乎看不见生活真正的希望。因此，焦虑的人常常会表现出生硬、多刺和易激惹。

一个人如果被焦虑围绕，生硬、多刺、易激惹，那么不用多说，他一定没有办法和家人亲密地在一起。

所以，人首要要解决自己的问题，才能从根本上解决亲密关系的问题。

"你为什么要这么问？"如果世界本身没有敌意，你却解读出了敌意，这又是什么原因呢？

唯一的原因可能是，你并没有爱上这个世界，也并没有真正爱上自己。

叔本华在《人生的智慧》里，把尚福尔的一句格言作为整本书的引言，放在了书的最前端，这句格言是——

> 幸福不是一件容易的事：她很难求之于自身，
> 但要想在别处得到则不可能。

尽管很难，但幸福感的来源就是自己。如此一来，我们自己是个什么样的人，我们如何看待世界，如何对待自己，都成为我们能否幸福的根本问题。你是如何对待自己的呢？你爱你自己吗？

"爱呀，我怎么可能不爱自己呢。"

这可能是多数人的回答。不过事实上，真正有能力爱自己，时时让自己快乐，珍惜自己的才华，并鼓励自己把所拥有的才华发挥到极致的人，少之又少。

能让自己快乐，是爱自己最明确的标志。

不要相信"我爱你，比爱我自己还要多"这样的话，与之相比，反倒是这一句话更朴实，也更真实——我爱你就像爱我自己。你是如何爱自己的，你就是如何爱你身边人的。如果一个人没有办法让自己快乐，也就没有办法给身边最亲密的人带来快乐，这是显而易见的。

我们从画家的每一幅画作中，都能看到画家自己。他的布局、用色、涂描，他在画下每一笔时的心境，甚至呼吸，都会通过其作品呈现出来。可以这样说，达·芬奇在画蒙娜丽莎时，他的每一笔显露出的是他自己，所以，从实质上来说，我们去卢浮宫不是去看蒙娜丽莎，而是去看达·芬奇。同样的，一个人是如何爱他身边那个人的，恰恰表明了他爱自己的样子。

我们完全可以从他对待最亲密的人的态度里，看见他对待自己的态度，并能猜得出他是否感到幸福。

有时候，对自己说出最刻薄的话的人，是自己。如果一个人不能全然接受他自己，他也就没有办法全然接受他身边的那个人，也就没有办法坦然接受这个世界；如果一个人连他自己都不放过，他更可能给身边的人带去折磨。

所以，奥斯卡·王尔德的这句话说得真好："爱自己，是终身浪漫的开始。"

2015年的初春，我走在澳大利亚大洋路苍茫辽阔的海边。雪浪飞卷，四五十米高的十二门徒礁岩，犹如一座座巨型雕塑伫立在大海里。大自然用风和浪，创造出了属于雕刻家的杰作。

海浪冲向礁岩，发出宏伟的撞击声，那个片刻，我如入神秘之境。自然的伟力用自己的语言，让我凝神谛听。那是自然的心灵之声，它不着一词，便让我的心灵有了呼应。它把精神性的东西变得简单又自然，一下子，把所有我能够理解的告诉了我——我的渺小，以及我的力量。

行走天地间的人，都是渺小的。正是承认了渺小，才知道，那些令人焦虑的事是多么微不足道。在区分出这些微不足道的时候，渺小的我，才有力量可言。

而另外的一些磨炼，我不能说它微不足道，它们自有分量和意义。理解、接纳和宽恕是我可以做的。我的力量，便体现在这些理解、接纳与宽恕里。

哀愁层层褪去，欢乐如浪潮般渐次涌来。巨浪与礁岩面前渺小的我，把巨浪与礁岩纳为心间。巨浪的激情与礁岩的冷静是两种力量，让我想对人生全力以赴。

战胜你的自卑感

我不知道你收获了幸运之神什么样的礼物,得到命运怎样的眷顾,但你选择这本书来读,也许你的生活中也有属于你的痛苦。现在我们一起来到了这里,解开那些痛苦的源头就在这里,这也是重生的起点——爱上自己。

确实,一个不爱自己的人是痛苦的,然而想要爱上自己却并不容易,它需要极大的意志力和勇气。

勇气,英文是 courage,拉丁词源是 cor,意为"心",最初的含义是:真心地告诉大家真实的自己。为什么"告诉大家真实的自己"就是勇气,或者需要勇气?因为我们不想接受不完美的自己,更不想让别人看见自己不完美的那一部分。

曾经在我特别沮丧的时候,我的一位好友关切地说:"最后结果是这样,你心里多难受啊。"我脱口而出的话是:"没有没有。我倒是没什么,不过你帮了我那么多,觉得挺对不住你的。"

我把话说得挺漂亮,可不全是真心。我当时最强烈的情绪就是难过,可我想都没有想就说了"没有没有"。我清楚,我说那些话不是怕他担心,而是不想让他知道我脆弱。脆弱在我的字典里是不好的词,是会被人笑话的词。事情没能如愿,那就至少让别人以为我是坚强的吧,这也许能帮我找回点分。我不明白,真正的爱和你是多少分一点关系都没有,关心你的人不会给你打分。

如果在一个人脆弱的时候,爱还不出现,那爱要在什么时候出现呢？可是，如果一个人遮掩了自己的脆弱，隐藏起自己，那爱要放在哪里呢？停止给自己打分，接受那个不完美的自己，爱那个不完美的自己，亲密才能到来。

我们每个人身上或多或少都有自卑的阴影。一个人自卑，就会觉得自己不好，或者至少是觉得自己还不够好。这样一个觉得自己不好、不够好的人，要怎么爱上他自己呢？

奥地利心理学家阿尔弗雷德·阿德勒从小驼背，走路姿势也不同寻常，他知道自己又小又丑，事事都比不上他哥哥。在这样的生存现实里，他仍旧让自己成为了精神心理学界大师级的重要人物。阿德勒从自身召唤出多么大的勇气来超越自己的自卑。

当阿德勒开始在精神心理学界崭露头角，刚开始时获得了弗洛伊德的认可，不久之后二人的观点出现了分歧，弗洛伊德要求阿德勒在往学刊上发文章时，先要受荣格的检查，这明显是对阿德勒学术的不信任。阿德勒和弗洛伊德正式闹翻了。与当时精神心理学界的权威决裂，再次让我们看见了他卓越的勇气和胆识。

阿德勒能让自己从权威的阴影中挣脱出来，在心理学界拥有属于自己的一方天地，并最终确立了与弗洛伊德分庭抗礼的地位，这是一种鼓舞人心的自信与坚定。

阿德勒最有名的一本书是《自卑与超越》，他深深地理解自卑的滋味，他最终让自己超越了自卑。他让自己爱了自己，尽管驼背、矮小，被权威弃绝，他还是唤醒了蕴藏在自己身体里的强大力量，勇敢地拥抱了自己。那无论如何也要爱自己的信念，是他坚不可摧的盔甲。

电视剧《权力的游戏》里饰演侏儒提利昂的演员彼特·丁拉基，本身就是侏儒，当他喊出那句穿透人心的台词"我的一生就是一场对侏儒的审判"时，他也喊出了自己的心声。要爱上这样的一个自己，是多么不容易，可他还是去爱了。丁拉基终于明白，这是唯一的出路。这让我想起歌德的诗句：

> 在你降临世上的那一天，
> 太阳接受了行星的问候，
> 你随即永恒地遵循着，
> 让你出世的法则茁壮成长，
> 你就是你，你无法逃脱你自己，
> 师贝尔和先知已经这样说过，
> 时间，力量都不能打碎，
> 那既成的、已成活的形体。

你就是你，你唯一无法逃脱的人，就是你自己。如果这一生，注定活在这样的躯体里，爱这样的自己便是唯一的选择。不用等着谁来爱，也不用渴求谁的爱，不用等着世界的接纳，这个世界上对你最重要的爱，是你自己的爱。从本质上来说，你只需要一个人来爱你，这个人就是你自己。然而，我们从小所接受的观念是这样的——去赢得别人的爱，别人的爱才能证明你是可爱的，是值得被爱的。

在赢取别人的爱时，人很容易怀疑自己，直至丢失了自己，这时不甘、怨恨、愤怒开始在心中发芽。

不需要赢得任何人的爱，不需要去想方设法得到爱，只需要尽情去爱，去感受爱，而你需要最先尽情去爱的人，就是自己。完全不用担心这个世界上是否有人爱你，请你相信，总会有人爱你，并且现在就有人深深地爱着你。这爱只需要去感受，不需要去追求。

在你降临世上的那一天，太阳接受了行星的问候。请牢记，每一个生命都是荣耀，都有被爱的权利。当你深切地知晓，你的生命本身就是荣耀，你值得爱，你才会从心底里确信，对方的生命也是荣耀，也值得去爱。

丁拉基是什么时候有能力爱自己的？在他29岁的时候。从小丁拉基就显露出了卓越的表演天赋，可随着年龄增加，他被限定在了特型角色里，他清楚自己明明有能力突破侏儒、地精之类的角色，他有能力诠释更细腻、更深刻的角色，可在别人眼里，他就是长了一副侏儒、地精的样子。

他懊恼，不甘。有十年的时间，丁拉基完全不演戏了，他不止放弃了演戏，他是放弃了自己。那个时期他像随波逐流的小船，失魂落魄地做着一些事情，给钢琴掸灰，清理蜂窝，给画廊挂画，当数据输入员。他多么怨恨自己是一个侏儒，这个无法改变的事实给他招来多少耻辱。丁拉基曾想象过一种"醒目"的自杀方式——将自己吊在城里最显眼的塔楼上，让所有人都看到他，让所有人都为他哀悼，也让所有人因内疚而惭愧万分。在这样的想象里，涌动着多么巨大的愤怒和怨恨。那些愤怒和怨恨不仅瞄准了伤害过他的人，也瞄准了他自己。

还好，丁拉基爱上了自己。当他真正地接受自己，承担起自己，也就消解了别人对自己的嘲笑和轻视。怨恨与愤怒再也敲不开他的心门。

丁拉基说："我直到29岁才允许自己失败，然后我成功了。"

丁拉基说得很具体，他人生的分界点就是"我允许自己失败"。

就是在那些不如意的时刻，不完美的时刻，才有机会发现我们和自己真实的关系。"爱自己，是终身浪漫的开始。"走了这么多圈，做了那么多事，犯了那么多错，生活原来是要告诉我们这个。

你可以有浪漫、温柔、美好的一生，而爱你自己，是起点。你不需要变成什么才能得到这爱，你只需要去爱。

我们赤身出于母胎，也必赤身回归大地，这是一定的事。除了我们的经历，我们给予的爱，我们得到的爱，我们还有什么？我们在怕什么，在怕我们得不到什么呢？有什么是我们必须要有的呢？可以试着想一想，在你将要离开这个世界的时候，你最有可能后悔的是什么呢？我唯怕我终了一生仍旧没能学会爱，没有把握住这一世的机会，去爱那应该由我来爱的人。

骄傲还有虚名，不会因为我们一时明白了某些道理而放过我们，它们还会时不时返来，试探我们。如果我们忘记了爱，忘记了我们是从何处出发，又想归向何处，那些诱惑就会让我们失去耐心、亲切，还有温柔。

失败，是对一个人爱的检验。如果没有经历过这样的检验，如果只能爱一个人美好的一面，只能爱生活顺遂的一面，这种幸福是多么浅薄易碎呢？生活有甜蜜的味道，也有复杂的味道，如果复杂的滋味刚刚浮现就想躲、想逃，那么，生活和爱就没有办法在我们身上发挥锻造的作用。在爱的这条道路上无所谓失败，所有的一切，都是爱的温习。

允许自己失败，这是命运对人的教诲，教人放下虚荣和骄傲，接受这个不完美的自己。把自己从虚荣心和骄傲的束缚下解放出来，这是一场持续一生的战斗，稍有疏忽就会失败。

奥斯卡·王尔德在《自深深处》中曾有这样的发现："藏在我心性深处有什么东西在告诉我，世界上没有什么是无意义的，而受苦是最不可能没有意义的。这个东西藏在我心性的深处，就像野地里的宝藏，它就是谦卑。我内心所剩下的，这是最后一样，这也是最好的一样东西了：是我达致的终极发现，是我柳暗花明的起点。因为是出于自己，我知道它来的正是时候。……就这一样东西，蕴含了生活的要素，新生活的要素，蕴含了我的新生。"

降服自己的骄傲和虚荣，葆有谦卑之心，唯有如此，才能够允许自己失败，勇于让自己面对挑战，同时乐意为自己的选择负责。这样的人不用自卑来限制自己，他不弱化自己来让自己逃避责任。他在遇到失败的时候，第一时间安慰自己。这个全然爱着自己的人，当然也有着种种缺点，但他并不觉得自己缺了什么，当他全然自足的时候，他就有丰沛的能量来爱另一个人。

克尔凯郭尔说："那生命中作为首要问题的东西，去赢得你自己，获取你自己。"从哪里赢得自己，获取自己呢？不仅是从外界，也是从自身。

就算没有因《权力的游戏》拿到艾美奖，丁拉基也是成功的。在回母校做演讲的时候，他说了这些话：

"我在世上等待了太长时间，才允许自己去失败。现在我恳请各位，别等着让别人告诉你，你准备好了，放手去干。就像贝克特说的那样，去尝试，去失败，没关系，再去尝试，再去失败，在失败中变得更好，这世界是你的。善待每一个人，并且给黑夜带来光芒。"

丁拉基等待了 29 年，他还是等到了。有多少人终其一生都没能完成最重要的功课——爱上你自己。由此看来，丁拉基是幸运的，对于他来说，艰难与痛苦都在为刚强他的内心效力。曾经的怨恨与不甘，都化成了爱，那不仅是对自己的爱，也是对世人的爱。

爱，确实是一个奇迹，它从愤恨不平的心里生长出了温柔和美善。当一个人真正爱了他自己，那爱会惠及他身边的人，给世界带来光。

　　对于每一个人来说，都有理由说出这一句话——万物皆备于我，也都可以找到理由抱怨上帝造他的时候偷工减料，命运对他不公。我们每个人都有属于自己"侏儒"的那一部分，它让你陷入无尽的自我怀疑，你愿不愿意对它来一场审判？告诉自己，你不怕它，也不怨它，但你不再听任于它；你接受它，承担它，然后，无论如何爱上你自己。

是保护，还是超越？

在芬兰著名的滑雪胜地列维，那一天对我先生和恬恬来说，是非常快乐的一天，可对我来说却是另一番感受。

滑雪场播放着欢乐的音乐，我的心却是沉重的，我在一次摔倒后就决定不再尝试，我想保护自己避免受伤。我确实没有他们摔的跟头多，可我也确实没有他们快乐。我们在同一个地方，却留下了不同的记忆。他们尽力了，也尽情享受了自己，我留下了遗憾。

避免伤害没有问题，但是，是在行动中避免伤害，还是要有行动，如果没有了行动，一切都没有了。如果为了不受伤，不摔跟头，直接不行动了，那就什么都没有了。

那一天，我深切地体会到，一个人对自己的保护欲望是怎么扼制了这个人获得突破的可能。过分的保护就是溺爱。溺爱不是爱，所有的溺爱都不包含祝福。溺爱是在弱化一个生命。

我时常想起当时遗憾的心情，它成为一个美好的提醒：这一次，我到底是要保护自己，还是超越自己？

人对自己的溺爱有时还会表现在自我怜悯方面。不是不能承认自己的局限或者脆弱，要承认，实事求是地承认——这件事不适合我，这件事让我很伤心。不过，不应该是全盘否定自己的那种自我贬低和自我怜悯。不要弱化任何一个生命，更不要弱化自己的生命，不管它能带来什么样的好处。

《漫长的告别》里有一段洛林太太和侦探马洛的对话：

"对不起。我是个疲惫又失望的女人。请对我好点。我不是贱价处理给任何人的打折品。"

"你一点儿也不疲惫,你也并不比大多数人更失望。照理说,你完全应该变成一个浅薄放荡、从小被宠坏了的小顽童的,就像你的妹妹一样。可奇迹是,你居然没有。你们家族全部的坦诚正直和一大半的勇气胆识全都集中在了你的身上。你不需要任何人来对你好点。"

可以看得出,马洛说出的这番话恰恰是在对洛林太太好。他告诉洛林太太,不要自我贬低,不要说自己是弱者,不需要讨要任何人的怜悯,也不需要自我怜悯。你很好。

无论对谁来说,真正的爱,是肯定。

你值得快乐

在《莫斯科绅士》中，罗斯托夫伯爵在女儿将去巴黎开始全新的生活时，送给她两条简洁的忠告，其中一条就是蒙田的那句名言——一个人是否有智慧，最可靠的标志就是看他是不是总是很快乐。

快乐是生命最重要的燃料，可以说，没有快乐就没有生机盎然的生命。当快乐的火苗在心中燃烧跳动，好奇心、对生活的新期待、发现美的眼睛、创造力、关心的能力，就像火苗燃烧时噼啪闪烁的火花，会时时跳出来。如果没有了快乐，上面说的那些美好的东西就都没有了，是快乐为我们的生命提供了最丰沛的能量。

叔本华曾非常坦率地指出来：高兴的心情直接可以使我们获益，它才是幸福的现金，而其他别的都只是兑现幸福的支票。高兴的心情在人们感受高兴的此时此刻，就直接给人以愉快。

所谓幸福，不就是这个人常常感到快乐，并且在他看来，无论发生什么事都不会永远夺走他的快乐吗？对于感到幸福的人，快乐是他生活的底色，并且他也能够苦中作乐。当然，生活中必然会出现的痛苦并不会绕着他走，离别、心碎、沉寂也会来找他，可他的伤心只是个片段，就像木心先生形容的那样，他的伤心是两个快乐之间的伤心。

可是很多时候，人们忘记了快乐有多重要。就拿我自己来说，我曾放着幸福的现金不用，去追求兑现幸福的支票。我以为现在快不快乐不重要，重要的是将来快乐，并且把快乐理解成了一个人对自己的放任与放纵,把快乐看作是与努力和认真相反的东西。所以,曾经我的很多努力,我做的很多事,并不包含快乐的意味。这样的我,在建立了自己的家庭后,也就理所当然地不去在意对方是不是快乐,我更在意的是事情有没有做好,如果事没做好,那就没有理由快乐。

你所生活的世界是什么样的,在很大程度上取决于你对这个世界的理解。如果你不觉得快乐重要,那你就会牺牲快乐去追求别的东西,你的生活也就渐渐地不被快乐围绕,你的家也就没有了欢声笑语。

我们应当记住,快乐,本就是幸福家庭的底色。有些事情一时没做好,那就在愉快的心情中重新再来,并且相信在愉快与和谐的氛围中,家人才更容易把事情做好。我们的家,允许犯错。

快乐当然不是放纵,那些真正在工作中取得某种成就的人,一定是从工作中获得了快乐的人。爱因斯坦就明确表示,最让他快乐的是三样东西:工作,小提琴,还有帆船。村上春树也曾数次强调,如果没有快乐,大概从一开始就不会写小说。我渐渐同意了村上春树的看法——一切表现行为的根底,时时都应有丰富的自然流露的喜悦。

是时候丢掉那些奇怪的想法了——忧郁似乎比快乐更高级,快乐是浅薄的,忧郁才更有内容更深刻。是时候明白,快乐就是阳光一样珍贵的东西。

快乐就像阳光,很珍贵,也很自然,不是什么巅峰体验,也不是刺激的快感。快乐的人从最平凡的日常中感受到快乐,他不是去寻找快乐,而是感受快乐。

有相当一段时期,我心中快乐的小火苗熄灭了,当然,这也挡不住我在人前欢笑,可是我很清楚,我的快乐小火苗没有在燃烧。童年的快乐是本真而自然的,童年过去了,上了学,我相信了一套理论——你只有如何如何了才值得快乐，你只有如何如何了才能够幸福；你的某个目标还没实现，你还没有成为理想中的自己，你不配快乐。

后来，我的一些理想实现了，理想实现的那个瞬间确实是有快乐闪现的，可最终发现，没有任何一件事本身能让我永远快乐。比如旅行，我第一次出国旅行是去日本，那是十年前，打的去蛇口码头的路上，我的心情是多么愉快，熟悉的风景都变得新鲜明亮。的士在等红绿灯的时候，我看着窗外紫色的小花迎风摇摆，我是多么激动多么欢乐——去一个新奇的陌生的地方真是令人期待。可是之后，当我再去别的国家，那种兴奋和愉悦渐渐变淡了。后来我发现，不应该只是等着旅行让我快乐，我也可以让每一次旅行变得更快乐。

生活本身可以是快乐的，我们的家也应该是快乐的，只看我们有没有转变想法，让自己变成快乐的人。生活很美好，因为有那么多美好的事令我们快乐。生活可以更美好，因为我们可以带着愉快的心情去做很多事，这些事因此变成了快乐的事。

我决定要愉快地生活，是接收到了一位陌生小伙的快乐能量。那是在新西兰的哈斯特小镇，我们开车从福克斯去瓦纳卡，途中停下来休息顺便吃点东西，我们来到了一家叫 Hard Antler（鹿角）的小咖啡馆。

咖啡馆的布置很特别，墙上和房梁上挂了许多鹿角，用的是那种老式壁炉取暖，壁炉边的篮子里堆满了像橄榄球那么大的松果，那是我见过的最大的松果。我们找了张靠壁炉的餐桌坐下来，阳光恰好倾洒在我们的桌上，这时一位服务员小伙子把菜单送过来，还和我们愉快地聊了几句，他的笑容和声音就像他身后的那一片阳光。之后，他脚步轻快地到餐吧那边去了。我的目光跟随着他，他走路像一阵清风，所到之处都留下了他愉快的笑容。后来进来一群年轻人，他们在靠露台的位置落座后，小伙子过去招呼。他们相互击掌，又拍拍肩膀，小伙子更是满面春风了，那时他走来走去的脚步像加了弹簧，就像小孩子那样快乐地跳着走。

我一脸羡慕地看着他，对我先生说："你看他怎么那么高兴？都那么大人了，还能这么高兴吗？"我先生说："他的朋友来了，他当然高兴了。而且，你也可以像他那样高兴，只要你真的想。"我一边看着小伙，一边点点头，觉得我先生的话也许有道理。这样一份简单的工作，在很多人看来不起眼的工作，他照样非常快乐地做着，还把快乐的能量传递出去，他就是真正快乐的人。

就像叔本华说的那样，愉快的人总有愉快的理由，他愉快的理由就是，他是个愉快的人。这句话听起来像是什么都没说，不过叔本华确实已经坦率地说出了快乐最根本的原因，那就是根本不需要什么特别的原因。不需要你变得更漂亮，不需要你挣更多钱，也不需要你更有能力、更有实力，什么都不需要，只需要你确定，你想快乐。

就是这么简单。我以前一直在等待获得快乐的资格，好像在等某件事或者某个人批准我快乐，好像某件事完成了，快乐的闸门就会打开，那时快乐就会像河流一样源源不断地涌来。可是并没有这样一件事，也没有这样一个人，没有任何事、任何人有决定我快乐或者不快乐的资格。拥有这个资格的只有我自己，那个闸门的开关从来都在我手里，只需要我准许，我就可以是快乐的。

如果你明白了这个简单又朴素的道理，你就可以成为快乐的人。这个时候，你与世界的关系，你与自己的关系就会焕然一新。你会发现，尽管这个世界还有这样或那样的问题，可它总体上来说还是一个好世界，尽管自己也还有这样或那样的地方需要进步，可你仍旧不失为一个很好的人。你不再跟世界做对，也不再跟自己做对，这样，你就自然而然拥有了欣赏的眼光，并重获好奇心，而对生活的好奇，几乎就是一切。

你也不再瞻前顾后做过多犹豫，你彻底抛开别人的凝视，专注于充分发挥自己的所能，因为你清楚了一个十分重要的事实——没有哪个人，没有哪件事，能彻底夺走你的快乐。你放胆去冒险，去体验，生活本来就是一场冒险，一场体验，没有什么事情是大不了的，也没有什么是非要得到的。

再强调一遍（要越过这个思维的界限确实有点难），你不需要任何人、任何事来赋予你快乐的资格，你只需要对自己说，我值得是快乐的。快乐不需要任何其他的理由，你去快乐就好。如果你快乐了，你就会带着愉快的心情对待你的家人，从明亮的角度看待你们之间发生的事，你的家便充满欢声笑语。欢声笑语是家的阳光。

去感受快乐，去给出快乐。阳光在皮肤上的温暖触摸，风从发丝里穿流而过，还有雨水和空气中的青草气息，更不用说还有那么多好书、好音乐、好地方在等着你。有太多令你快乐的事，只因为你是快乐的人。温柔而愉快地和家人说话，就算孩子拿回来不怎么理想的成绩，你也能愉快地拍拍他的肩膀说："来，我们一起来看看哪些地方可以努力。"你把很多事变成了快乐的事，就因为你是快乐的人。因为你是快乐的人，你才保持住了对生活的期待和好奇。

保持好奇，不断成长。不是我占有了什么、消费了什么，不是我被多少人知晓、被多少人赞赏，而是我知道我存在，我爱那些以爱的名义出现在我生命中的人。我感受到了风、雨水，我看见了阳光下的树叶，还有大雨过后慢慢爬行的蜗牛，我听到了那美妙的音乐，它让我快乐到想要旋转、起舞。我知道我心中的热爱，每天愉快地努力一点,进步一点,离自己的热爱更近一点。

知道我爱我自己,什么都改变不了这爱。这爱从心中满溢出来,去温暖身边那个亲密的家人。

这是我先生送给我的一首小诗,现在我把它送给你:

> You are nobody to the most,
> somebody to someone,
> but you are unique to me.
> 对大多数人来说,你什么都不是,
> 对一些人来说,你是个人物,
> 但对我来说,你是唯一。

爱你自己,因为你是唯一。爱你身边的那个人,因为她和他也是唯一。

后　记

五年前，在一个落着小雨的寂静夜里，我读到了丹麦哲学家克尔凯郭尔的这句话：你只管让自己用足够的耐心来读，正如我让自己用足够的勤奋和时间来写，因为，既然这是我唯一的工作，并且我的唯一任务就是作为作者，于是我既有能力又有义务去运用一个准确的，一个表现细节的世俗例子来讲清楚这个问题。

现在我敲下这些句子，仍和当时一样心潮澎湃。这就是作者和读者之间的关系，这也是作者和读者应该做的事。

在一百多年前的那些夜晚，当读者寥寥、书要自费出版的克尔凯郭尔决定勤奋尽心地写作时，他知道会有我这样的读者需要他的文字，那是饱含爱、热情与关心的文字，在我细致又满怀信任地阅读它们时，我们互相明确了彼此的意义。

在那个细雨微风的夜晚和许多相似的夜晚，克尔凯郭尔、陀思妥耶夫斯基、纪德、舍勒、朋霍费尔、C. S. 路易斯、约翰·威廉斯、乔森纳·弗兰岑、艾丽丝·门罗……和我在一起。既然作者们费尽心力地写出来，这心血就不会白白的浪费。他们的诚实、思索、冷静、悲伤还有在此之上对人无限的悲悯和爱，在那些夜晚悄悄地流进了我的血液里。如果你在这本书中看见了些许真知灼见，那是他们和生活一起教我的，他们是我的精神源流，让我在这大地上扎下根基。当我看见问题的时候，也看见了令人神往的岸和远方。

我有资格写这样一本书吗？在写作初期我反复思考这个问题。有人需要阅读它吗？我清楚，我努力趟过痛苦之河才明白的，一些人在很年轻的时候就做到了，那么，为什么不把这样的书留给那些人去写呢？

坦率地说，这本书是从一种深切的"不明白"和"不理解"出发的——我不明白人相爱为什么那么不容易，建立幸福的家庭为什么那么难。现在这本书完成了，从"不明白"出发，却有了那么多意想不到的发现，寻得了那么多精神上的亲人，交到了进入心灵圈的朋友，拥有了更亲密的关系，成为了更快乐的人。这是多么幸福的旅程。

同时，我相信，这努力去理解、去明白的过程自有它的意义——更多的是和我相似的人，遭遇相似的痛苦，有着相似的"不理解""不明白"。如果有人能通过这本书感受到一丝安慰，说："原来有人跟我在一起。"这本书便是有意义的。

感谢深圳职业技术学院，本书的出版得到了"深圳职业技术学院著作出版基金"的赞助。感谢蔡东、张克、武博，谢谢你们推荐给我好书和那么多温暖的鼓励，让我在没有希求爱的地方看见了爱，重新认识了爱广阔的含义。感谢我先生吴强，我女儿吴笑恬，你们总有各种办法让我不得不面对真实的自己，当我把糟糕的一面暴露出来的时候，你们接纳了我，你们是我重新认识爱、认识亲密、认识自己最直接和强烈的动力。特别感谢我的父亲张贵法、母亲张保富，你们是我安心写作的保障，当我把我的发现告诉你们时，你们不仅乐意倾听还尝试改变，看着你们越来越温和、越来越快乐，我发现生活确实充满了让人欢欣雀跃的可能性。

最后，感谢你，祝你家庭幸福，和家人的关系更加亲密。